会计学与财务管理系列教材

ZHENGFU YU MINJIAN FEIYINGLI ZUZHI KUAIJI

政府与民间非营利组织会计

（第三版）

主 编 卢凤娟

科学出版社

北 京

内 容 简 介

本书主要以近年来财政部颁布的会计规章为依据，系统全面地阐述了政府及民间非营利组织会计的基本理论与核算方法。全书共分十章：第一章总论，主要介绍政府及民间非营利组织会计的基本理论和必备的理论基础；第二章至第八章详细介绍政府单位（主要是行政单位、事业单位）会计核算的基本理论和核算方法；第九章简要介绍财政总预算会计的基本理论和主要业务的核算方法；第十章简要介绍民间非营利组织会计的基本理论和核算方法。

本书可作为各类学校会计学专业与相关专业政府及民间非营利组织会计课程的教学用书；可作为相关部门和机构对行政单位、事业单位、民间非营利组织、财政部门的培训用书；可作为专业人员注册会计师，会计初级、中级、高级职称考试的参考用书；也可作为热爱政府及民间非营利组织会计工作人员的业余学习用书。

图书在版编目（CIP）数据

政府与民间非营利组织会计 / 卢凤娟主编. —3 版. —北京：科学出版社，2022.3

会计学与财务管理系列教材

ISBN 978-7-03-070613-3

Ⅰ. ①政… Ⅱ. ①卢… Ⅲ. ①单位预算会计－教材 Ⅳ. ①F810.6

中国版本图书馆 CIP 数据核字（2021）第 228829 号

责任编辑：郝 静 / 责任校对：宁辉彩
责任印制：张 伟 / 封面设计：楠竹文化

科学出版社出版
北京东黄城根北街 16 号
邮政编码：100717
http://www.sciencep.com

北京虎彩文化传播有限公司印刷
科学出版社发行 各地新华书店经销

*

2007 年 9 月第 一 版 开本：787×1092 1/16
2012 年 3 月第 二 版 印张：16
2022 年 3 月第 三 版 字数：370 000
2022 年 3 月第十四次印刷

定价：58.00 元

（如有印装质量问题，我社负责调换）

"会计学与财务管理系列教材"
编委会

总 序

“会计学与财务管理系列教材”于2007年5月第一次出版，2012年和2018年第二次和第三次再版，截至2022年初已历经15年。此系列教材发行总量近60万册，部分教材已经累计印刷数十次。全国有数十所高校的数万名师生在使用这套教材，对这套教材给予了充分肯定与持续信任。

在服务广大读者和师生的同时，系列教材得到了诸多荣誉：《基础会计学》《高级财务会计》《财务管理》《初级财务管理》《会计制度设计》被评为普通高等教育“十一五”国家级规划教材，并获得省级教学成果一等奖；《基础会计学》《财务管理》分别获得黑龙江省第十四届社科成果一等奖、二等奖；《基础会计学》《中级财务会计》《财务管理》《成本会计》被确认为省级精品课程配套教材；《基础会计学》《成本会计》荣获教育部“十二五”普通高等教育本科国家级规划教材。《财务数据库系统设计与实践》《会计信息化理论与实务》入选科学出版社“十四五”普通高等教育本科规划教材。一套教材能够获得如此多的奖励与成就，皆源于广大读者的支持与厚爱。

伴随着大数据、人工智能、移动互联、云计算、物联网、区块链等新科技的高速发展，新业态、新模式和新理念不断涌现，新的会计规范接连出台，新的理论不断产生、完善。我们必须重新思考会计和财务管理等相关专业人才培养的目标和定位，确保相关教材无论从内容上还是形式上都与时俱进，以助力培养更多符合社会发展的创新型、应用型、复合型高素质专门人才。

为此，本系列教材进行第四次改版。承蒙读者15年的关注与厚爱，我们将踔厉奋发、笃行不怠，以将此套教材打磨成为“经典教材”为奋斗方向。

本次再版修订，本系列教材继续保持所具有的优势特色。

（1）知识体系完整，相关教材内容衔接紧密。

（2）内容全面，逻辑严谨，知识点讲解准确，语言表述通俗易懂。

（3）理论与实际结合紧密，操作性、应用性强。

（4）习题资料及案例内容翔实，突出学生的能力训练和综合素质培养。

（5）注重现实，放眼未来。多本教材对学科研究前沿做出专题介绍，实现了良好的专业发展引导和思维拓展，有利于培养学生创新意识。

此外，教材的主编又根据实际情况做出相应的修订，主要包括以下几种情况。

（1）随着时代进步所形成的新思想、新理念、新方法及科学研究新成果，在相应教材中予以反映。

（2）针对相关法律、法规、会计准则和会计制度所做的修订，同步更新相应教材中的内容。

（3）增加最近几年出现的引起理论界和实务界普遍关注的经典商业案例。

（4）部分教材的习题资料进一步充实完善。

（5）由读者建议而适当调整的内容。

本系列教材在第四次修订中，得到科学出版社的责任编辑王京苏、郝静的大力支持，也得到许多读者提供的意见与建议。在教材编写过程中，借鉴和参考了国内外学者的相关研究成果，在此一并表示感谢。

张劲松

2022年2月

前　　言

2014 年 12 月，国务院批转了财政部制定的《权责发生制政府综合财务报告制度改革方案》，正式拉开了政府会计改革的序幕。截止到 2022 年 2 月，在政府会计标准体系建设方面，财政部共颁布了政府会计基本准则 1 项，政府会计具体准则 10 项及应用指南 1 项，政府会计制度 1 部，事业单位成本核算基本指引 1 项，政府会计准则制度解释 4 项。此外，财政部针对事业单位的不同特点，联合相关部门，制定了不同行业事业单位执行政府会计制度补充规定 7 项和衔接规定 11 项。这标志着我国政府会计标准体系已经初步建成。

为了满足高等教育教学的需要，满足行政事业单位财务人员和管理人员对新准则、新制度学习的需要，结合政府会计改革的最新进展，我们对《政府与非营利组织会计（第二版）》的内容进行了全面修订。

本书第三版的特点主要体现在以下方面。

（1）将本书原体系《政府与非营利组织会计》修订为新体系《政府与民间非营利组织会计》。修订的依据是，此次我国政府会计改革，将原来非营利组织会计的事业单位会计划归到政府会计范围，使得原来的非营利组织会计只保留下了民间非营利组织会计。所以，第三版对第二版的政府与非营利组织会计体系进行了重构。

（2）本版按照我国政府会计和民间非营利组织会计的最新制度安排，对第二版的内容做了全面修订。

（3）针对政府会计双基础、双系统、双报告的核算模式，对政府会计核算采用了文字叙述和图表表述相结合的方法，以应对政府会计学习难度大的困惑，尽最大可能帮助学习者理解和掌握政府会计的理论及操作方法。

本书由哈尔滨商业大学卢凤娟主编。东北农业大学杨明教授对本教材的内容和结构提出了宝贵的建设性意见。哈尔滨商业大学汪碧彤老师承担了教材稿件的校对工作和课后习题及答案的编写工作。卢凤娟、杨明、汪碧彤共同承担了教辅材料的编写工作。本书在写作过程中，笔者以多年政府及非营利组织会计教学经验为基础，充分吸收了三年内政府会计培训中积累的经验，充分吸收了实务界政府会计人员丰富的工作经验，充分吸收了政府会计教育界同仁宝贵的技术交流，也参考了业内有关专家学者的研究成果，在此，向有关的政府会计实务界的财务工作者、政府会计教育的同行、有关专家学者表示由衷的感谢和敬意。书中的不妥或错误之处敬请同仁和读者不吝指正。

目录

第一章

绪　论

本章介绍政府及民间非营利组织会计的基本理论及核算方法。

【重要概念】政府会计　民间非营利组织会计　政府会计标准体系　政府预算　国库集中收付制度

【会计准则】《政府会计准则——基本准则》实施时间：2017年1月1日

【其他规章】《国务院关于批转财政部权责发生制政府综合财务报告制度改革方案的通知》实施时间：2014年12月12日

第一节　政府及民间非营利组织会计组成体系和特征

一、政府及民间非营利组织会计组成体系

政府及民间非营利组织会计是以货币为主要计量单位，对政府财政资金、政府单位和民间非营利组织业务资金活动过程及结果，进行全面、系统、连续的核算和监督，以加强预算管理和财务管理，提高资金使用效果的一门专业会计。政府及民间非营利组织会计组成体系包括政府会计和民间非营利组织会计。政府会计包括政府单位会计（主要指行政事业单位会计）和政府财政会计（又称财政总预算会计）。

政府及民间非营利组织会计的主体主要包括各级政府、各部门、各单位、民间非营利组织。其中，各级政府是指承担广泛受托责任的一级政权的政府，包括中央政府、各省（自治区、直辖市及特别行政区）；各部门、各单位是指与本级政府财政部门直接或者间接发生预算拨款关系的国家机关、军队、政党组织、社会团体、事业单位和其他单位；民间非营利组织是指由民间出资举办的，不以营利为目的，从事教育、科技、文化、卫生、宗教等社会公益活动的非营利性组织，包括非营利性民办学校、医疗机构等社会服务机构，境外非政府组织在中国境内依法登记设立的代表机构等。

二、政府及民间非营利组织会计的核算对象

政府及民间非营利组织会计的核算对象是指政府及民间非营利组织会计核算和监督的基本内容，即政府及民间非营利组织会计工作的客体。在预算执行和开展业务过

程中，各级政府财政部门、政府行政事业单位和民间非营利组织一方面要组织各项收入，另一方面要安排各项支出，各项收支执行的结果又形成结余或超支，这就形成了政府财政部门、政府行政事业单位和民间非营利组织的资金运动。政府及民间非营利组织会计的一般对象就是各级政府财政部门、政府行政事业单位和民间非营利组织在预算执行和业务活动过程中形成的资金运动及结果。

对会计对象进一步分类则是会计对象的具体化，被称为会计报表要素。政府会计要素分为政府预算会计要素和政府财务会计要素。政府预算会计要素包括预算收入、预算支出和预算结余。政府财务会计要素包括资产、负债、净资产、收入和费用。民间非营利组织会计要素包括资产、负债、净资产、收入和费用。

三、政府及民间非营利组织会计的特征

（一）出资者提供的资金不具有营利性和增值性，但具有限制性

政府及民间非营利组织的出资者不要求投资回报，但要求政府及民间非营利组织按法律规定或出资者的意愿取得资金，并将资金使用在规定时间、用途、标准上，即要求资金有限制性。

（二）有关财政资金的收支项目要适应政府预算管理的要求

政府及民间非营利组织会计核算和监督的资金大部分属于政府财政资金，特别是政府会计核算和监督的资金基本上来源于财政资金，所以政府会计数据口径，要同国家预算口径相一致，决算报表的收支科目与口径应与国家预算收支科目与口径一致，其预算收入、预算支出等明细核算也要按预算收支科目来进行，因此，有关财政资金的收支项目应适应政府预算管理的要求。

（三）政府会计采用财务会计与预算会计适度分离又相互衔接的模式

政府会计由政府预算会计和政府财务会计构成。政府会计核算模式应当实现预算会计与财务会计适度分离又相互衔接，全面、清晰反映政府财务信息和预算执行信息。

1. 预算会计与财务会计适度分离

（1）双功能。政府会计应当实现预算会计和财务会计的双重功能。预算会计对政府会计主体预算执行过程中发生的全部预算收入和全部预算支出进行会计核算，反映和监督预算收支执行情况。财务会计对政府会计主体发生的各项经济业务或者事项进行会计核算，反映和监督政府会计主体财务状况、运行情况和现金流量的变化等。

（2）双基础。财务会计实行权责发生制；预算会计实行收付实现制，国务院另有规定的，从其规定。

（3）双报告。政府会计主体应当编制政府决算报告和政府财务报告。政府决算报

告的编制以收付实现制为基础，以预算会计核算生成的数据为准。政府财务报告的编制以权责发生制为基础，以财务会计核算生成的数据为准。

为了适应政府会计的核算要求，政府会计核算应采用平行记账方法。

平行记账指政府会计主体在对涉及预算管理的现金收支业务进行处理时，将财务会计核算与预算会计核算同步进行的会计记账方式。《政府会计制度——行政事业单位会计科目和报表》规定，单位对于纳入部门预算管理的现金收支业务，在采用财务会计核算的同时应当进行预算会计核算；对于其他业务，仅需进行财务会计核算。

2. 预算会计与财务会计相互衔接

预算会计和财务会计适度分离，不是要求政府会计主体分别建立预算会计和财务会计两套账，对同一笔经济业务或事项进行会计核算，而是要求政府预算会计要素和政府财务会计要素相互协调，决算报告和财务报告相互补充，共同反映政府会计主体的预算执行信息和财务信息。

应特别注意的是，民间非营利组织会计仍然采用的是单基础、单系统的会计模式，即民间非营利组织会计采用权责发生制进行核算，以财务会计核算生成的资料编制财务会计报告。

（四）成本核算和盈亏核算具有独特性

政府及民间非营利组织是不以营利为目的开展业务活动的，所以政府及民间非营利组织会计是不需要进行利润核算的，但需要进行盈亏的核算。近年来，党中央从推进国家治理体系和治理能力现代化的高度，在多份文件中从不同角度对加强政府成本核算提出了要求。加强政府成本核算，是节约公共资源的需要，是公共服务或产品定价的需要，是完善绩效评价的需要。民间非营利组织也存在同样的成本核算的需求。但是，由于政府及民间非营利组织具有非营利性，因而其成本核算和企业的成本核算有着实质性的区别，特别是针对政府及民间非营利组织特殊业务的成本核算，如政府机构运行成本的核算、科研课题成本核算、医疗成本核算等，政府及民间非营利组织会计成本核算具有独特性。

四、政府会计标准体系

我国的政府会计标准体系主要由政府会计基本准则、具体准则及应用指南和政府会计制度等组成。

（一）政府会计基本准则

政府会计基本准则用于规范政府会计目标、政府会计主体、政府会计信息质量要求、政府会计核算基础，以及政府会计要素定义、确认和计量原则、列报要求等原则事项。基本准则是政府会计概念框架，用于指导具体准则和制度的制定，并为政府会计实务问题提供处理原则。2015 年 10 月，财政部印发了《政府会计准则——基本准则》，并于 2017 年 1 月 1 日开始实施。

（二）政府会计具体准则及应用指南

政府会计具体准则依据基本准则制定，用于规范政府会计主体发生的经济业务或事项的会计处理原则，详细规定经济业务或事项引起的会计要素变动的确认、计量和报告。截止到 2020 年 12 月 31 日，财政部共颁布了存货、投资、固定资产、无形资产、公共基础设施、政府储备物资、会计调整、负债、财务报表编制和列报、政府和社会资本合作项目合同等 10 项政府会计具体准则，并陆续开始实施。

应用指南是对具体准则的实际应用作出的操作性规定。截止到 2020 年 12 月 31 日，财政部共颁布了固定资产、政府和社会资本合作项目合同等 2 项具体准则的应用指南。

（三）政府会计制度及补充、衔接规定

政府会计制度依据基本准则制定，主要规定政府会计科目及账务处理、报表体系及编制说明等。2017 年财政部颁布了《政府会计制度——行政事业单位会计科目和报表》，陆续颁布了部分行业的事业单位实施政府会计制度的补充衔接规定。截至 2021 年 8 月 31 日，财政部制定颁布了高等学校、医院等 9 个行业事业单位会计制度与《政府会计制度——行政事业单位会计科目和报表》的衔接规定及 7 个特殊行业执行《政府会计制度——行政事业单位会计科目和报表》的补充规定。这些衔接规定和补充规定都是政府会计制度的有机组成部分。

此外，为了及时回应和解决政府会计准则制度执行中的问题，进一步补充和完善政府会计标准体系，财政部还适时出台政府会计准则制度解释，以确保准则制度有效实施。截止到 2021 年 8 月底，财政部印发了政府会计准则制度解释共 3 项。

为了促进事业单位加强成本核算工作，提升单位内部管理水平和运行效率，夯实绩效管理基础，财政部于 2019 年 12 月颁布了《事业单位成本核算基本指引》，并于 2021 年 1 月 1 日开始实施。

第二节　政府及民间非营利组织会计职能和信息质量要求

一、政府及民间非营利组织会计的职能

政府及民间非营利组织会计的职能是随着经济的发展和财政职能的转变而凸显出其新变化。随着社会的发展和政府职能的转变，政府及民间非营利组织会计的职能也随之相应拓宽和发展，其事前预测、事中控制、事后监督及参与决策的职能逐步得到加强，主要表现为以下方面。

（一）传统的核算和监督职能得到了更广泛的体现

会计的核算和监督职能被称为基本职能。随着社会和经济的发展，政府及民间非

营利组织的职能也在不断地发生着变化，因而，传统的核算和监督职能的内容与作用都得到了一定程度的发展，这对于规范会计主体的行为，强化资金管理，提高资金有效性起到了新的作用。

（二）预测资金的发展变动趋势

政府及民间非营利组织会计特别是政府会计，根据其反映的结果，结合国民经济和社会发展状况，对未来的预算收支活动趋势和结构变化做出较为准确的预测，以有利于政府及有关部门采取科学的决策措施，编制科学的政府预算，满足政府实现职能的需要。

（三）为政府进行宏观经济调控提供数据支持

随着国家治理体系和治理能力现代化要求不断提高，政府预算绩效管理不断加强，政府财政的职能由原来单纯的分配、调节和监督，转变为资源配置、公平分配和稳定经济，在经济周期性波动中，分别实行结余政策、赤字政策和中性政策来抑制或刺激社会总需求，以实现社会总供给与社会总需求的平衡，保证国民经济的健康顺利发展。在政府财政发挥上述职能的过程中，需要政府及民间非营利组织会计核算生成的数据为政府进行宏观经济调控提供数据支持。

二、政府及民间非营利组织会计信息质量要求

（1）可靠性。政府及民间非营利组织会计主体应当以实际发生的经济业务或者事项为依据进行会计核算，如实反映各项会计要素的情况和结果，保证会计信息真实可靠。

（2）统一性。政府及民间非营利组织会计主体应当将发生的各项经济业务或者事项统一纳入会计核算，确保会计信息能够全面反映政府会计主体预算执行情况和财务状况、运行情况、现金流量等。

（3）相关性。政府及民间非营利组织会计主体提供的会计信息，应当与反映政府及民间非营利组织会计主体公共受托责任履行情况以及报告使用者决策或者监督、管理的需要相关，有助于报告使用者对政府及民间非营利组织会计主体过去、现在或者未来的情况作出评价或者预测。

（4）及时性。政府及民间非营利组织会计主体对已经发生的经济业务或者事项，应当及时进行会计核算，不得提前或者延后。

（5）可比性。政府及民间非营利组织会计主体提供的会计信息应当具有可比性。

同一政府及民间非营利组织会计主体不同时期发生的相同或者相似的经济业务或者事项，应当采用一致的会计政策，不得随意变更。确需变更的，应当将变更的内容、理由及其影响在附注中予以说明。

不同政府及民间非营利组织会计主体发生的相同或者相似的经济业务或者事项，应当采用一致的会计政策，确保政府会计信息口径一致，相互可比。

（6）可理解性。政府及民间非营利组织会计主体提供的会计信息应当清晰明了，便于报告使用者理解和使用。

（7）实质重于形式。政府及民间非营利组织会计主体应当按照经济业务或者事项的经济实质进行会计核算，不限于以经济业务或者事项的法律形式为依据。

第三节　财政收支管理制度

一、预算管理制度

（一）政府预算及其分类

政府预算也称为国家预算，它是由政府编制、立法机构批准的一个国家或政府在一定期间财政收支活动的一种计划。政府预算可以按照以下不同的标准分类。

1. 按预算的级次分类，政府预算可分为中央预算和地方预算

中央预算是指经法定程序审查批准的，反映中央政府活动的财政收支计划，由中央政府各部门的预算组成。

地方预算是指经法定程序审查批准的，反映各级地方政府收支活动计划的总称。地方预算由各省、自治区、直辖市总预算组成。地方预算级次包括省、市、县、乡（镇）四级预算。

各部门预算由本部门及其所属各单位预算组成。

2. 按预算作用的时间分类，政府预算可分为年度预算和中长期预算

年度预算是指预算有效期为 1 年的财政收支预算。这里的年度是指预算年度，有公历年制和跨历年制。中长期预算也称中长期财政计划（规划），一般 1 年以上 10 年以下的预算称中期预算，10 年以上的预算称长期预算。

目前我国中期财政规划按照三年滚动方式编制，第一年规划约束对应年度预算，后两年规划指引对应年度预算。中期财政规划对年度预算起到约束作用，年度预算编制应在中期财政规划框架下进行。

3. 按照预算资金的用途，政府预算可分为经常预算和资本预算

经常预算是指用于维持政府日常行政事务运转的需要而编制的预算；资本预算则指政府对公共基础设施及偿还债务本息等方面的支出所编制的预算。

4. 按照预算编制的基础，政府预算可分为功能预算和部门预算

功能预算是指按照政府支出所要达到的目的或功能列示支出项目的预算；部门预算是政府各部门依据国家有关政策规定及其行使职能的需要，由基层预算单位编制，逐级上报、审核、汇编制的部门收支的综合预算。

（二）政府预算的收支范围

我国实行全口径预算管理，各级政府的收入和支出全部纳入预算管理。各级政府预算包括一般公共预算、政府性基金预算、国有资本经营预算和社会保险基金预算（简称四本预算）。四本预算收支范围明确、定位清晰、分工明确并保持完整、独立。

1. 一般公共预算

一般公共预算指政府凭借国家政治权力，以社会管理者身份筹集以税收为主体的财政收入，用于保障和改善民生、推动经济社会发展、维持国家安全、维持国家机构正常运转等方面的收支预算。一般公共预算划分为一般公共预算收入和一般公共预算支出。

一般公共预算收入包括各项税收收入、行政事业性收费收入、国有资源（资产）有偿使用收入、转移性收入和其他收入。

一般公共预算支出按照其功能分类，包括一般公共服务支出，外交、公共安全、国防支出，农业、环境保护支出，教育、科技、文化、卫生、体育支出，社会保障及就业支出和其他支出。一般公共预算支出按照其经济性质分类，包括工资福利支出、商品和服务支出、资本性支出和其他支出。

2. 政府性基金预算

政府性基金是指各级人民政府及其所属部门根据法律、行政法规和中共中央、国务院文件规定，为支持特定公共基础设施建设和公共事业发展，向公民、法人和其他组织无偿征收的具有专项用途的财政资金。政府性基金属于政府非税收入，全额纳入财政预算，实行“收支两条线”管理。

政府性基金预算是对依照法律、行政法规的规定在一定期限内向特定对象征收、收取或者以其他方式筹集的资金，专项用于特定公共事业发展的收支预算。政府性基金预算包括政府性基金预算收入和政府性基金预算支出。收支范围按照法律、行政法规和国务院的规定执行。政府性基金预算的管理原则是以收定支、专款专用、结转结余下年继续使用。

3. 国有资本经营预算

国有资本经营预算指国家以所有者身份依法取得国有资本收益，并对所得收益进行分配而发生的收支预算，包括国有资本经营预算收入和国有资本经营预算支出。国有资本经营预算的收支范围按照法律、行政法规和国务院的规定执行。国有资本经营预算收入主要包括从国家出资企业取得的利润、股利、股息和国有产权（股权）转让收入、清算收入等；国有资本经营预算支出主要用于支持国有经济和产业结构调整及弥补国有企业的改革成本等。国有资本经营预算应当按照收支平衡的原则编制，不列赤字，并安排资金调入一般公共预算。

4. 社会保险基金预算

社会保险基金预算是对社会保险缴款、一般公共预算安排和其他方式筹集的资金，专项用于社会保险的收支预算，包括社会保险基金预算收入和社会保险基金预算支出，社会保险基金预算的收支范围按照法律、行政法规和国务院的规定执行。社会保险基金预算应当按照统筹层次和社会保险项目分别编制，做到收支平衡，适当留有结余。

（三）政府预算管理环节

政府预算管理环节包括预算、决算的编制、审查、批准、监督，以及预算的执行和调整。

1. 预算的编制

各级预算应当根据年度经济社会发展目标、国家宏观调控总体要求和跨年度预算平衡的需要，参考上一年预算执行情况、有关支出绩效评价结果和本年度收支预测，按照规定程序征求各方面意见后，进行编制。

各级预算收入的编制，应当与经济社会发展水平相适应，与财政政策相衔接。各级政府、各部门、各单位应当依照《中华人民共和国预算法》（简称《预算法》）的规定，将所有政府收入全部列入预算；各级预算支出的编制，应当贯彻勤俭节约的原则，严格控制各部门、各单位的机关运行经费和楼堂馆所等基本建设支出。各级一般公共预算支出的编制，应当统筹兼顾，在保证基本公共服务合理需要的前提下，优先安排国家确定的重点支出。

中央预算由全国人民代表大会审查和批准。地方预算由本级人民代表大会审查和批准。

2. 预算的执行

预算经本级人民代表大会批准后，按照批准的预算执行。预算收入征收部门和单位必须依照法律、行政法规的规定，及时、足额征收应征的预算收入，政府的全部收入应当上缴国家金库（简称国库）；各级政府财政部门必须依照法律、行政法规和国务院财政部门的规定，及时、足额地拨付预算支出资金，加强对预算支出的管理和监督。各级政府、各部门、各单位应当对预算支出情况开展绩效评价。

各级预算由本级政府组织执行，具体工作由本级政府财政部门负责。各部门、各单位是本部门、本单位的预算执行主体，负责本部门、本单位的预算执行，并对执行结果负责。

在预算执行中，各级政府对于必须进行的预算调整，应当编制预算调整方案。预算调整方案应当说明预算调整的理由、项目和数额。

3. 决算

决算，在形式上是对年度预算收支执行结果的会计报告，在实质上则是对年度预算收支执行结果的总结，它是国家管理预算活动的最后一道程序。决算制度主要包括决算草案的编制和审批两个方面的内容。

决算草案由各级政府、各部门、各单位，在每一预算年度终了后按照规定的时间编制。决算草案应当与预算相对应，按预算数、调整预算数、决算数分别列出。一般公共预算支出应当按其功能分类编列到项，按其经济性质分类编列到款。

各级政府财政部门编制本级决算草案，经本级政府审计部门审计后，报本级政府审定，由本级政府提请本级人民代表大会常务委员会审查和批准。

二、国库集中收付制度

国库集中收付制度又称国库单一账户制度，是指将政府所有财政性资金，集中在国库或国库指定的代理银行开设账户，所有财政收入直接缴入国库或财政专户，财政支出通过国库单一账户体系直接支付到商品和劳务供应者或用款单位。财政支出采用财政直接支付方式和财政授权支付方式支付。

（一）国库单一账户体系的构成

1. 国库单一账户

国库单一账户又称为国库存款账户，是指财政部门在中国人民银行开设的国库存款账户，用于记录、核算和反映纳入财政预算管理的财政收入与支出活动，并用于与财政部门在商业银行（也称代理银行）开设的零余额账户（包括财政零余额账户和预算单位零余额账户）进行清算，实现支付。

2. 零余额账户

零余额账户是指财政部门按规定在商业银行开设的财政零余额账户，用于财政直接支付，并与国库单一账户清算，做到日终零余额管理；预算单位（行政事业单位）按照财政部门要求，按规定在商业银行开设的预算单位零余额账户，用于财政授权支付，并与国库单一账户清算，做到日终零余额管理。

3. 财政专户

财政专户是财政部门为履行财政管理职能，在商业银行开设的用于管理核算特定财政资金的银行结算账户。财政专户纳入国库单一账户体系管理。

（二）国库收入集中收缴程序

财政国库集中收付制度实施后，收入的收缴方式分为直接缴库和集中汇缴两种。

1. 直接缴库程序

直接缴库的税收收入由纳税人或税务代理人提出纳税申报，经征收机关审核无误后，由纳税人通过开户银行将税款缴入国库单一账户。直接缴库的其他收入，比照上述程序直接缴入国库单一账户或财政专户。

2. 集中汇缴程序

小额零散税收和法律法规另有规定的应缴收入，由征收机关于收缴收入的当日汇总缴入国库单一账户。非税收入中的现金缴款，比照上述程序汇总缴入国库单一账户或财政专户。

（三）财政支出的支付方式

财政性资金的支付实行财政集中支付方式，除了特殊情况需要实拨方式支付外，按不同的支付主体，对不同类型的支出，实行财政直接支付和财政授权支付两种方式。

财政直接支付方式下，预算单位按照批复的部门预算和资金使用计划向财政部门提出支付申请，财政部门根据批复的部门预算和用款计划及相关要求对支付申请审核无误后，向中国人民银行国库或代理银行开具支付令，财政性资金通过国库单一账户体系划拨到收款人的银行账户。实行财政直接支付的财政性资金支出包括工资支出、工程采购支出、物品、服务采购支出。

财政授权支付方式下，预算单位按照批复的部门预算和资金使用计划，向财政部门申请授权支付的分月用款计划，财政部门将批准后的分月用款计划通知代理银行和预算单位，并通知中国人民银行国库部门。预算单位在分月用款计划内自行向代理银行开具支付令，代理银行通过银行清算系统先行付款，并在每日轧账前与国库单一账户清算。财政授权支付的支出范围是指除财政直接支付支出以外的全部支出。

此外，我国在公务支出中推行公务卡结算方式。公务卡是指预算单位工作人员持有的、主要用于日常公务支出和财务报销业务的信用卡。公务卡结算方式是指在财政授权支付额度内，预算单位及其工作人员在公务活动中使用公务卡刷卡消费，在规定的期限内按照现行财务制度审核后报销还款的结算方式。

三、财政转移支付制度

财政转移支付制度是由于中央和地方财政之间的纵向不平衡和各区域之间的横向不平衡而产生与发展的，是国家为了实现区域间各项社会经济事业的协调发展而采取的财政政策。财政转移支付包括中央对地方的转移支付和地方上级政府对下级政府的转移支付，以为均衡地区间基本财力、由下级政府统筹安排使用的一般性转移支付为主体。

（一）一般性转移支付

一般性转移支付是指上级政府对有财力缺口的下级政府，按照规范的办法给予的补助。一般性转移支付不规定具体用途，由下级政府根据本地区实际情况统筹安排使用。

在一般性转移支付的具体构成中，均衡性转移支付是主体，主要参照各地标准财政收入和标准财政支出的差额及可用于转移支付的资金规模等客观因素，按统一公式计算分配。除均衡性转移支付外，一般性转移支付还包括基层公检法司转移支付、义务教育转移支付、基本养老金和低保转移支付、新型农村合作医疗转移支付等多项转移支付。

（二）专项转移支付

专项转移支付是指上级政府为了实现特定的经济和社会发展目标，给予下级政府的资金补助，由下级政府按照上级政府规定的用途安排使用。专项转移支付主要根据党中央、国务院确定的政策，重点用于农林水、教育、医疗卫生、社会保障和就业、交通运输、节能环保等领域。

四、政府收支分类科目

政府收支分类是对预算收入和支出的划分。政府收支分类科目包括收入分类科目、支出功能分类科目和支出经济分类科目。

（一）收入分类科目

政府收入按照来源和性质分为一般公共预算收入科目、政府性基金预算收入科目、国有资本经营预算收入科目和社会保险基金预算收入科目。根据目前我国政府收入构成情况，结合国际通行的分类方法，将政府收入分为类、款、项、目四级。其中，一般公共预算收入科目包括税收收入、非税收入、债务收入和转移性收入等类级科目；政府性基金预算收入科目包括非税收入、债务收入和转移性收入等类级科目；国有资本经营预算收入科目包括非税收入和转移性收入等类级科目；社会保险基金预算收入科目包括社会保险基金收入和转移性收入等类级科目。

（二）支出功能分类科目

支出功能分类主要根据政府职能对政府支出进行的分类，用以反映政府活动的不同功能和政策目标。政府支出科目按照来源和性质分为一般公共预算支出科目、政府性基金预算支出科目、国有资本经营预算支出科目和社会保险基金预算支出科目。支出科目按照功能分为类、款、项三级。一般公共预算支出功能分类科目的类级科目包括一般公共服务支出、外交支出、国防支出、公共安全支出、教育支出、科学技术支出、文化旅游体育与传媒支出、社会保障和就业支出、卫生健康支出、节能环保支出、城乡社区支出、农林水支出、交通运输支出、资源勘探工业信息等支出、商业服务业等支出、金融支出、援助其他地区支出、自然资源海洋气象支出、住房保障支出、粮油物资储备支出、灾害防治及应急管理支出、预备费、其他支出、转移性支出、债务还本支出、债务付息支出、债务发行费用支出等。

（三）支出经济分类科目

支出经济分类主要反映政府支出的经济性质和具体用途。支出经济分类科目根据政府预算管理和部门预算管理的不同特点与需要，分设政府预算支出经济分类科目和部门预算支出经济分类科目。

1. 政府预算支出经济分类科目

政府预算支出经济分类体现政府预算的管理要求，主要用于政府预算的编制、执行、决算、公开和总预算会计核算。政府预算支出经济分类按照《预算法》的要求设置类、款两级，类级科目包括机关工资福利支出类、机关商品和服务支出类、机关资本性支出、对事业单位经常性补助、对企业补助类、对企业资本性支出、对个人和家庭的补助、对社会保障基金补助、债务利息及费用支出、债务还本支出、转教性支出、预备费及预留、其他支出类等。

2. 部门预算支出经济分类科目

部门预算支出经济分类科目体现部门预算的管理要求，主要用于部门预算编制、执行、决算、公开和部门（单位）预算会计核算。按照《预算法》要求设置类、款两级，类级科目主要包括工资福利支出、商品和服务支出、对个人和家庭的补助、债务利息及费用支出、资本性支出、资本性支出（基本建设）、对企业补助、对社会保障基金补助、其他支出等。

复习思考题

【简答题】

1. 简述政府及民间非营利组织会计组成体系。
2. 简述政府及民间非营利组织会计核算对象。
3. 简述政府及民间非营利组织会计特征。
4. 简述政府及民间非营利组织会计信息质量要求。
5. 简述政府预算的收支范围。
6. 简述国库集中支付制度。
7. 简述国库单一账户体系。
8. 简述财政支出的支付方式。
9. 简述政府收支分类科目体系。

第二章

政府单位流动资产的核算

政府单位资产包括流动资产和非流动资产。流动资产包括货币资金、债权、存货、短期投资等；非流动资产包括长期投资、固定资产、无形资产、公共基础设施、政府储备物资、保障性住房、文物文化资产及其他资产等。

本章介绍政府单位流动资产的基本理论及核算方法。

【重要概念】资产　零余额账户用款额度　财政应返还额度　应收账款　坏账准备　库存物品

【会计制度】《政府会计制度——行政事业单位会计科目和报表》实施时间：2019年1月1日

【会计准则】《政府会计准则——基本准则》实施时间：2017年1月1日

《政府会计准则第1号——存货》实施时间：2017年1月1日

第一节　资产概述

一、资产的概念及确认条件

资产是指政府会计主体过去的经济业务或者事项形成的，由政府会计主体控制的，预期能够产生服务潜力或者带来经济利益流入的经济资源。

服务潜力是指政府会计主体利用资产提供公共产品和服务以履行政府职能的潜在能力。

经济利益流入表现为现金及现金等价物的流入，或者现金及现金等价物流出的减少。

符合《政府会计准则——基本准则》规定的资产定义的经济资源，在同时满足以下条件时，确认为资产。

（1）与该经济资源相关的服务潜力很可能实现或者经济利益很可能流入政府会计主体。

（2）该经济资源的成本或者价值能够可靠地计量。

符合资产定义和资产确认条件的项目，应当列入资产负债表。

二、资产的分类和计量属性

（一）资产的分类

政府会计主体的资产按照流动性，分为流动资产和非流动资产。

流动资产是指预计在1年内（含1年）耗用或者可以变现的资产，包括货币资金、短期投资、应收及预付款项、存货等。

非流动资产是指流动资产以外的资产，包括固定资产、在建工程、无形资产、长期投资、公共基础设施、政府储备资产、文物文化资产、保障性住房和自然资源资产等。

（二）资产的计量属性

资产的计量属性主要包括历史成本、重置成本、现值、公允价值和名义金额。

在历史成本计量下，资产按照取得时支付的现金金额或者支付对价的公允价值计量。

在重置成本计量下，资产按照现在购买相同或者相似资产所需支付的现金金额计量。

在现值计量下，资产按照预计从其持续使用和最终处置中所产生的未来净现金流入量的折现金额计量。

在公允价值计量下，资产按照市场参与者在计量日发生的有序交易中，出售资产所能收到的价格计量。

无法采用上述计量属性的，采用名义金额（即人民币1元）计量。

政府会计主体在对资产进行计量时，一般应当采用历史成本。采用重置成本、现值、公允价值计量的，应当保证所确定的资产金额能够持续、可靠计量。

三、资产信息的披露

政府会计主体应当按照相关规定通过会计报表披露主要的资产信息。除此之外，政府会计主体还应当在附注中披露影响信息使用者决策的有关资产的信息，具体包括政府会计主体报告期内采用的有关资产的重要会计政策和会计估计、会计报表中重要资产项目说明。

此外，《政府会计制度——行政事业单位会计科目和报表》中规定，凡对报表使用者的决策有重要影响的会计信息，不论本制度是否有明确规定，单位均应当充分披露。

四、资产类会计科目

政府会计主体对资产进行会计核算应设置的会计科目见表2-1。

表 2-1 资产类会计科目表

序号	科目编码	科目名称（财务会计）	适用范围	备注
1	1001	库存现金	行政/事业单位	资产核算中涉及的预算会计科目在相关内容中进行说明
2	1002	银行存款	行政/事业单位	
3	1011	零余额账户用款额度	行政/事业单位	
4	1021	其他货币资金	行政/事业单位	
5	1101	短期投资	事业单位	
6	1201	财政应返还额度	行政/事业单位	
7	1211	应收票据	事业单位	
8	1212	应收账款	行政/事业单位	
9	1214	预付账款	行政/事业单位	
10	1215	应收股利	事业单位	
11	1216	应收利息	事业单位	
12	1218	其他应收款	行政/事业单位	
13	1219	坏账准备	事业单位	
14	1301	在途物品	行政/事业单位	
15	1302	库存物品	行政/事业单位	
16	1303	加工物品	行政/事业单位	
17	1401	待摊费用	行政/事业单位	
18	1501	长期股权投资	事业单位	
19	1502	长期债券投资	事业单位	
20	1601	固定资产	行政/事业单位	
21	1602	固定资产累计折旧	行政/事业单位	
22	1611	工程物资	行政/事业单位	
23	1613	在建工程	行政/事业单位	
24	1701	无形资产	行政/事业单位	
25	1702	无形资产累计摊销	行政/事业单位	
26	1703	研发支出	事业单位	
27	1801	公共基础设施	行政/事业单位	
28	1802	公共基础设施累计折旧（摊销）	行政/事业单位	
29	1811	政府储备物资	行政/事业单位	
30	1821	文物文化资产	行政/事业单位	
31	1831	保障性住房	行政/事业单位	
32	1832	保障性住房累计折旧	行政/事业单位	
33	1891	受托代理资产	行政/事业单位	
34	1901	长期待摊费用	行政/事业单位	
35	1902	待处理财产损益		

第二节 货币资金的核算

政府单位的货币资金包括库存现金、银行存款、零余额账户用款额度、其他货币资金等。政府单位应当根据国家有关制度和内部控制规范对货币资金进行管理及核算。

一、库存现金的核算

（一）库存现金的概念及科目设置

库存现金是指存放在单位内部用于日常零星开支的现钞。单位应当严格按照国家有关现金管理的规定收支现金，并按照《政府会计制度——行政事业单位会计科目和报表》规定核算现金的各项收支业务。单位对库存现金进行核算时应设置“库存现金”（1001）科目。

库存现金是单位财务会计中资产类科目。单位库存现金的主要业务包括库存现金的收支的处理。单位收到现金时借记本科目，支付现金时贷记本科目。本科目期末借方余额，反映单位实际持有的库存现金。单位如果有外币现钞业务，应当在本科目下按币种设置明细科目进行核算；单位如果受托代管现金业务的，应当在本科目下设置“受托代理资产”明细科目进行明细核算。

单位应当设置“库存现金日记账”，由出纳人员根据收付款凭证和业务的发生顺序逐笔登记。每日终了，应计算当日的现金收入合计数、现金支出合计数和结余数，并将结余数与实际库存数核对，做到账款相符。在现金收付过程中，如发生长款或短款情况，应及时查明原因，并根据不同原因进行处理。

（二）库存现金的核算方法

单位发生库存现金相关业务时，一般应在财务会计与预算会计中分别进行记账，主要核算方法如下。

1. 单位从银行提取现金

财务会计：　　借：库存现金

　　　　　　　　　贷：银行存款

预算会计：无须处理

2. 因开展业务等其他事项收到现金

财务会计：　　借：库存现金

　　　　　　　　　贷：事业收入/应收账款等

预算会计：　　借：资金结存——货币资金

　　　　　　　　　贷：事业预算收入等

3. 因购买服务、商品或其他事项支出现金

财务会计：　　借：业务活动费用/单位管理费用/其他费用/应付账款等
　　　　　　　　贷：库存现金

预算会计：　　借：行政支出/事业支出/其他支出等
　　　　　　　　贷：资金结存——货币资金

4. 涉及现金溢余业务

1）现金发生溢余

财务会计：　　借：库存现金
　　　　　　　　贷：待处理财产损溢

预算会计：　　借：资金结存——货币资金
　　　　　　　　贷：其他预算收入

2）属于无法查明原因的部分，报经批准后

财务会计：　　借：待处理财产损溢
　　　　　　　　贷：其他收入

预算会计：无须处理

5. 涉及现金短缺业务

1）现金发生短缺

财务会计：　　借：待处理财产损溢
　　　　　　　　贷：库存现金

预算会计：　　借：其他支出
　　　　　　　　贷：资金结存——货币资金

2）属于无法查明原因的部分，报经批准后

财务会计：　　借：资产处置费用
　　　　　　　　贷：待处理财产损溢

预算会计：无须处理

【例 2-1】某行政单位开出现金支票从银行提取现金 1 000 元。编制会计分录如下。

财务会计	预算会计
借：库存现金　1 000 　贷：银行存款　1 000	—

【例 2-2】单位用现金支付职工报销市内交通费 100 元。编制会计分录如下。

财务会计	预算会计
借：业务活动费用　100 　贷：库存现金　100	借：行政支出　100 　贷：资金结存——货币资金　100

【例 2-3】某事业单位盘点库存现金时发现溢余 500 元，原因待查。经查，上述款项溢余原因已无法确定，经批准做收入入账处理。编制会计分录如下。

3. 从零余额账户用款额度账户提取现金

财务会计：　借：库存现金

　　　　　　　贷：零余额账户用款额度

预算会计：　借：资金结存——货币资金

　　　　　　　贷：资金结存——零余额账户用款额度

4. 年末，单位应将当年财政已下达但未使用和未下达的用款额度注销

1）根据代理银行提供的对账单注销财政授权支付额度

财务会计：　借：财政应返还额度——财政授权支付

　　　　　　　贷：零余额账户用款额度

预算会计：　借：资金结存——财政应返还额度

　　　　　　　贷：资金结存——零余额账户用款额度

2）本年度财政授权支付预算指标数大于零余额账户额度下达数的，根据未下达的用款额度注销财政授权支付额度

财务会计：　借：财政应返还额度——财政授权支付

　　　　　　　贷：财政拨款收入

预算会计：　借：资金结存——财政应返还额度

　　　　　　　贷：财政拨款预算收入

5. 下年初恢复财政授权支付额度和收到财政部门批复的上年末未下达用款额度

财务会计：　借：零余额账户用款额度

　　　　　　　贷：财政应返还额度——财政授权支付

预算会计：　借：资金结存——零余额账户用款额度

　　　　　　　贷：资金结存——财政应返还额度

【例 2-5】单位收到同级财政下达分月用款计划及财政授权支付到账通知书，取得财政授权支付额度 150 000 元。编制会计分录如下。

财务会计	预算会计
借：零余额账户用款额度　150 000 　贷：财政拨款收入　150 000	借：资金结存——零余额账户用款额度　150 000 　贷：财政拨款预算收入　150 000

【例 2-6】事业单位使用零余额账户用款额度支付事业活动用印刷费 3 000 元。编制会计分录如下。

财务会计	预算会计
借：业务活动费用　3 000 　贷：零余额账户用款额度　3 000	借：事业支出　3 000 　贷：资金结存——零余额账户用款额度　3 000

【例 2-7】单位从单位零余额账户中提取现金 2 000 元以备日常零星开支。编制会计分录如下。

财务会计	预算会计
借：库存现金　2 000 　贷：零余额账户用款额度　2 000	借：资金结存——货币资金　2 000 　贷：资金结存——零余额账户用款额度　2 000

四、其他货币资金的核算

（一）其他货币资金的概念及科目设置

其他货币资金是指单位的外埠存款、银行本票存款、银行汇票存款、信用卡存款等各种其他货币资金。单位应当加强对其他货币资金的管理，及时办理结算，对于逾期尚未办理结算的银行汇票、银行本票等，应当按照规定及时转回，并按照规定进行相应账务处理。单位对其他货币资金进行核算时应设置“其他货币资金”（1021）科目。

其他货币资金是单位财务会计中资产类科目。单位其他货币资金的主要业务包括其他货币资金收付的处理。单位收到其他货币资金时借记本科目，支付其他货币资金时贷记本科目。本科目期末借方余额，反映单位实际持有的其他货币资金。本科目应当设置“外埠存款”“银行本票存款”“银行汇票存款”“信用卡存款”等明细科目，进行明细核算。

（二）其他货币资金的核算方法

单位发生其他货币资金相关业务时，一般应在财务会计与预算会计中分别进行记账，主要核算方法如下。

1. 取得银行本票、银行汇票、信用卡，形成其他货币资金

财务会计：　　借：其他货币资金——银行本票存款
　　　　　　　　　　　　　　　——银行汇票存款
　　　　　　　　　　　　　　　——信用卡存款
　　　　　　　　　贷：银行存款

预算会计：无须处理

2. 用银行本票、银行汇票、信用卡支付

财务会计：　　借：在途物品/库存物品等
　　　　　　　　　贷：其他货币资金——银行本票存款
　　　　　　　　　　　　　　　　　——银行汇票存款
　　　　　　　　　　　　　　　　　——信用卡存款

预算会计：　　借：事业支出等（实际支付金额）
　　　　　　　　　贷：资金结存——货币资金

3. 余款退回

财务会计：　　借：银行存款
　　　　　　　　　贷：其他货币资金——银行本票存款
　　　　　　　　　　　　　　　　　——银行汇票存款
　　　　　　　　　　　　　　　　　——信用卡存款

预算会计：无须处理

第三节 应收及预付款项的核算

政府单位的应收及预付账款包括财政应返还额度、应收票据、应收账款、预付账款、应收股利、应收利息、其他应收款、坏账准备等。应收及预付款项是政府单位为开展业务活动而发生的一项资金占用，应及时进行结算，以避免发生财政资金的浪费或国有资产流失。

一、财政应返还额度的核算

（一）财政应返还额度的概念及科目设置

财政应返还额度是指实行国库集中支付的单位应收财政返还的资金额度，包括可以使用的以前年度财政直接支付资金额度和财政应返还的财政授权支付资金额度。单位对财政应返还额度进行核算时应设置“财政应返还额度”（1201）科目。

财政应返还额度是单位财务会计中资产类科目。单位财政应返还额度的主要业务包括年末财政应返还额度的确认、下年财政应返还额度的返还或使用。年末单位确认财政应返还额度时借记本科目，下年返还或使用财政应返还额度时贷记本科目。本科目期末借方余额，反映单位应收财政的返还额度。本科目应当设置“财政直接支付”“财政授权支付”两个明细科目进行明细核算。

（二）财政应返还额度的核算方法

单位发生财政应返还额度相关业务时，应在财务会计与预算会计中分别进行记账。具体核算方法如下。

1. 财政直接支付方式下单位发生财政应返还额度业务

1）年末本年度预算指标数与当年实际支付数的差额

财务会计：　　借：财政应返还额度——财政直接支付
　　　　　　　　　贷：财政拨款收入

预算会计：　　借：资金结存——财政应返还额度
　　　　　　　　　贷：财政拨款预算收入

2）下年度使用以前年度财政直接支付额度支付款项

财务会计：　　借：业务活动费用/单位管理费用/库存物品等
　　　　　　　　　贷：财政应返还额度——财政直接支付

预算会计：　　借：行政支出/事业支出等
　　　　　　　　　贷：资金结存——财政应返还额度

2. 财政授权支付方式下发生财政应返还额度业务

1）年末本年度预算指标数大于额度下达数的，根据未下达的用款额度

财务会计：　　借：财政应返还额度——财政授权支付
　　　　　　　　贷：财政拨款收入
预算会计：　　借：资金结存——财政应返还额度
　　　　　　　　贷：财政拨款预算收入

2）年末根据代理银行提供的对账单作注销额度处理

财务会计：　　借：财政应返还额度——财政授权支付
　　　　　　　　贷：零余额账户用款额度
预算会计：　　借：资金结存——财政应返还额度
　　　　　　　　贷：资金结存——零余额账户用款额度

3）下年初额度恢复和下年初收到财政部门批复的上年末未下达零余额账户用款额

财务会计：　　借：零余额账户用款额度
　　　　　　　　贷：财政应返还额度——财政授权支付
预算会计：　　借：资金结存——零余额账户用款额度
　　　　　　　　贷：资金结存——财政应返还额度

【例 2-8】2020 年 12 月 31 日，某行政单位财政直接支付指标数与当年财政直接支付实际支出数之间的差额为 100 000 元。2021 年初，财政部门恢复该单位的财政直接支付额度。2021 年 1 月 21 日，该单位以财政直接支付方式支付业务活动费用（属于上年预算指标数）80 000 元。编制会计分录如下。

（1）2020 年 12 月 31 日注销额度补记指标数时，会计分录如下。

财务会计			预算会计		
借：财政应返还额度——财政直接支付 　贷：财政拨款收入	100 000	 100 000	借：资金结存——财政应返还额度 　贷：财政拨款预算收入	100 000	 100 000

（2）2021 年 1 月 21 日使用上年预算指标支付开支时，会计分录如下。

财务会计			预算会计		
借：业务活动费用 　贷：财政应返还额度	80 000	 80 000	借：行政支出 　贷：资金结存——财政应返还额度	80 000	 80 000

【例 2-9】2020 年 12 月 31 日，某行政单位经与代理银行提供的对账单核对无误后，将 100 000 元零余额账户用款额度予以注销。另外，本年度财政授权支付预算指标数大于零余额账户用款额度下达数，未下达的用款额度为 300 000 元。2021 年度，该单位收到代理银行提供的额度恢复到账通知书及财政部门批复的上年末未下达零余额账户用款额度。编制会计分录如下。

（1）2020 年 12 月 31 日注销代理银行提供的对账单上未使用额度时，会计分录如下。

财务会计			预算会计		
借：财政应返还额度——财政授权支付 　贷：零余额账户用款额度	100 000	 100 000	借：资金结存——财政应返还额度 　贷：财政拨款预算收入	100 000	 100 000

（2）2020 年 12 月 31 日注销额度补记未下达指标数时，会计分录如下。

财务会计	预算会计
借：财政应返还额度——财政授权支付 300 000 贷：财政拨款收入 300 000	借：资金结存——财政应返还额度 300 000 贷：财政拨款预算收入 300 000

(3)2021年初额度恢复和下年初收到财政部门批复的2020年末未下达零余额账户用款额时，会计分录如下。

财务会计	预算会计
借：零余额账户用款额度 400 000 贷：财政应返还额度 400 000	借：资金结存——零余额账户用款额度 400 000 贷：资金结存——财政应返还额度 400 000

二、应收票据的核算

（一）应收票据的概念及科目设置

应收票据是指事业单位因开展经营活动销售产品、提供有偿服务等而收到的商业汇票，包括银行承兑汇票和商业承兑汇票。事业单位对应收票据进行核算时应设置“应收票据”（1211）科目。

应收票据是事业单位财务会计中资产类科目。事业单位应收票据的主要业务包括商业汇票收到、贴现、背书转让和到期收回款项的处理。事业单位销售产品、提供服务等收到商业汇票时借记本科目，贴现、背书转让和到期收回款项时贷记本科目。因付款人无力支付票款，收到银行退回的商业承兑汇票、委托收款凭证、未付票款通知书或拒付款证明等，按照商业汇票的票面金额将应收票据转为应收账款。本科目期末借方余额，反映事业单位持有的商业汇票票面金额。本科目应当按照开出、承兑商业汇票的单位等进行明细核算。

事业单位应当设置“应收票据备查簿”，逐笔登记每一应收票据的种类、号数、出票日期、到期日、票面金额、交易合同号和付款人、承兑人、背书人姓名或单位名称、背书转让日、贴现日期、贴现率和贴现净额、收款日期、收回金额和退票情况等。

应收票据到期结清票款或退票后，应当在备查簿内逐笔注销。

（二）应收票据的核算方法

事业单位发生应收票据相关业务时，应在财务会计与预算会计中分别进行记账，主要核算方法如下。

1. 销售产品、提供服务等收到商业汇票

财务会计：　借：应收票据

　　　　　　　　贷：经营收入等

预算会计：无须处理

2. 持未到期的商业汇票向银行贴现

财务会计： 借：银行存款（贴现净额）
经营费用等（贴现利息）
贷：应收票据（不附追索权）/短期借款（附追索权）

预算会计： 借：资金结存——货币资金
贷：经营预算收入等（贴现净额）

3. 将持有的商业汇票背书转让以取得所需物资

财务会计： 借：库存物品等
贷：应收票据
银行存款（差额）

预算会计： 借：经营支出等（支付的金额）
贷：资金结存——货币资金

4. 商业汇票到期，收回应收票据

财务会计： 借：银行存款
贷：应收票据

预算会计： 借：资金结存——货币资金
贷：经营预算收入等

【例 2-10】 2 月 3 日，事业单位因提供劳务取得一张金额为 20 000 元、3 月 15 日到期的不带息银行承兑汇票。3 月 16 日，该单位提示付款，并于 3 月 18 日收到银行承兑的款项。编制会计分录如下。

（1）2 月 3 日收到商业汇票时，会计分录如下。

财务会计	预算会计
借：应收票据 20 000 贷：经营收入 20 000	

（2）3 月 16 日，不做处理。

（3）3 月 18 日到期收回款项时，会计分录如下。

财务会计	预算会计
借：银行存款 20 000 贷：应收票据 20 000	借：资金结存——货币资金 20 000 贷：经营预算收入 20 000

三、应收账款的核算

（一）应收账款的概念及科目设置

应收账款是指事业单位提供服务、销售产品等应收取的款项，以及单位因出租资产、出售物资等应收取的款项。单位对应收账款进行核算时应设置“应收账款”（1212）科目。

应收账款是单位财务会计中资产类科目。单位应收账款的主要业务包括应收账款的发生、收回和逾期无法收回的处理。单位发生应收账款时借记本科目，收回款项或将无法收回款项核销时贷记本科目。本科目期末借方余额，反映单位尚未收回的应收账款。本科目应当按照债务单位（或个人）进行明细核算。

政府单位的应收账款应根据是否上缴财政做不同的会计处理。

单位应当于每年年末，对应收账款进行全面检查。对于账龄超过规定年限且确认无法收回的应收账款，如果收回后不需上缴财政，按照规定报经批准后予以核销；如果事业单位收回后不需上缴财政的应收账款发生不能收回的迹象，按照规定报经批准后采用备抵法予以核销。

（二）应收账款的核算方法

单位发生应收账款相关业务时，应在财务会计与预算会计中分别进行记账，主要核算方法如下。

1. 发生应收账款

1）应收账款收回后不需上缴财政

财务会计：　　借：应收账款
　　　　　　　　　贷：事业收入/经营收入/其他收入等

预算会计：无须处理

2）应收账款收回后需上缴财政

财务会计：　　借：应收账款
　　　　　　　　　贷：应缴财政款

预算会计：无须处理

2. 收回应收账款

1）应收账款收回后不需上缴财政

财务会计：　　借：银行存款等
　　　　　　　　　贷：应收账款

预算会计：　　借：资金结存——货币资金等
　　　　　　　　　贷：事业预算收入/经营预算收入/其他预算收入等

2）应收账款收回后需上缴财政

财务会计：　　借：银行存款等
　　　　　　　　　贷：应收账款

预算会计：无须处理

3. 逾期无法收回的应收账款，报批后予以核销

财务会计：　　借：坏账准备（事业单位不需上缴财政的应收账款）
　　　　　　　　　/应缴财政款（单位需上缴财政的应收账款）
　　　　　　　　　贷：应收账款

预算会计：无须处理

4. 单位已核销的应收账款在以后期间收回，应根据是否上缴财政部门做出不同的处理

具体核算方法略。

【例 2-11】2020 年 12 月 31 日，某事业单位应收账款余额为 2 000 000 元，该单位经分析各种因素后，确定坏账准备的提取比例为应收账款余额的 4%。2021 年 10 月，该单位发现有 20 000 元的应收账款已经确实无法收回，按规定报经批准后核销坏账。2021 年 12 月 31 日，该单位应收账款余额为 2 000 000 元。假定该单位在 2020 年之前未计提过坏账准备，该单位其他应收款预计不会发生坏账损失。编制会计分录如下。

（1）2020 年 12 月 31 日单位计提坏账准备：

单位应计提的坏账准备金额=2 000 000×4%=80 000（元）

财务会计	预算会计
借：其他费用　80 000 　贷：坏账准备　80 000	—

（2）2021 年 10 月核销坏账时，会计分录如下。

财务会计	预算会计
借：坏账准备　20 000 　贷：应收账款　20 000	—

（3）2021 年 12 月 31 日补提坏账准备：

2021 年末坏账准备科目余额=2 000 000×4%=80 000（元）

2021 年末计提坏账准备前，坏账准备科目贷方余额=80 000–20 000=60 000（元）

2021 年末应补提坏账准备=80 000–60 000=20 000（元）

财务会计	预算会计
借：其他费用　20 000 　贷：坏账准备　20 000	—

【例 2-12】2020 年 12 月 31 日，某事业单位对收回后不需上缴财政的应收账款进行了全面检查，确定按应收账款余额的 4%计提坏账准备。2020 年 12 月 31 日，该单位应收账款余额为 1 000 000 元，计提坏账准备前“坏账准备”科目的借方余额为 60 000 元。假定该单位其他应收款预计不会发生坏账损失。编制会计分录如下：

2020 年末坏账准备科目余额=1 000 000×4%=40 000（元）

2020 年末计提坏账准备前，坏账准备科目借方余额=60 000（元）

2020 年末应冲减坏账准备=60 000–40 000=20 000（元）

财务会计	预算会计
借：坏账准备　20 000 　贷：其他费用　20 000	—

【例 2-13】2020 年末，某行政单位对应上缴财政的应收账款进行了全面检查，账龄

超过规定年限、确认无法收回的应收账款为20 000元。经批准予以核销。编制会计分录如下。

财务会计	预算会计
借：应缴财政款 20 000 贷：应收账款 20 000	—

四、预付账款的核算

（一）预付账款的概念及科目设置

预付账款是指单位按照购货、服务合同或协议规定预付给供应单位（或个人）的款项，以及按照合同规定向承包工程的施工企业预付的备料款和工程款。单位对预付账款进行核算时应设置“预付账款”（1214）科目。

预付账款是单位财务会计中资产类科目。单位预付账款的主要业务包括预付账款的发生和结算的处理。单位发生预付账款时借记本科目，结算预付账款时贷记本科目。本科目期末借方余额，反映单位实际预付但尚未结算的账款。本科目应当按照供应单位（或个人）及具体项目进行明细核算；对于基本建设项目发生的预付账款，还应当在本科目所属基建项目明细科目下设置“预付备料款”“预付工程款”“其他预付款”等明细科目，进行明细核算。

（二）预付账款的核算方法

单位发生预付账款相关业务时，应在财务会计与预算会计中分别进行记账，主要核算方法如下。

1. 发生预付账款

财务会计：　借：预付账款
　　　　　　　贷：财政拨款收入/零余额账户用款额度/银行存款等

预算会计：　借：行政支出/事业支出等
　　　　　　　贷：财政拨款预算收入/资金结存

2. 收到所购物资或劳务，以及根据工程进度结算工程价款等

财务会计：　借：业务活动费用/库存物品/固定资产/在建工程等
　　　　　　　贷：预付账款

预算会计：　借：行政支出/事业支出等（补付款项）
　　　　　　　贷：财政拨款预算收入/资金结存
　　　　　　　　/零余额账户用款额度/财政拨款收入
　　　　　　　　/银行存款等

3. 当年预付账款退回时，做与预付账款发生时相反分录；以前年度预付账款退回时，财务会计应补记财政应返还额度、零余额账户用款额度等，预算会计应调整财政拨款结转或财政拨款结余等科目；逾期无法收回的预付账款转为其他应收款。

【例 2-14】某行政单位对服务大厅进行改造。现以财政授权支付方式预付工程款100 000元。编制会计分录如下。

财务会计	预算会计
借：预付账款　100 000 　贷：零余额账户用款额度　100 000	借：行政支出　100 000 　贷：资金结存　100 000

五、应收股利和应收利息的核算

（一）应收股利和应收利息的概念及科目设置

应收股利是指事业单位持有长期股权投资应当收取的现金股利或应当分得的利润。事业单位对应收股利进行核算时应设置“应收股利”（1215）科目。

应收利息是指事业单位长期债券投资应当收取的利息。事业单位对应收利息进行核算时应设置“应收利息”（1216）科目。

应收股利和应收利息是事业单位财务会计中资产类科目。事业单位应收股利（利息）的主要业务包括应收股利（利息）的应收和实收的处理。事业单位发生应收股利（利息）时借记本科目，实际收到股利（利息）时贷记本科目。本科目期末借方余额，反映事业单位应当收取但尚未收到的长期股权投资现金股利（利润）或长期债券投资利息。本类科目应当按照被投资单位等进行明细核算。

（二）应收股利和应收利息的核算方法

事业单位发生应收股利和应收利息相关业务时，应在财务会计与预算会计中分别进行记账，主要核算方法如下。

1. 取得长期投资支付价款中包含的已宣告但尚未发放的现金股利（利润）或已到付息期但尚未领取的利息

财务会计：　借：长期股权投资/长期债券投资
　　　　　　　　应收股利（取得投资支付价款中包含的已宣告但尚未发放的现金股利或利润）/应收利息（取得投资支付价款中包含的已到付息期但尚未领取的利息）
　　　　　　　贷：银行存款（取得投资支付的全部价款）

预算会计：　借：投资支出（取得投资支付的全部价款）
　　　　　　　贷：资金结存——货币资金

2. 收到取得投资所支付价款中包含的已宣告但尚未发放的现金股利（或利润）或已到付息期但尚未领取的利息

财务会计：　　借：银行存款
　　　　　　　　　贷：应收利息
预算会计：　　借：资金结存——货币资金
　　　　　　　　　贷：投资支出

3. 持有投资期间被投资单位宣告发放长期股权投资或长期债券投资

按期计提利息：
财务会计：　　借：应收股利/应收利息（分期付息、到期还本债券计提的利息）
　　　　　　　　　贷：投资收益
预算会计：无须处理

4. 实际收到现金股利（或利润）或利息

财务会计：　　借：银行存款
　　　　　　　　　贷：应收利息
预算会计：　　借：资金结存——货币资金
　　　　　　　　　贷：投资预算收益

说明：具体核算方法见“投资”部分。

六、其他应收款的核算

（一）其他应收款的概念及科目设置

其他应收款是指单位除财政应返还额度、应收票据、应收账款、预付账款、应收股利、应收利息以外的其他各项应收及暂付款项，如职工预借的差旅费、已经偿还银行尚未报销的本单位公务卡欠款、拨付给内部有关部门的备用金、应向职工收取的各种垫付款项、支付的可以收回的订金或押金、应收的上级补助和附属单位上缴款项等。单位对其他应收款进行核算时应设置“其他应收款”（1218）科目。

其他应收款是单位财务会计中资产类科目。单位其他应收款的主要业务包括其他应收款的暂付及发生、结算和逾期无法收回的处理。单位暂付及发生其他应收款时借记本科目，结算（或收回）款项或将无法收回款项核销时贷记本科目。本科目期末借方余额，反映单位尚未收回的其他应收款。本科目应当按照其他应收款的类别及债务单位（或个人）进行明细核算。

单位应当于每年年末，对其他应收款进行全面检查。事业单位对于账龄超过规定年限且确认无法收回的其他应收款，如发生不能收回的迹象，按照规定报经批准后采用备抵法予以核销；行政单位对于超过规定年限、确认无法收回的其他应收款，应当按照有关规定报经批准后予以核销。核销的其他应收款应在备查簿中保留登记。

（二）其他应收款的核算方法

单位发生其他应收款相关业务时，应在财务会计与预算会计中分别进行记账，主要核算方法如下。

1. 发生暂付或其他各种应收款等

财务会计：　　借：其他应收款
　　贷：银行存款/库存现金/零余额账户用款额度
　　　　/上级补助收入/附属单位上缴收入
　　　　/其他收入等

预算会计：无须处理

2. 报销或收回款项

A. 报销

财务会计：　　借：业务活动费用/单位管理费用等（实际报销金额）
　　库存现金/银行存款等（收回款项）
　　贷：其他应收款

预算会计：　　借：行政支出/事业支出等（实际报销金额）
　　贷：资金结存

B. 收回款项

财务会计：　　借：库存现金/银行存款等
　　贷：其他应收款

预算会计：收回后上缴财政，则无须处理。

收回后不上缴财政，则

借：资金结存
　　贷：事业预算收入/经营预算收入/其他预算收入等

3. 发生坏账经批准核销

财务会计：　　借：坏账准备（事业单位）/资产处置费用（行政单位）
　　贷：其他应收款

预算会计：无须处理

4. 如果单位已核销的其他应收款在以后期间收回，事业单位和行政单位的会计处理是不同的

事业单位应作如下会计处理。

财务会计：　　借：其他应收款
　　贷：坏账准备

同时：　　借：银行存款等
　　贷：其他应收款

预算会计：　　借：资金结存
　　贷：其他预算收入

行政单位应作如下会计处理。

财务会计：　　　借：银行存款等

　　　　　　　　　　贷：其他收入

预算会计：　　　借：资金结存

　　　　　　　　　　贷：其他预算收入

【例 2-15】 202×年 3 月 15 日，经确认，事业单位发生其他收入 2 000 元，款项未收回。202×年 5 月 15 日收回该款，存入银行。编制会计分录如下。

（1）202×年 3 月 15 日确认收入时，会计分录如下。

财务会计	预算会计
借：其他应收款　　2 000 　贷：其他收入　　　2 000	—

（2）202×年 5 月 15 日收到款项时，会计分录如下。

财务会计	预算会计
借：银行存款　　2 000 　贷：其他应收款　　2 000	借：资金结存　　2 000 　贷：其他预算收入　　2 000

【例 2-16】 某单位经分析各种因素后，确认其他应收款 1 000 元已经无法收回，按规定报经批准后核销坏账。编制会计分录如下。

（1）假如该单位为事业单位，会计分录如下。

财务会计	预算会计
借：坏账准备　　1 000 　贷：其他应收款　　1 000	—

（2）假如该单位为行政单位，会计分录如下。

财务会计	预算会计
借：资产处置费用　　1 000 　贷：其他应收款　　1 000	—

七、坏账准备的核算

（一）坏账准备的概念及科目设置

坏账准备是指事业单位对收回后不需上缴财政的应收账款和其他应收款提取的坏账准备。事业单位对坏账准备进行核算时应设置“坏账准备”（1219）科目。

坏账准备是事业单位财务会计中资产类科目。坏账准备的主要业务包括坏账准备的计提和使用。事业单位将发生的坏账做核销处理和年末冲减坏账准备时借记本科目，计提坏账准备时贷记本科目。本科目期末贷方余额，反映事业单位提取的坏账准备金额。本科目应当分别按照应收账款和其他应收款进行明细核算。

事业单位应当于每年年末，对收回后不需上缴财政的应收账款和其他应收款进行全面检查，分析其可收回性，对预计可能产生的坏账损失计提坏账准备、确认坏账损失。

事业单位可以采用应收款项余额百分比法、账龄分析法、个别认定法等方法计提坏账准备。坏账准备计提方法一经确定，不得随意变更。如需变更，应当按照规定报经批准，并在财务报表附注中予以说明。

当期应补提或冲减的坏账准备金额的计算公式如下：

当期应补提或冲减的坏账准备=按照期末应收账款和其他应收款计算应计提的坏账准备金额–本科目期末贷方余额（或+本科目期末借方余额）

（二）坏账准备的核算方法

事业单位发生坏账准备相关业务时，应在财务会计与预算会计中分别进行记账，主要核算方法如下。

【例 2-17】2020 年之前，某事业单位未计提坏账准备。2020 年末，某事业单位对不需上缴财政的应收账款和其他应收款进行了全面检查，确定当年应计提坏账准备 20 000 元。2021 年，经确认，该单位其他应收款发生坏账 5 000 元，不需上缴财政的应收账款发生坏账 10 000 元。经批准予以核销。编制会计分录如下。

（1）2020 年末计提坏账准备时，会计分录如下。

财务会计	预算会计
借：其他费用　20 000 　贷：坏账准备　20 000	—

（2）2021 年核销坏账时，会计分录如下。

财务会计	预算会计
借：坏账准备　15 000 　贷：其他应收款　5 000 　　应收账款　10 000	—

第四节　存货的核算

一、存货的确认、计量

（一）存货的确认

存货是指政府会计主体在开展业务活动及其他活动中为耗用或出售而储存的资产，如材料、产品、包装物和低值易耗品等，以及未达到固定资产标准的用具、装具、动植物等。

存货同时满足下列条件的，应当予以确认。

（1）与该存货相关的服务潜力很可能实现或者经济利益很可能流入政府会计主体。

（2）该存货的成本或者价值能够可靠地计量。

（二）存货的计量

存货的计量分为初始计量和后续计量。

1. *存货的初始计量*

存货在取得时应当按照成本进行初始计量。政府会计主体根据存货取得渠道不同，初始计量的方法也不同。

（1）政府会计主体购入的存货，其成本包括购买价款、相关税费、运输费、装卸费、保险费以及使得存货达到目前场所和状态所发生的归属于存货成本的其他支出。

（2）政府会计主体自行加工的存货，其成本包括耗用的直接材料费用、发生的直接人工费用和按照一定方法分配的与存货加工有关的间接费用。

（3）政府会计主体委托加工的存货，其成本包括委托加工前存货成本、委托加工的成本（如委托加工费以及按规定应计入委托加工存货成本的相关税费等）以及使存货达到目前场所和状态所发生的归属于存货成本的其他支出。

（4）政府会计主体通过置换取得的存货，其成本按照换出资产的评估价值，加上支付的补价或减去收到的补价，加上为换入存货发生的其他相关支出确定。

（5）政府会计主体接受捐赠的存货，其成本按照有关凭据注明的金额加上相关税费、运输费等确定；没有相关凭据可供取得，但按规定经过资产评估的，其成本按照评估价值加上相关税费、运输费等确定；没有相关凭据可供取得、也未经资产评估的，其成本比照同类或类似资产的市场价格加上相关税费、运输费等确定；没有相关凭据且未经资产评估、同类或类似资产的市场价格也无法可靠取得的，按照名义金额入账，相关税费、运输费等计入当期费用。

（6）政府会计主体无偿调入的存货，其成本按照调出方账面价值加上相关税费、运输费等确定。

（7）政府会计主体盘盈的存货，按规定经过资产评估的，其成本按照评估价值确定；未经资产评估的，其成本按照重置成本确定。

2. *存货的后续计量*

政府会计主体应当根据实际情况采用先进先出法、加权平均法或者个别计价法确定发出存货的实际成本。计价方法一经确定，不得随意变更。

对于性质和用途相似的存货，应当采用相同的成本计价方法确定发出存货的成本。

对于不能替代使用的存货、为特定项目专门购入或加工的存货，通常采用个别计价法确定发出存货的成本。

对于已发出的存货，应当将其成本结转为当期费用或者计入相关资产成本。

按规定报经批准对外捐赠、无偿调出的存货，应当将其账面余额予以转销，对外捐赠、无偿调出中发生的归属于捐出方、调出方的相关费用应当计入当期费用。

政府会计主体应当采用一次转销法或者五五摊销法对低值易耗品、包装物进行摊销，将其成本计入当期费用或者相关资产成本。

对于发生的存货毁损，应当将存货账面余额转销计入当期费用，并将毁损存货处置收入扣除相关处置税费后的差额按规定作应缴款项处理（差额为净收益时）或计入当期费用（差额为净损失时）。

存货盘亏造成的损失，按规定报经批准后应当计入当期费用。

二、存货的核算方法

政府会计主体对存货的核算包括在途物品、库存物品、加工物品。

在途物品是指单位采购材料等物资时货款已付或已开出商业汇票但尚未验收入库的物品。

库存物品是指单位在开展业务活动及其他活动中为耗用或出售而储存的各种材料、产品、包装物、低值易耗品，以及达不到固定资产标准的用具、装具、动植物等。

加工物品是指单位自制或委托外单位加工的各种物品。

本书主要介绍库存物品的核算。

（一）库存物品的概念及科目设置

库存物品是指单位在开展业务活动及其他活动中为耗用或出售而储存的各种材料、产品、包装物、低值易耗品，以及达不到固定资产标准的用具、装具、动植物等。单位对库存物品进行核算时应设置“库存物品”（1302）科目。

库存物品是单位财务会计中资产类科目。单位库存物品的主要业务包括库存物品的取得、发出、清查的处理。单位取得库存物品时借记本科目，发出库存物品时贷记本科目。本科目期末借方余额，反映单位库存物品的实际成本。本科目应当按照库存物品的种类、规格、保管地点等进行明细核算。单位储存的低值易耗品、包装物较多的，可以在本科目（低值易耗品、包装物）下按照在库、在用和摊销等进行明细核算。

单位发生库存物品相关业务时，一般应在财务会计与预算会计中分别进行记账。

（二）库存物品取得的核算

1. 外购库存物品验收入库

单位采购材料等物资时货款已付或已开出商业汇票但尚未验收入库应作为在途物品入账处理。当外购物品验收入库时应计入库存物品核算。库存物品入账时，应根据付款方式不同做出不同的账务处理。

单位随买随用的零星办公用品，可以在购进时直接列作费用，不通过本科目核算。涉及增值税业务的，相关账务处理参见“应交增值税”科目。

财务会计：　　借：库存物品

　　　　　　　　　贷：财政拨款收入/财政应返还额度/零余额账户用款额度

　　　　　　　　　　　/银行存款/应付账款等

预算会计：　　借：行政支出/事业支出/经营支出等

　　　　　　　　　贷：财政拨款预算收入/资金结存

2. 自制和委托外单位加工库存物品加工完成、验收入库

财务会计：　　借：库存物品——相关明细科目
　　　　　　　　　贷：加工物品——自制物品/委托加工物品

预算会计：无须处理

3. 置换换入库存物品

财务会计：　　借：库存物品（换出资产评估价值+其他相关支出+补价）
　　　　　　　　　固定资产累计折旧/无形资产累计摊销
　　　　　　　　　资产处置费用（借差）
　　　　　　　　　贷：库存物品/固定资产/无形资产等（账面余额）
　　　　　　　　　　/银行存款等（其他相关支出）
　　　　　　　　　　其他收入（贷差）

预算会计：　　借：其他支出（实际支付的其他相关支出）
　　　　　　　　　贷：资金结存

说明：如果置换时涉及支付补价和收到补价，需要调整库存物品的成本、银行存款收付款金额、应缴财政款金额、其他支出金额等。

4. 接受捐赠或无偿调入的库存物品

财务会计：　　借：库存物品（按照确定的成本）
　　　　　　　　　贷：银行存款等（相关税费）
　　　　　　　　　　捐赠收入/无偿调拨净资产

预算会计：　　借：其他支出（实际支付的相关税费）
　　　　　　　　　贷：资金结存

（三）发出库存物品的核算

1. 开展业务活动，按照规定自主出售或加工物品等领用、发出库存物品

财务会计：　　借：业务活动费用/单位管理费用/经营费用/加工物品等
　　　　　　　　　贷：库存物品（按照领用、发出成本）

预算会计：无须处理

2. 经批准无偿调出的库存物品发出

财务会计：　　借：无偿调拨净资产
　　　　　　　　　贷：库存物品（账面余额）
　　　　　　　借：资产处置费用
　　　　　　　　　贷：银行存款等（归属于调出方的相关费用）

预算会计：　　借：其他支出（实际支付的相关费用）
　　　　　　　　　贷：资金结存

3. 经批准对外出售（自主出售除外）的库存物品发出

财务会计：　　借：资产处置费用
　　　　　　　　　贷：库存物品（账面余额）

借：银行存款等（收到的价款）
　　贷：银行存款等（发生的相关税费）
　　　　应缴财政款

预算会计：无须处理

（四）库存物品盘亏及毁损、报废的核算

1. 盘亏或者毁损、报废的库存物品转入待处理资产

财务会计：　借：待处理财产损溢
　　　　　　　　贷：库存物品

预算会计：无须处理

2. 报经批准处理

财务会计：　借：资产处置费用
　　　　　　　　贷：待处理财产损溢

预算会计：无须处理

（五）库存物品盘盈的核算

1. 盘盈库存物品入账

财务会计：　借：库存物品
　　　　　　　　贷：待处埋财产损溢

预算会计：无须处理

2. 报经批准处理

财务会计：　借：待处理财产损溢
　　　　　　　　贷：单位管理费用（事业单位）
　　　　　　　　　　业务活动费用（行政单位）

预算会计：无须处理

【例 2-18】某行政单位购入一批办公用品，实际成本为 2 000 元，款项通过财政授权支付方式支付，办公用品验收入库。编制会计分录如下。

财务会计			预算会计		
借：库存物品	2 000		借：行政支出	2 000	
贷：零余额账户用款额度		2 000	贷：资金结存——零余额账户用款额度		2 000

【例 2-19】某事业单位购入一批专业活动用材料，实际成本为 3 000 元，款项通过财政直接支付方式支付，材料验收入库。编制会计分录如下。

财务会计			预算会计		
借：库存物品	3 000		借：事业支出	3 000	
贷：财政拨款收入		3 000	贷：财政拨款预算收入		3 000

【例 2-20】某事业单位接受捐赠业务用材料，凭证注明的金额为 10 000 元，现已验收入库，单位现金支付运杂费 300 元。编制会计分录如下。

财务会计	预算会计
借：库存物品 10 300 贷：捐赠收入 10 000 库存现金 300	借：其他支出 300 贷：资金结存——货币资金 300

【例 2-21】甲单位接受其他事业单位无偿调入物资一批，根据调出单位提供的相关凭证证明，该批物资在调出方的账面价值为 100 000 元，甲单位经验收合格后入库，物资调入过程中甲单位以银行存款支付了运输费 3 000 元。编制会计分录如下。

财务会计	预算会计
借：库存物品 103 000 贷：无偿调拨净资产 100 000 银行存款 3 000	借：其他支出 3 000 贷：资金结存——货币资金 3 000

【例 2-22】某事业单位领用材料用于本单位的专业业务活动，按照先进先出法确定甲材料单价为 3 000 元。编制会计分录如下。

财务会计	预算会计
借：业务活动费用 3 000 贷：库存物品 3 000	—

【例 2-23】期末，行政单位盘点。盘亏库存材料共 3 000 元，该盘亏材料报经批准核销。编制会计分录如下。

（1）将盘亏材料转入待处理财产损溢时，会计分录如下。

财务会计	预算会计
借：待处理财产损溢 3 000 贷：库存物品 3 000	—

（2）报经批准处理时，会计分录如下。

财务会计	预算会计
借：资产处置费用 3 000 贷：待处理财产损溢 3 000	—

【例 2-24】期末，事业单位盘点。盘盈库存材料共 3 000 元，该盘盈材料报经批准冲减费用。编制会计分录如下。

（1）转入待处理财产损溢时，会计分录如下。

财务会计	预算会计
借：库存物品 3 000 贷：待处理财产损溢 3 000	—

（2）该盘盈材料报经批准冲减费用时，会计分录如下。

财务会计	预算会计
借：待处理财产损溢 3 000 贷：单位管理费用 3 000	—

复习思考题

【简答题】

1. 简述资产的计量属性。
2. 什么是零余额账户用款额度？其主要业务是如何核算的？
3. 什么是财政应返还额度？其主要业务是如何核算的？
4. 简述行政单位坏账的核算方法。
5. 简述事业单位坏账的核算方法。
6. 简述存货初始计量方法。
7. 存货盘盈和盘亏是如何核算的？

【业务题】根据以下业务编制会计分录。

1. 2020 年 5 月 3 日，某事业单位根据经过批准的部门预算和用款计划，向同级财政部门申请财政授权支付用款额度 500 000 元。2020 年 5 月 6 日财政部门经审核后，以财政授权支付方式下达了 480 000 元用款额度。2020 年 5 月 8 日，该事业单位收到了代理银行转来的《授权支付到账通知书》。

2. 2020 年 12 月 31 日，某行政单位/事业单位经与代理银行提供的对账单核对无误后，将 300 000 元零余额账户用款额度予以注销。另外，本年度财政授权支付预算指标数大于零余额账户用款额度下达数，未下达的用款额度为 100 000 元。2021 年初，该单位收到代理银行提供的额度恢复到账通知书及财政部门批复的上年末未下达零余额账户用款额度。

3. 2020 年 12 月 31 日，某行政单位/事业单位财政直接支付指标数与当年财政直接支付实际支出数之间的差额为 200 000 元。2021 年初，财政部门恢复了该单位的财政直接支付额度。

4. 2020 年 12 月 31 日，某事业单位对不需要上缴财政的应收账款进行了全面检查，确定按应收账款余额的 4%计提坏账准备。2020 年 12 月 31 日，该单位应收账款余额为 2 000 000 元，计提坏账准备前“坏账准备”科目的借方余额为 60 000 元。假定该单位其他应收款预计不会发生坏账损失。

5. 2020 年末，某行政单位对应收账款进行了全面检查，账龄超过规定年限、确认无法收回的应收账款为 10 000 元。经批准予以核销。

6. 某行政单位/事业单位购入一批办公用品，实际成本为 3 000 元，款项通过财政授权支付方式支付，办公用品验收入库。10 天后，单位领用该办公用品用于本单位的专业业务活动，按照先进先出法确定的办公用品为 1 000 元。

7. 期末，行政单位/事业单位盘亏存货共 2 000 元，该盘亏材料报经批准核销。盘盈存货共 1 000 元，报经批准做入账处理。

预算会计：　　　借：资金结存——货币资金

　　　　　　　　　　贷：投资预算收益

3. 到期收回长期债券投资本息

财务会计：　　　借：银行存款等

　　　　　　　　　　贷：长期债券投资（账面余额）

　　　　　　　　　　　　/应收利息

　　　　　　　　　　　　投资收益

预算会计：　　　借：资金结存——货币资金

　　　　　　　　　　贷：投资支出/其他结余（投资成本）

　　　　　　　　　　　　投资预算收益

4. 对外出售长期债券投资

财务会计：　　　借：银行存款等（实际收到的款项）

　　　　　　　　　　投资收益（借差）

　　　　　　　　　　贷：长期债券投资（账面余额）

　　　　　　　　　　　　/应收利息

　　　　　　　　　　　　投资收益（贷差）

预算会计：　　　借：资金结存——货币资金

　　　　　　　　　　贷：投资支出/其他结余（投资成本）

　　　　　　　　　　　　投资预算收益

【例 3-2】2020 年 7 月 1 日，某事业单位以银行存款购买 5 年期国债 100 000 元，年利率为 3%，付息日为每年的 7 月 1 日，按年分期付息，到期还本，最后一年偿还本金并付最后一次利息。编制会计分录如下。

（1）2020 年 7 月 1 日购入国债，会计分录如下。

财务会计	预算会计
借：长期债券投资　　100 000 　贷：银行存款　　　　100 000	借：投资支出　　100 000 　贷：资金结存——货币资金　　100 000

（2）2021～2024 年，每年计提债券利息，会计分录如下。

财务会计	预算会计
借：应收利息　　3 000 　贷：投资收益　　3 000	—

（3）2021 年 7 月 1 日至 2024 年 7 月 1 日收到利息，会计分录如下。

财务会计	预算会计
借：银行存款　　3 000 　贷：应收利息　　3 000	借：资金结存——货币资金　　3 000 　贷：投资预算收益　　3 000

（4）2025 年收回本息，会计分录如下。

财务会计	预算会计
借：银行存款　103 000 　贷：长期债券投资　100 000 　　投资收益　3 000	借：资金结存——货币资金　103 000 　贷：其他结余　100 000 　　投资预算收益　3 000

三、长期股权投资的核算

（一）长期股权投资及收益的确认

长期股权投资是指事业单位按照规定取得的，持有时间超过 1 年（不含 1 年）的股权性质的投资。

1. *长期股权投资初始投资成本的确定*

长期股权投资在取得时，应当按照实际成本作为初始投资成本。

（1）以支付现金取得的长期股权投资，按照实际支付的全部价款（包括购买价款和相关税费）作为实际成本。实际支付价款中包含的已宣告但尚未发放的现金股利，应当单独确认为应收股利，不计入长期股权投资初始投资成本。

（2）以现金以外的其他资产置换取得的长期股权投资，其成本按照换出资产的评估价值加上支付的补价或减去收到的补价，加上换入长期股权投资发生的其他相关支出确定。

（3）接受捐赠的长期股权投资，其成本按照有关凭据注明的金额加上相关税费确定；没有相关凭据可供取得，但按规定经过资产评估的，其成本按照评估价值加上相关税费确定；没有相关凭据可供取得、也未经资产评估的，其成本比照同类或类似资产的市场价格加上相关税费确定。

（4）无偿调入的长期股权投资，其成本按照调出方账面价值加上相关税费确定。

2. *长期股权投资持有期间收益的确定*

长期股权投资在持有期间，应当按照规定采用成本法或权益法进行核算。

1）成本法

成本法是指投资按照投资成本计量的方法。政府会计主体无权决定被投资单位的财务和经营政策或无权参与被投资单位的财务和经营政策决策的，应当采用成本法进行核算。

在成本法下，长期股权投资的账面余额通常保持不变，但追加或收回投资时，应当相应调整其账面余额。长期股权投资持有期间，被投资单位宣告分派的现金股利或利润，政府会计主体应当按照宣告分派的现金股利或利润中属于政府会计主体应享有的份额确认为投资收益。

2）权益法

权益法是指投资最初以投资成本计量，以后根据政府会计主体在被投资单位所享有的所有者权益份额的变动对投资的账面余额进行调整的方法。

采用权益法的，按照如下原则进行会计处理。

（1）政府会计主体取得长期股权投资后，对于被投资单位所有者权益的变动，应当按照下列规定进行处理：①按照应享有或应分担的被投资单位实现的净损益的份额，确认为投资损益，同时调整长期股权投资的账面余额。②按照被投资单位宣告分派的现金股利或利润计算应享有的份额，确认为应收股利，同时减少长期股权投资的账面余额。③按照被投资单位除净损益和利润分配以外的所有者权益变动的份额，确认为净资产，同时调整长期股权投资的账面余额。

（2）政府会计主体确认被投资单位发生的净亏损，应当以长期股权投资的账面余额减记至零为限，政府会计主体负有承担额外损失义务的除外。被投资单位发生净亏损，但以后年度又实现净利润的，政府会计主体应当在其收益分享额弥补未确认的亏损分担额等后，恢复确认投资收益。

（3）采用权益法核算的长期股权投资，因被投资单位除净损益和利润分配以外的所有者权益变动而将应享有的份额计入净资产的，处置该项投资时，还应当将原计入净资产的相应部分转入当期投资损益。

3）成本法与权益法的转换

政府会计主体因处置部分长期股权投资等原因无权再决定被投资单位的财务和经营政策或者参与被投资单位的财务和经营政策决策的，应当对处置后的剩余股权投资改按成本法核算，并以该剩余股权投资在权益法下的账面余额作为按照成本法核算的初始投资成本。其后，被投资单位宣告分派现金股利或利润时，属于已计入投资账面余额的部分，作为成本法下长期股权投资成本的收回，冲减长期股权投资的账面余额。

政府会计主体因追加投资等原因对长期股权投资的核算从成本法改为权益法的，应当自有权决定被投资单位的财务和经营政策或者参与被投资单位的财务和经营政策决策时，按成本法下长期股权投资的账面余额加上追加投资的成本作为按照权益法核算的初始投资成本。

3. 长期股权投资的处置

政府会计主体按规定报经批准处置长期股权投资，应当冲减长期股权投资的账面余额，并按规定将处置价款扣除相关税费后的余额作应缴款项处理，或者按规定将处置价款扣除相关税费后的余额与长期股权投资账面余额的差额计入当期投资损益。

（二）长期股权投资科目的设置

事业单位对长期股权投资进行核算时应设置“长期股权投资”（1501）科目。

长期股权投资是事业单位财务会计中资产类科目。事业单位长期股权投资的主要业务包括长期股权投资的取得、出售（转让）、持有期间投资收益的确认。事业单位取得长期股权投资时借记本科目，出售（转让）时贷记本科目。权益法下确认投资损益时也需要调整长期股权投资账面金额；成本法和权益法转换时也需要调整长期股权投资的账面金额。本科目期末借方余额，反映事业单位持有的长期股权投资的价值。

本科目应当按照被投资单位和长期股权投资取得方式等进行明细核算。长期股权投资采用权益法核算的，还应当按照成本、损益调整、其他权益变动设置明细科目，进行明细核算。

（三）长期股权投资的核算方法

事业单位发生长期股权投资相关业务时，一般应在财务会计与预算会计中分别进行记账，主要核算方法如下。

1. 取得长期股权投资的核算方法

1）以现金取得的长期股权投资

财务会计：　　借：长期股权投资/长期股权投资——成本
　　　　　　　　　应收股利（实际支付价款中包含的已宣告但尚未发放的股利或利润）
　　　　　　　　贷：银行存款等（实际支付的价款）

预算会计：　　借：投资支出（实际收到的价款）
　　　　　　　　贷：资金结存——货币资金

实际支付价款中所包含的已宣告但尚未发放的股利或利润

财务会计：　　借：银行存款
　　　　　　　　贷：应收股利

预算会计：　　借：资金结存——货币资金
　　　　　　　　贷：投资支出等

2）以现金以外的其他资产置换、接受捐赠、无偿调入等方式取得长期股权投资的，在财务会计中，应按照其实际成本借记“长期股权投资”，贷记“捐赠收入”“无偿调拨净资产”“其他收入”“应缴财政款”等；预算会计中，按照支付的相关税费借记“其他支出”，贷记“资金结存”。

2. 持有长期股权投资期间投资收益的核算

1）成本法下

A. 被投资单位宣告发放现金股利或利润

财务会计：　　借：应收股利
　　　　　　　　贷：投资收益

预算会计：无须处理

B. 收到被投资单位发放的现金股利

财务会计：　　借：银行存款
　　　　　　　　贷：应收股利

预算会计：　　借：资金结存——货币资金
　　　　　　　　贷：投资预算收益

2）权益法下

A. 被投资单位实现净利润的，按照其份额

财务会计：　　借：长期股权投资——损益调整
　　　　　　　　贷：投资收益

预算会计：无须处理

B. 被投资单位发生净亏损的，按照其份额

财务会计：　　　借：投资收益

　　　　　　　　　　贷：长期股权投资——损益调整

预算会计：无须处理

C. 被投资单位发生净亏损，但以后年度又实现净利润的，按规定恢复确认投资收益的

财务会计：　　　借：长期股权投资——损益调整

　　　　　　　　　　贷：投资收益

预算会计：无须处理

D. 被投资单位宣告发放现金股利或利润的，按照其份额

财务会计：　　　借：应收股利

　　　　　　　　　　贷：长期股权投资——损益调整

预算会计：无须处理

E. 被投资单位除净损益和利润分配以外的所有者权益变动时，按照其份额

财务会计：　　　借或贷：长期股权投资——其他权益变动

　　　　　　　　　　　贷或借：权益法调整

预算会计：无须处理

F. 收到被投资单位发放的现金股利

财务会计：　　　借：银行存款

　　　　　　　　　　贷：应收股利

预算会计：　　　借：资金结存——货币资金

　　　　　　　　　　贷：投资预算收益

3）出售（转让）长期股权投资的核算

长期股权投资处置方式分为出售（转让）和其他方式。出售（转让）长期股权投资又分为处置以现金取得的长期股权投资和处置以现金以外的其他资产取得的长期股权投资。

A. 处置以现金取得的长期股权投资的核算方法

财务会计：　　　借：银行存款（实际取得价款）

　　　　　　　　　　投资收益（借差）

　　　　　　　　　　贷：长期股权投资（账面余额）

　　　　　　　　　　　　应收股利（尚未领取的现金股利或利润）

　　　　　　　　　　　　银行存款等（支付的相关税费）

　　　　　　　　　　　　投资收益（贷差）

预算会计：　　　借：资金结存——货币资金（取得价款扣减支付的相关税费后的金额）

　　　　　　　　　　贷：投资支出/其他结余（投资款）

　　　　　　　　　　　　投资预算收益

B. 处置以现金以外的其他资产取得的长期股权投资的核算方法

处置以现金以外的其他资产取得的长期股权投资时，核算方法具体分为处置净收

入上缴财政或按照规定投资收益纳入单位预算管理。具体核算方法略。

【例 3-3】2020 年 5 月 5 日，某事业单位出资 1 000 000 元投资了 A 企业，该投资占 A 企业 20%的股份。2020 年底，A 企业实现利润 100 000 元。2021 年 3 月 5 日，A 企业宣告分派利润 50 000 元。事业单位于 2021 年 4 月 20 日收到 A 企业分配的利润。事业单位对该项投资采用成本法核算。编制会计分录如下。

（1）2020 年 5 月 5 日投资时，会计分录如下。

财务会计	预算会计
借：长期股权投资——成本　1 000 000 　贷：银行存款　1 000 000	借：投资支出　1 000 000 　贷：资金结存——货币资金　1 000 000

（2）2020 年底 A 企业实现利润时：无须会计处理。

（3）2021 年 3 月 5 日 A 企业宣告发放现金股利或利润时，按其份额，会计分录如下。

财务会计	预算会计
借：应收股利　10 000 　贷：投资收益　10 000	—

（4）2021 年 4 月 20 日收到股利时，会计分录如下。

财务会计	预算会计
借：银行存款　10 000 　贷：应收股利　10 000	借：资金结存——货币资金　10 000 　贷：投资预算收益　10 000

【例 3-4】资料见例 3-3。事业单位对该项投资采用权益法进行核算。编制会计分录如下。

（1）2020 年 5 月 5 日投资时，会计分录如下。

财务会计	预算会计
借：长期股权投资——成本　1 000 000 　贷：银行存款　1 000 000	借：投资支出　1 000 000 　贷：资金结存——货币资金　1 000 000

（2）2020 年底 A 企业实现净利润时，会计分录如下。

财务会计	预算会计
借：长期股权投资——损益调整　20 000 　贷：投资收益　20 000	—

（3）2021 年 3 月 5 日 A 企业宣告发放现金股利或利润时，按其份额，会计分录如下。

财务会计	预算会计
借：应收股利　10 000 　贷：长期股权投资——损益调整　10 000	—

（4）2021 年 4 月 20 日收到股利时，会计分录如下。

财务会计	预算会计
借：银行存款 10 000 贷：应收股利 10 000	借：资金结存——货币资金 10 000 贷：投资预算收益 10 000

第二节　固定资产的核算

一、固定资产的确认

（一）固定资产的划分标准

固定资产，是指政府会计主体为满足自身开展业务活动或其他活动需要而控制的，使用年限超过 1 年（不含 1 年）、单位价值在规定标准以上，并在使用过程中基本保持原有物质形态的资产，一般包括房屋及构筑物、专用设备、通用设备等。单位价值虽未达到规定标准，但是使用年限超过 1 年（不含 1 年）的大批同类物资，如图书、家具、用具、装具等，应当确认为固定资产。

固定资产一般分为六类：房屋及构筑物；专用设备（单价在 1 500 元以上）；通用设备（单价在 1 000 元以上）；文物和陈列品；图书、档案；家具、用具、装具及动植物。

（二）固定资产的确认条件和确认时点

1. 固定资产同时满足下列条件的，应当予以确认

（1）与该固定资产相关的服务潜力很可能实现或者经济利益很可能流入政府会计主体。

（2）该固定资产的成本或者价值能够可靠地计量。

2. 固定资产的确认时点

通常情况下，购入、换入、接受捐赠、无偿调入不需安装的固定资产，在固定资产验收合格时确认；购入、换入、接受捐赠、无偿调入需要安装的固定资产，在固定资产安装完成交付使用时确认；自行建造、改建、扩建的固定资产，在建造完成交付使用时确认。

（三）确认固定资产应当考虑的特殊情况

（1）固定资产的各组成部分具有不同使用年限或者以不同方式为政府会计主体实现服务潜力或提供经济利益，适用不同折旧率或折旧方法且可以分别确定各自原价的，应当分别将各组成部分确认为单项固定资产。

（2）应用软件构成相关硬件不可缺少的组成部分的，应当将该软件的价值包括在所属的硬件价值中，一并确认为固定资产。

（3）购建房屋及构筑物时，不能分清购建成本中的房屋及构筑物部分与土地使用权部分的，应当全部确认为固定资产；能够分清购建成本中的房屋及构筑物部分与土地使用权部分的，应当将其中的房屋及构筑物部分确认为固定资产，将其中的土地使用权部分确认为无形资产。

二、固定资产的计量

固定资产的计量分为初始计量和后续计量。

（一）固定资产的初始计量

固定资产在取得时应当按照成本进行初始计量。政府会计主体根据固定资产取得渠道不同，初始计量的方法也不同。

（1）政府会计主体外购的固定资产，其成本包括购买价款、相关税费以及固定资产交付使用前所发生的可归属于该项资产的运输费、装卸费、安装费和专业人员服务费等。

以一笔款项购入多项没有单独标价的固定资产，应当按照各项固定资产同类或类似资产市场价格的比例对总成本进行分配，分别确定各项固定资产的成本。

（2）政府会计主体自行建造的固定资产，其成本包括该项资产至交付使用前所发生的全部必要支出。在原有固定资产基础上进行改建、扩建、修缮后的固定资产，其成本按照原固定资产账面价值加上改建、扩建、修缮发生的支出，再扣除固定资产被替换部分的账面价值后的金额确定。

为建造固定资产借入的专门借款的利息，属于建设期间发生的，计入在建工程成本；不属于建设期间发生的，计入当期费用。

已交付使用但尚未办理竣工决算手续的固定资产，应当按照估计价值入账，待办理竣工决算后再按实际成本调整原来的暂估价值。

（3）政府会计主体通过置换取得的固定资产，其成本按照换出资产的评估价值加上支付的补价或减去收到的补价，加上换入固定资产发生的其他相关支出确定。

（4）政府会计主体接受捐赠的固定资产，其成本按照有关凭据注明的金额加上相关税费、运输费等确定；没有相关凭据可供取得，但按规定经过资产评估的，其成本按照评估价值加上相关税费、运输费等确定；没有相关凭据可供取得、也未经资产评估的，其成本比照同类或类似资产的市场价格加上相关税费、运输费等确定；没有相关凭据且未经资产评估、同类或类似资产的市场价格也无法可靠取得的，按照名义金额入账，相关税费、运输费等计入当期费用。

如受赠的系旧的固定资产，在确定其初始入账成本时应当考虑该项资产的新旧程度。

（5）政府会计主体无偿调入的固定资产，其成本按照调出方账面价值加上相关税费、运输费等确定。

（6）政府会计主体盘盈的固定资产，按规定经过资产评估的，其成本按照评估价值确定；未经资产评估的，其成本按照重置成本确定。

（7）政府会计主体融资租赁取得的固定资产，其成本按照其他相关政府会计准则确定。

（二）固定资产的后续计量

固定资产后续计量应在固定资产折旧和处置时进行。

固定资产在使用过程中发生的后续支出，符合《政府会计准则第 3 号——固定资产》规定的确认条件的，应当计入固定资产成本；不符合该准则规定的确认条件的，应当在发生时计入当期费用或者相关资产成本。将发生的固定资产后续支出计入固定资产成本的，应当同时从固定资产账面价值中扣除被替换部分的账面价值。

1. 固定资产的折旧

1）固定资产折旧范围

政府会计主体应当对固定资产计提折旧，但下列各项固定资产不计提折旧：①文物和陈列品；②动植物；③图书、档案；④单独计价入账的土地；⑤以名义金额计量的固定资产。

2）固定资产应计折旧额和折旧方法

固定资产应计的折旧额为其成本，计提固定资产折旧时不考虑预计净残值。

政府会计主体应当对暂估入账的固定资产计提折旧，实际成本确定后不需调整原已计提的折旧额。

政府会计主体一般应当采用年限平均法或者工作量法计提固定资产折旧。

在确定固定资产的折旧方法时，应当考虑与固定资产相关的服务潜力或经济利益的预期实现方式。固定资产折旧方法一经确定，不得随意变更。

3）固定资产折旧年限的确定方法

通常情况下，政府会计主体应当按照《〈政府会计准则第 3 号——固定资产〉应用指南》规定确定各类应计提折旧的固定资产的折旧年限。如果政府会计主体所属行业主管部门对固定资产折旧年限有具体规定的，按照本行业主管部门规定的折旧年限确定。

如果政府会计主体的固定资产没有上述具体规定，应当在遵循《〈政府会计准则第 3 号——固定资产〉应用指南》、主管部门有关折旧年限规定的情况下，根据固定资产的性质和实际使用情况，合理确定其折旧年限。

具体确定固定资产的折旧年限时，应当考虑下列因素：固定资产预计实现服务潜力或提供经济利益的期限；固定资产预计有形损耗和无形损耗；法律或者类似规定对固定资产使用的限制。固定资产的折旧年限一经确定，不得随意变更。

因改建、扩建等原因而延长固定资产使用年限的，应当重新确定固定资产的折旧年限。

政府会计主体盘盈、无偿调入、接受捐赠以及置换的固定资产，应当考虑该项资产的新旧程度，按照其尚可使用的年限计提折旧。

4）固定资产折旧计提时点

固定资产应当按月计提折旧，当月增加的固定资产，当月开始计提折旧；当月减少的固定资产，当月不再计提折旧。

固定资产提足折旧后，无论能否继续使用，均不再计提折旧；提前报废的固定资产，也不再补提折旧。已提足折旧的固定资产，可以继续使用的，应当继续使用，规范实物管理。

2. 固定资产的处置

固定资产处置是指政府会计主体对其占有、使用的固定资产进行产权转让或者注销产权的行为。处置方式包括出售、出让、转让、对外捐赠、置换、报废、报损、无偿调出等。

政府会计主体按规定报经批准出售、转让固定资产或固定资产报废、毁损的，应当将固定资产账面价值转销计入当期费用，并将处置收入扣除相关处置税费后的差额按规定作应缴款项处理（差额为净收益时）或计入当期费用（差额为净损失时）。

政府会计主体按规定报经批准对外捐赠、无偿调出固定资产的，应当将固定资产的账面价值予以转销，对外捐赠、无偿调出中发生的归属于捐出方、调出方的相关费用应当计入当期费用。

政府会计主体按规定报经批准以固定资产对外投资的，应当将该固定资产的账面价值予以转销，并将固定资产在对外投资时的评估价值与其账面价值的差额计入当期收入或费用。

固定资产盘亏造成的损失，按规定报经批准后应当计入当期费用。

三、固定资产的核算方法

固定资产的业务主要包括固定资产取得、折旧、处置、盘点清查等。

单位对固定资产进行核算时应设置“固定资产”（1601）科目、“固定资产累计折旧”（1602）科目。

固定资产是单位财务会计中资产类科目。单位取得固定资产时借记本科目，处置固定资产时贷记本科目。本科目期末借方余额，反映单位固定资产的原值。本科目应当按照固定资产的类别和项目进行明细核算。

固定资产累计折旧是单位财务会计中资产类科目。单位固定资产计提折旧时贷记本科目，固定资产处置时借记本科目。本科目期末贷方余额，反映单位计提的固定资产折旧累计数。本科目应当按照所对应的固定资产的明细分类进行明细核算。

单位发生固定资产相关业务时，一般应在财务会计与预算会计中分别进行记账。

（一）固定资产取得的核算

1. 外购固定资产入账

财务会计：　　　借：固定资产（不需安装）/在建工程（需要安装）

贷：财政拨款收入/零余额账户用款额度
/应付账款/银行存款等
预算会计： 借：行政支出/事业支出/经营支出等
贷：财政拨款预算收入/资金结存

2. 自行建造或外购需要安装的固定资产，工程完工交付使用

财务会计： 借：固定资产
贷：在建工程
预算会计：无须处理

3. 购入固定资产扣留质量保证金的

1）购入固定资产并扣留质量保证金
财务会计： 借：固定资产（不需安装）/在建工程（需要安装）
贷：财政拨款收入/零余额账户用款额度
/应付账款/银行存款
其他应付款［扣留期在1年以内（含1年）］
/长期应付款（扣留期超过1年）
预算会计： 借：行政支出/事业支出/经营支出等
（购买固定资产实际支付的金额）
贷：财政拨款预算收入/资金结存

2）质保期满支付质量保证金
财务会计： 借：其他应付款/长期应付款
贷：财政拨款收入/零余额账户用款额度/银行存款等
预算会计： 借：行政支出/事业支出/经营支出等
贷：财政拨款预算收入/资金结存

4. 接受捐赠和无偿调入的固定资产入账

财务会计： 借：固定资产（不需安装）/在建工程（需要安装）
贷：零余额账户用款额度
/银行存款等（发生的相关税费、运输费等）
捐赠收入（差额）/无偿调拨净资产（差额）
预算会计： 借：其他支出（支付的相关税费、运输费等）
贷：资金结存

5. 与固定资产有关的后续支出

1）符合固定资产确认条件的后续支出的核算方法

A. 将固定资产转入改扩建
财务会计： 借：在建工程（固定资产账面价值）
固定资产累计折旧
贷：固定资产（账面余额）
预算会计：无须处理

B. 改扩建过程中发生后续支出的核算方法

财务会计：　　借：在建工程
　　贷：财政拨款收入/零余额账户用款额度/应付账款/银行存款等
预算会计：　　借：行政支出/事业支出/经营支出等
　　贷：财政拨款预算收入/资金结存
2）不符合固定资产确认条件的后续支出的核算方法
财务会计：　　借：业务活动费用/单位管理费用/经营费用等
　　贷：财政拨款收入/零余额账户用款额度/银行存款等
预算会计：　　借：行政支出/事业支出/经营支出等
　　贷：财政拨款预算收入/资金结存

（二）按月计提固定资产折旧的核算

财务会计：　　借：业务活动费用/单位管理费用/经营费用等
　　贷：固定资产累计折旧
预算会计：无须处理

（三）固定资产处置的核算

1. 出售、转让固定资产的核算

1）将出售或转让的固定资产转出
财务会计：　　借：资产处置费用
　　固定资产累计折旧
　　贷：固定资产（账面余额）
预算会计：无须处理
2）确认处置收益上缴财政部门
财务会计：　　借：银行存款（处置固定资产收到的价款）
　　贷：应缴财政款
　　　　银行存款等（发生的相关费用）
预算会计：无须处理

2. 对外捐赠或无偿调出固定资产

财务会计：　　借：资产处置费用/无偿调拨净资产
　　固定资产累计折旧
　　贷：固定资产（账面余额）
　　　　银行存款等（归属于捐出方或调出方的相关费用）
预算会计：　　借：其他支出
　　贷：资金结存

此外置换换出固定资产的核算参照“库存物品”科目中置换取得库存物品的规定进行账务处理。

（四）固定资产盘点清查的核算

1. 盘盈固定资产的核算

1）将盘盈的固定资产转入待处理财产

财务会计：　　　借：固定资产
　　　　　　　　　　贷：待处理财产损溢——待处理资产价值

预算会计：无须处理

2）报经批准后处理

财务会计：　　　借：待处理财产损溢——待处理资产价值
　　　　　　　　　　贷：以前年度盈余调整

预算会计：无须处理

2. 盘亏或毁损、报废固定资产的核算

1）转入待处理财产

财务会计：　　　借：待处理财产损溢——待处理财产价值
　　　　　　　　　　固定资产累计折旧
　　　　　　　　　　贷：固定资产

预算会计：无须处理

2）报经批准处理

财务会计：　　　借：资产处置费用
　　　　　　　　　　贷：待处理财产损溢——待处理财产价值

预算会计：无须处理

3）处理毁损、报废固定资产过程中取得的残值或残值变价收入、保险理赔或过失人赔偿等

财务会计：　　　借：库存现金/银行存款/库存物品/其他应收款等
　　　　　　　　　　贷：待处理财产损溢——处理净收入

预算会计：无须处理

4）处理毁损、报废固定资产过程中发生的相关费用

财务会计：　　　借：待处理财产损溢——处理净收入
　　　　　　　　　　贷：库存现金/银行存款等

预算会计：无须处理

5）处理收支结清，如果处理收入大于相关费用，则

财务会计：　　　借：待处理财产损溢——处理净收入
　　　　　　　　　　贷：应缴财政款

预算会计：无须处理

如果处理收入小于相关费用，则

财务会计：　　借：资产处置费用
　　　　　　　　贷：待处理财产损溢——处理净收入
预算会计：　　借：其他支出
　　　　　　　　贷：资金结存等（支付的处理净支出）

【例 3-5】行政单位购入通用设备一台。原值为 55 000 元，运杂费等共计 5 000 元，款项通过财政直接支付方式支付。该设备验收，不需要安装，直接交付使用。该设备使用年限为 5 年。编制会计分录如下。

（1）验收并交付使用，会计分录如下。

财务会计	预算会计
借：固定资产　60 000 　贷：财政拨款收入　60 000	借：行政支出　60 000 　贷：财政拨款预算收入　60 000

（2）取得固定资产当月计提折旧，会计分录如下。

当月计提折旧额=60 000÷5÷12=1 000（元）

财务会计	预算会计
借：业务活动费用　1 000 　贷：固定资产累计折旧　1 000	—

【例 3-6】某事业单位为小规模纳税人。该单位购入不需安装的行政管理部门专用设备一台，买价为 100 000 元，增值税进项税额为 17 000 元，运费及安装费共计 3 000 元。相关款项使用零余额账户用款额度支付。该设备已验收并交付使用。该设备使用年限为 5 年。编制会计分录如下。

（1）验收并交付使用，会计分录如下。

固定资产的初始成本 = 100 000+17 000+3 000 = 120 000（元）

财务会计	预算会计
借：固定资产　120 000 　贷：零余额账户用款额度　120 000	借：事业支出　120 000 　贷：资金结存　120 000

（2）取得时计提折旧，会计分录如下。

当月计提折旧额=120 000÷5÷12=2 000（元）

财务会计	预算会计
借：单位管理费用　2 000 　贷：固定资产累计折旧　2 000	—

【例 3-7】某行政单位购入一批办公用电脑，价款为 120 000 元，扣留质量保证金 10 000 元，质保期为 10 个月。该单位以财政授权支付方式支付了 110 000 元并取得了全款发票。质保期满，该单位以财政授权支付方式支付了质量保证金 10 000 元。该电脑预计使用年限为 10 年，假设不考虑其他相关税费。编制会计分录如下。

（1）验收并交付使用，会计分录如下。

财务会计	预算会计
借：固定资产 120 000 贷：零余额账户用款额度 110 000 其他应付款 10 000	借：行政支出 110 000 贷：资金结存 110 000

（2）取得时计提折旧，会计分录如下。

当月计提折旧额=120 000÷10÷12=1 000（元）

财务会计	预算会计
借：业务活动费用 1 000 贷：固定资产累计折旧 1 000	—

（3）质保期满支付质量保证金，会计分录如下。

财务会计	预算会计
借：其他应付款 10 000 贷：零余额账户用款额度 10 000	借：行政支出 10 000 贷：资金结存 10 000

【例 3-8】某单位从其他单位无偿调入一项专用设备。该设备的发票注明买价为 10 000 元。以银行存款支付相关费用 500 元。编制会计分录如下。

财务会计	预算会计
借：固定资产 10 500 贷：无偿调拨净资产 10 000 银行存款 500	借：其他支出 500 贷：资金结存 500

注：取得设备当月应计提折旧，会计分录略

【例 3-9】某单位经批准对外无偿调出一套设备，该设备账面余额为 100 000 元，已计提折旧 40 000 元。设备调拨过程中该单位以现金支付了运输费 1 000 元。不考虑相关税费。编制会计分录如下。

（1）将固定资产转出，会计分录如下。

财务会计	预算会计
借：无偿调拨净资产 60 000 固定资产累计折旧 40 000 贷：固定资产 100 000	—

（2）支付运输费用，会计分录如下。

财务会计	预算会计
借：资产处置费用 1 000 贷：库存现金 1 000	借：其他支出 1 000 贷：资金结存 1 000

【例 3-10】单位接受捐赠汽车一辆，对方单位提供单据注明价值 24 万元，已提折

旧 2 万元。另外，单位以银行存款支付运费调试费共 2 万元。该汽车使用年限为 10 年。现已验收。编制会计分录如下。

（1）验收并交付使用，会计分录如下。

财务会计	预算会计
借：固定资产 260 000 　贷：固定资产累计折旧 20 000 　　捐赠收入 220 000 　　银行存款 20 000	借：其他支出 20 000 　贷：资金结存——货币资金 20 000

（2）取得固定资产时计提折旧，会计分录如下。

当月计提折旧=240 000÷10÷12=2 000（元）

财务会计	预算会计
借：业务活动费用 2 000 　贷：固定资产累计折旧 2 000	—

【例 3-11】某事业单位报经批准对外转让一台闲置大型设备，取得转让收入 100 000 元，该设备账面余额为 200 000 元，已计提折旧 130 000 元。假设不考虑相关税费，转让净收入按有关规定执行“收支两条线”管理。编制会计分录如下。

（1）经批准该设备转入处置环节，会计分录如下。

财务会计	预算会计
借：资产处置费用 70 000 　　固定资产累计折旧 130 000 　贷：固定资产 200 000	—

（2）收到款项，会计分录如下。

财务会计	预算会计
借：银行存款 100 000 　贷：应缴财政款 100 000	—

（3）实际上缴财政款，会计分录如下。

财务会计	预算会计
借：应缴财政款 100 000 　贷：银行存款 100 000	—

【例 3-12】某行政单位有一项固定资产使用期未满，因局部毁损提前申请报废。该项固定资产账面余额为 100 000 元，已提折旧 80 000 元。经批准予以处置。经批准予以处置时，该行政单位以银行存款支付清理费用 5 000 元，并收到残料变卖收入 7 500 元。假设不考虑其他相关税费。编制会计分录如下。

（1）经批准该设备转入处置环节，会计分录如下。

财务会计	预算会计
借：待处理财产损溢——待处理财产价值 20 000 固定资产累计折旧 80 000 贷：固定资产 100 000	—

（2）报经批准对固定资产待处理财产价值予以处置，会计分录如下。

财务会计	预算会计
借：资产处置费用 20 000 贷：待处理财产损溢——待处理财产价值 20 000	—

（3）支付清理费用，会计分录如下。

财务会计	预算会计
借：待处理财产损溢——处理净收入 5 000 贷：银行存款 5 000	—

（4）收到变价收入，会计分录如下。

财务会计	预算会计
借：银行存款 7 500 贷：待处理财产损溢——处理净收入 7 500	—

（5）结清处理净损益，会计分录如下。

财务会计	预算会计
借：待处理财产损溢——处理净收入 2 500 贷：应缴财政款 2 500	—

【例 3-13】年终，单位财产清查，盘盈设备一台，重置成本为 30 000 元。编制会计分录如下。

（1）将盘盈设备转入待处理时，会计分录如下。

财务会计	预算会计
借：固定资产 30 000 贷：待处理财产损溢——待处理资产价值 30 000	—

（2）报经批准后，会计分录如下。

财务会计	预算会计
借：待处理财产损溢——待处理资产价值 30 000 贷：以前年度盈余调整 30 000	—

【例 3-14】年终，单位进行财产清查，盘亏设备一台，账面余额为 30 000 元已提折旧 12 000 元。编制会计分录如下。

（1）将盘亏设备转入待处理时，会计分录如下。

财务会计	预算会计
借：待处理财产损溢——待处理资产价值　18 000 固定资产累计折旧　12 000 贷：固定资产　30 000	—

（2）报经批准后，核销固定资产时。

财务会计	预算会计
借：资产处置费用　18 000 贷：待处理财产损溢——待处理资产价值　18 000	—

第三节　无形资产的核算

一、无形资产的确认

无形资产，是指政府会计主体控制的没有实物形态的可辨认非货币性资产，如专利权、商标权、著作权、土地使用权、非专利技术等。

资产满足下列条件之一的，符合无形资产定义中的可辨认性标准。

（1）能够从政府会计主体中分离或者划分出来，并能单独或者与相关合同、资产或负债一起，用于出售、转移、授予许可、租赁或者交换。

（2）源自合同性权利或其他法定权利，无论这些权利是否可以从政府会计主体或其他权利和义务中转移或者分离。

（一）无形资产的确认条件

无形资产同时满足下列条件的，应当予以确认。

（1）与该无形资产相关的服务潜力很可能实现或者经济利益很可能流入政府会计主体。

（2）该无形资产的成本或者价值能够可靠地计量。

政府会计主体在判断无形资产的服务潜力或经济利益是否很可能实现或流入时，应当对无形资产在预计使用年限内可能存在的各种社会、经济、科技因素做出合理估计，并且应当有确凿的证据支持。

（二）确认无形资产应当考虑特殊情况

（1）政府会计主体购入的不构成相关硬件不可缺少组成部分的软件，应当确认为无形资产。

（2）政府会计主体自行研究开发项目的支出，应当区分研究阶段支出与开发阶段支出。

政府会计主体自行研究开发项目研究阶段的支出，应当于发生时计入当期费用。

政府会计主体自行研究开发项目开发阶段的支出，先按合理方法进行归集，如果最终形成无形资产的，应当确认为无形资产；如果最终未形成无形资产的，应当计入当期费用。

政府会计主体自行研究开发项目尚未进入开发阶段，或者确实无法区分研究阶段支出和开发阶段支出，但按法律程序已申请取得无形资产的，应当将依法取得时发生的注册费、聘请律师费等费用确认为无形资产。

政府会计主体自创商誉及内部产生的品牌、报刊名等，不应确认为无形资产。

二、无形资产的计量

无形资产的计量分为初始计量和后续计量。

（一）无形资产的初始计量

无形资产在取得时应当按照成本进行初始计量。政府会计主体根据无形资产取得渠道不同，初始计量的方法也不同。

（1）政府会计主体外购的无形资产，其成本包括购买价款、相关税费以及可归属于该项资产达到预定用途前所发生的其他支出。

政府会计主体委托软件公司开发的软件，视同外购无形资产确定其成本。

（2）政府会计主体自行开发的无形资产，其成本包括自该项目进入开发阶段后至达到预定用途前所发生的支出总额。

（3）政府会计主体通过置换取得的无形资产，其成本按照换出资产的评估价值加上支付的补价或减去收到的补价，加上换入无形资产发生的其他相关支出确定。

（4）政府会计主体接受捐赠的无形资产，其成本按照有关凭据注明的金额加上相关税费确定；没有相关凭据可供取得，但按规定经过资产评估的，其成本按照评估价值加上相关税费确定；没有相关凭据可供取得、也未经资产评估的，其成本比照同类或类似资产的市场价格加上相关税费确定；没有相关凭据且未经资产评估、同类或类似资产的市场价格也无法可靠取得的，按照名义金额入账，相关税费计入当期费用。

确定接受捐赠无形资产的初始入账成本时，应当考虑该项资产尚可为政府会计主体带来服务潜力或经济利益的能力。

（5）政府会计主体无偿调入的无形资产，其成本按照调出方账面价值加上相关税费确定。

（二）无形资产的后续计量

无形资产后续计量应在无形资产摊销和处置时进行。

无形资产在使用过程中发生的后续支出，符合《政府会计准则第 4 号——无形资产》规定的确认条件的，应当计入无形资产成本；不符合该准则规定的确认条件的，应当在发生时计入当期费用或者相关资产成本。

1. 无形资产的摊销

1）无形资产的摊销范围

政府会计主体应当对使用年限有限的无形资产进行摊销，但已摊销完毕仍继续使用的无形资产和以名义金额计量的无形资产除外。使用年限不确定的无形资产不应摊销。

政府会计主体应当于取得或形成无形资产时合理确定其使用年限。

无形资产的使用年限为有限的，应当估计该使用年限。无法预见无形资产为政府会计主体提供服务潜力或者带来经济利益期限的，应当视为使用年限不确定的无形资产。

对于使用年限有限的无形资产，政府会计主体应当按照以下原则确定无形资产的摊销年限。

（1）法律规定了有效年限的，按照法律规定的有效年限作为摊销年限。

（2）法律没有规定有效年限的，按照相关合同或单位申请书中的受益年限作为摊销年限。

（3）法律没有规定有效年限、相关合同或单位申请书也没有规定受益年限的，应当根据无形资产为政府会计主体带来服务潜力或经济利益的实际情况，预计其使用年限。

（4）非大批量购入、单价小于 1 000 元的无形资产，可以于购买的当期将其成本一次性全部转销。

2）无形资产应摊销金额和摊销方法

政府会计主体应当采用年限平均法或者工作量法对无形资产进行摊销，应摊销金额为其成本，不考虑预计残值。

政府会计主体应当按月对使用年限有限的无形资产进行摊销，并根据用途计入当期费用或者相关资产成本。

因发生后续支出而增加无形资产成本的，对于使用年限有限的无形资产，应当按照重新确定的无形资产成本以及重新确定的摊销年限计算摊销额。

2. 无形资产的处置

无形资产处置是指政府会计主体对其占有、使用的无形资产进行产权转让或者注销产权的行为。处置方式包括出售、对外捐赠、无偿调出、对外投资等。

政府会计主体按规定报经批准出售无形资产，应当将无形资产账面价值转销计入当期费用，并将处置收入大于相关处置税费后的差额按规定计入当期收入或者做应缴款项处理，将处置收入小于相关处置税费后的差额计入当期费用。

政府会计主体按规定报经批准对外捐赠、无偿调出无形资产的，应当将无形资产的账面价值予以转销，对外捐赠、无偿调出中发生的归属于捐出方、调出方的相关费用应当计入当期费用。

政府会计主体按规定报经批准以无形资产对外投资的，应当将该无形资产的账面价值予以转销，并将无形资产在对外投资时的评估价值与其账面价值的差额计入当期收入或费用。

无形资产预期不能为政府会计主体带来服务潜力或者经济利益的，应当在报经批准后将该无形资产的账面价值予以转销。

三、无形资产的核算方法

无形资产的业务主要包括无形资产取得、摊销、处置等。

单位对无形资产进行核算时应设置“无形资产”（1701）科目、“研发支出”（1703）科目、“无形资产累计摊销”（1702）科目。

无形资产是单位财务会计中资产类科目。单位取得无形资产时借记本科目，处置无形资产时贷记本科目。本科目期末借方余额，反映单位无形资产的成本。本科目应当按照无形资产的类别和项目进行明细核算。

研发支出是单位财务会计中资产类科目。单位发生无形资产研发支出时借记本科目，无形资产研发完成或期末结转研发支出时贷记本科目。本科目期末借方余额，反映单位预计能达到预定用途的研究开发项目在开发阶段发生的累计支出数。本科目应当按照自行研究开发项目，分别设置“研究支出”“开发支出”进行明细核算。

无形资产累计摊销是单位财务会计中资产类科目。单位无形资产进行摊销时贷记本科目，无形资产处置时借记本科目。本科目期末贷方余额，反映单位计提的无形资产摊销累计数。本科目应当按照所对应的无形资产的明细分类进行明细核算。

单位发生无形资产相关业务时，一般应在财务会计与预算会计中分别进行记账。

（一）无形资产取得的核算

1. 外购无形资产入账

财务会计：　　借：无形资产
　　　　　　　　　贷：财政拨款收入/零余额账户用款额度
　　　　　　　　　　　/应付账款/银行存款等
预算会计：　　借：行政支出/事业支出/经营支出等
　　　　　　　　　贷：财政拨款预算收入/资金结存

2. 委托软件公司开发软件

1）按照合同约定预付开发费

财务会计：　　借：预付账款
　　　　　　　　　贷：财政拨款收入/零余额账户用款额度/银行存款等
预算会计：　　借：行政支出/事业支出/经营支出等（预付的款项）
　　　　　　　　　贷：财政拨款预算收入/资金结存

2）委托开发的软件交付使用，并支付剩余或全部软件开发费用

财务会计：　　借：无形资产（开发费总额）
　　　　　　　　　贷：预付账款
　　　　　　　　　　　财政拨款收入/零余额账户用款额度/银行存款等（按照支付的剩余款项金额）

预算会计：　　借：行政支出/事业支出/经营支出等（按照支付的剩余款项金额）
　　　　贷：财政拨款预算收入/资金结存（按照支付的剩余款项金额）

3. 自行开发无形资产

1）无形资产研究、开发阶段发生支出

财务会计：　　借：研发支出——研究支出
　　　　贷：应付职工薪酬/库存物品/财政拨款收入/零余额账户用款额度/银行存款等

预算会计：　　借：事业支出/经营支出等（实际支付的款项）
　　　　贷：财政拨款预算收入/资金结存

2）期（月）末结转研究阶段研发支出

财务会计：　　借：业务活动费用等
　　　　贷：研发支出——研究支出

预算会计：无须处理

3）研发完成或年末评估

财务会计：　　借：无形资产（达到预定用途形成无形资产）
　　　　业务活动费用（研发项目预计无法达到预定用途形成无形资产）
　　　　贷：研发支出——开发支出

预算会计：无须处理

4）自行研究开发无形资产尚未进入开发阶段，或者确实无法区分研究阶段支出和开发阶段支出，但按照法律程序已申请取得无形资产

财务会计：　　借：无形资产（依法取得时发生的注册费、聘请律师费等费用）
　　　　贷：财政拨款收入/零余额账户用款额度/银行存款等

预算会计：　　借：行政支出/事业支出/经营支出等
　　　　贷：财政拨款预算收入/资金结存

4. 接受捐赠和无偿调入无形资产、无形资产后续支出和固定资产的核算方法相同

（二）无形资产按月摊销的核算

财务会计：　　借：业务活动费用/单位管理费用/经营费用等
　　　　贷：无形资产累计摊销

预算会计：无须处理

（三）无形资产处置的核算

1. 出售、转让无形资产

1）将出售或转让的无形资产转出

财务会计：　　借：资产处置费用

无形资产累计摊销

贷：无形资产

预算会计：无须处理

2）确认处置收益上缴财政部门

财务会计：　　借：银行存款（处置无形资产收到的价款）

贷：应缴财政款/其他收入

银行存款等（发生的相关费用）

预算会计（如转让收入按照规定纳入本单位预算）：　　借：资金结存

贷：其他预算收入

2. 对外捐赠或无偿调出无形资产

财务会计：　　借：资产处置费用/无偿调拨净资产

无形资产累计摊销

贷：无形资产（账面余额）

银行存款等（归属于捐出方或调出方的相关费用）

预算会计：　　借：其他支出（支付的归属于捐出方或调出方的相关费用）

贷：资金结存

3. 经批准核销无形资产

财务会计：　　借：资产处置费用

无形资产累计摊销

贷：无形资产

预算会计：无须处理

4. 置换换出无形资产的核算参照“库存物品”科目中置换取得库存物品的规定进行账务处理

【例 3-15】某事业单位使用财政拨款购入一项专业业务活动用专利权，价款为 100 000 元，以财政直接支付的方式支付。该事业单位收到《财政直接支付入账通知书》。当月，该单位无形资产摊销 1 000 元。编制会计分录如下。

（1）购入专利权并交付使用，会计分录如下。

财务会计	预算会计
借：无形资产　100 000 　贷：财政拨款收入　100 000	借：事业支出　100 000 　贷：财政拨款预算收入　100 000

（2）当月无形资产摊销，会计分录如下。

财务会计	预算会计
借：业务活动费用　1 000 　贷：无形资产累计摊销　1 000	—

【例 3-16】某事业单位使用财政拨款购入一项著作权，以财政授权支付的方式支付价款 120 000 元。根据法律，该著作权使用期限为 5 年。编制会计分录如下。

（1）验收并交付使用，会计分录如下。

财务会计	预算会计
借：无形资产　120 000 　贷：零余额账户用款额度　120 000	借：事业支出　120 000 　贷：资金结存　120 000

（2）无形资产摊销，会计分录如下。

当月无形资产摊销额=120 000÷5÷12=2 000（元）

财务会计	预算会计
借：业务活动费用　2 000 　贷：无形资产累计摊销　2 000	—

【例 3-17】2020 年 5 月 15 日，A 事业单位某项技术研究项目经过前期研究进入开发阶段。2020 年 11 月 25 日，该项目开发获得成功并依法申请取得了专利权，开发阶段共发生相关支出 800 000 元，另在申请专利权过程中发生专利登记费 30 000 元、律师费 40 000 元，均用银行存款支付。假设该专利权的法律保护年限为 10 年，A 事业单位应自 2020 年 11 月起，按月对专利权进行摊销。编制会计分录如下。

（1）A 事业单位项目开发成功获得专利权，会计分录如下。

财务会计	预算会计
借：无形资产　870 000 　贷：研发支出　800 000 　　银行存款　70 000	借：事业支出　70 000 　贷：资金结存　70 000

（2）A 事业单位专利权摊销时，会计分录如下。

当月无形资产摊销金额=870 000÷10÷12=7 250（元）

财务会计	预算会计
借：业务活动费用　7 250 　贷：无形资产累计摊销　7 250	—

【例 3-18】某行政单位从其他单位无偿调入一款属于无形资产的软件。该软件的发票注明买价为 10 000 元。以银行存款支付相关费用 500 元。编制会计分录如下。

财务会计	预算会计
借：无形资产　10 500 　贷：无偿调拨净资产　10 000 　　银行存款　500	借：行政支出　10 000 　贷：资金结存　10 000

注：调入软件当月应进行摊销，会计分录略

第四节　经管资产的核算

政府单位经管资产是指国家以所有者身份和社会管理者身份控制的，预期能够带

财务会计： 借：在建工程（应计入成本的后续支出）

/业务活动费用（日常维修养护等后续支出）

贷：财政拨款收入/零余额账户用款额度/应付账款/银行存款等

预算会计： 借：行政支出/事业支出/经营支出等

贷：财政拨款预算收入/资金结存

c）改扩建完成验收交付使用

财务会计： 借：公共基础设施

贷：在建工程

预算会计：无须处理

B. 为维护公共基础设施正常使用而发生的后续支出的核算方法

财务会计： 借：公共基础设施

贷：财政拨款收入/零余额账户用款额度/银行存款等

预算会计： 借：行政支出/事业支出/经营支出等

贷：财政拨款预算收入/资金结存

2. 按月计提公共基础设施折旧（摊销）的核算

财务会计： 借：业务活动费用

贷：公共基础设施累计折旧（摊销）

预算会计：无须处理

3. 公共基础设施处置的核算

1）对外捐赠或无偿调出公共基础设施

财务会计： 借：资产处置费用/无偿调拨净资产

公共基础设施累计折旧（摊销）

贷：公共基础设施（账面余额）

银行存款等（归属于捐出方或调出方的相关费用）

预算会计： 借：其他支出

贷：资金结存

2）报废、毁损的公共基础设施

A. 转入待处理财产

财务会计： 借：待处理财产损溢——待处理财产价值

公共基础设施累计折旧（摊销）

贷：公共基础设施（账面余额）

预算会计：无须处理

B. 报经批准处理

财务会计： 借：资产处置费用

贷：待处理财产损溢——待处理财产价值

预算会计：无须处理

C. 处理毁损、报废固定资产过程中取得的残值或残值变价收入、保险理赔或过失人赔偿等

财务会计：　　借：库存现金/银行存款/库存物品/其他应收款等
　　　　　　　　贷：待处理财产损溢——处理净收入
预算会计：无须处理
D. 处理毁损、报废实物资产过程中发生的相关费用
财务会计：　　借：待处理财产损溢——处理净收入
　　　　　　　　贷：库存现金/银行存款等
预算会计：无须处理
E. 处理收支结清，如果处理收入大于相关费用，则
财务会计：　　借：待处理财产损溢——处理净收入
　　　　　　　　贷：应缴财政款
预算会计：无须处理
如果处理收入小于相关费用，则
财务会计：　　借：资产处置费用
　　　　　　　　贷：待处理财产损溢——处理净收入
预算会计：　　借：其他支出
　　　　　　　　贷：资金结存等（支付的处理净支出）

【例 3-19】某行政单位自行建造公共基础设施一项。建造期间，共发生支出 60 000 000 元，假定款项通过财政直接支付方式支付。该设施已建设完毕，验收并投入使用。该设施设计使用年限为 50 年。编制会计分录如下。

（1）建设期间发生支出，会计分录如下。

财务会计	预算会计
借：在建工程　60 000 000 　贷：财政拨款收入　60 000 000	借：行政支出　60 000 000 　贷：财政拨款预算收入　60 000 000

（2）建设完毕，验收并交付使用，会计分录如下。

财务会计	预算会计
借：公共基础设施　60 000 000 　贷：在建工程　60 000 000	—

（3）取得公共基础设施当月计提折旧，会计分录如下。

当月计提折旧额=60 000 000÷50÷12=100 000（元）

财务会计	预算会计
借：业务活动费用　100 000 　贷：公共基础设施累计折旧（摊销）　100 000	—

【例 3-20】某行政单位从其他单位无偿调入一项公共基础设施。该设备的发票注明买价为 5 000 000 元，当月应计提折旧 10 000 元。编制会计分录如下。

（1）验收，会计分录如下。

财务会计	预算会计
借：公共基础设施 5 000 000 贷：无偿调拨净资产 5 000 000	—

（2）计提折旧，会计分录如下。

财务会计	预算会计
借：业务活动费用 10 000 贷：公共基础设施累计折旧（摊销） 10 000	—

【例 3-21】某行政单位有一项公共基础设施使用期未满，因局部毁损提前申请报废。该项公共基础设施账面余额为 10 000 000 元，已提折旧 8 000 000 元。经批准予以处置。经批准予以处置时，该行政单位以银行存款支付清理费用 50 000 元，并收到残料变卖收入 80 000 元。假设不考虑其他相关税费。编制会计分录如下。

（1）经批准该设施转入处置环节，会计分录如下。

财务会计	预算会计
借：待处理财产损溢——待处理财产价值 2 000 000 公共基础设施累计折旧（摊销） 8 000 000 贷：公共基础设施 10 000 000	—

（2）报经批准对公共基础设施予以处置，会计分录如下。

财务会计	预算会计
借：资产处置费用 2 000 000 贷：待处理财产损溢——待处理财产价值 2 000 000	—

（3）支付清理费用，会计分录如下。

财务会计	预算会计
借：待处理财产损溢——处理净收入 50 000 贷：银行存款 50 000	—

（4）收到变价收入，会计分录如下。

财务会计	预算会计
借：银行存款 80 000 贷：待处理财产损溢——处理净收入 80 000	—

（5）结清处理净损益，会计分录如下。

财务会计	预算会计
借：待处理财产损溢——处理净收入 30 000 贷：应缴财政款 30 000	—

二、政府储备物资的核算

政府储备物资是指政府会计主体为满足实施国家安全与发展战略、进行抗灾救灾、应对公共突发事件等特定公共需求而控制的，同时具有下列特征的有形资产：①在应对可能发生的特定事件或情形时动用；②其购入、存储保管、更新（轮换）、动用等由政府及相关部门发布的专门管理制度规范。

政府储备物资包括战略及能源物资、抢险抗灾救灾物资、农产品、医药物资和其他重要商品物资，通常情况下由政府会计主体委托承储单位存储。

（一）政府储备物资的确认条件

政府储备物资同时满足下列条件的，应当予以确认：①与该政府储备物资相关的服务潜力很可能实现或者经济利益很可能流入政府会计主体；②该政府储备物资的成本或者价值能够可靠地计量。

通常情况下，符合《政府会计准则第 6 号——政府储备物资》规定的政府储备物资，应当由按规定对其负有行政管理职责的政府会计主体予以确认。

《政府会计准则第 6 号——政府储备物资》规定的行政管理职责主要指提出或拟定收储计划、更新（轮换）计划、动用方案等。相关行政管理职责由不同政府会计主体行使的政府储备物资，由负责提出收储计划的政府会计主体予以确认。对政府储备物资不负有行政管理职责但接受委托具体负责执行其存储保管等工作的政府会计主体，应当将受托代储的政府储备物资作为受托代理资产核算。

（二）政府储备物资的计量

政府储备物资的计量分为初始计量和后续计量。

1. 政府储备物资的初始计量

政府储备物资在取得时应当按照成本进行初始计量。政府会计主体根据政府储备物资取得渠道不同，初始计量的方法也不同。

（1）政府会计主体购入的政府储备物资，其成本包括购买价款和政府会计主体承担的相关税费、运输费、装卸费、保险费、检测费以及使政府储备物资达到目前场所和状态所发生的归属于政府储备物资成本的其他支出。

（2）政府会计主体委托加工的政府储备物资，其成本包括委托加工前物料成本、委托加工的成本（如委托加工费以及按规定应计入委托加工政府储备物资成本的相关税费等）以及政府会计主体承担的使政府储备物资达到目前场所和状态所发生的归属于政府储备物资成本的其他支出。

（3）政府会计主体接受捐赠的政府储备物资，其成本按照有关凭据注明的金额加上政府会计主体承担的相关税费、运输费等确定；没有相关凭据可供取得，但按规定经过资产评估的，其成本按照评估价值加上政府会计主体承担的相关税费、运输费等确定；没有相关凭据可供取得、也未经资产评估的，其成本比照同类或类似资产的市场价格加上政府会计主体承担的相关税费、运输费等确定。

（4）政府会计主体接受无偿调入的政府储备物资，其成本按照调出方账面价值加上归属于政府会计主体的相关税费、运输费等确定。

（5）政府会计主体盘盈的政府储备物资，其成本按照有关凭据注明的金额确定；没有相关凭据，但按规定经过资产评估的，其成本按照评估价值确定；没有相关凭据、也未经资产评估的，其成本按照重置成本确定。

2. 政府储备物资的后续计量

政府储备物资后续计量应在政府储备物资发出、清查、报废或毁损时。

1）政府储备物资发出时

政府会计主体应当根据实际情况采用先进先出法、加权平均法或者个别计价法确定政府储备物资发出的成本。计价方法一经确定，不得随意变更。

对于性质和用途相似的政府储备物资，政府会计主体应当采用相同的成本计价方法确定发出物资的成本。对于不能替代使用的政府储备物资、为特定项目专门购入或加工的政府储备物资，政府会计主体通常应采用个别计价法确定发出物资的成本。

（1）因动用而发出时：因动用而发出无需收回的政府储备物资的，政府会计主体应当在发出物资时将其账面余额予以转销，计入当期费用。因动用而发出需要收回或者预期可能收回的政府储备物资的，政府会计主体应当在按规定的质量验收标准收回物资时，将未收回物资的账面余额予以转销，计入当期费用。

（2）无偿调拨时：因行政管理主体变动等原因而将政府储备物资调拨给其他主体的，政府会计主体应当在发出物资时将其账面余额予以转销。

（3）对外销售时：政府会计主体对外销售政府储备物资的，应当在发出物资时将其账面余额转销计入当期费用，并按规定确认相关销售收入或将销售取得的价款大于所承担的相关税费后的差额做应缴款项处理。

2）政府储备物资报废、毁损时

政府储备物资报废、毁损的，政府会计主体应当按规定报经批准后将报废、毁损的政府储备物资的账面余额予以转销，确认应收款项（确定追究相关赔偿责任的）或计入当期费用（因储存年限到期报废或非人为因素致使报废、毁损的）；同时，将报废、毁损过程中取得的残值变价收入扣除政府会计主体承担的相关费用后的差额按规定作应缴款项处理（差额为净收益时）或计入当期费用（差额为净损失时）。

3）政府储备物资清查时

政府储备物资盘亏的，政府会计主体应当按规定报经批准后将盘亏的政府储备物资的账面余额予以转销，确定追究相关赔偿责任的，确认应收款项；属于正常耗费或不可抗力因素造成的，计入当期费用。

（三）政府储备物资的核算方法

政府储备物资的业务主要包括政府储备物资取得、折旧（或摊销）、处置等。单位对政府储备物资进行核算时应设置“政府储备物资”（1811）科目。

政府储备物资是单位财务会计中资产类科目。单位取得政府储备物资时借记本科目，处置政府储备物资时贷记本科目。本科目期末借方余额，反映单位政府储备物资的成本。本科目应当按照政府储备物资的种类、品种、存放地点等进行明细核算。单位根据需要，可在本科目下设置“在库”“发出”等明细科目进行明细核算。

单位发生政府储备物资相关业务时，一般应在财务会计与预算会计中分别进行记账。

1. 政府储备物资取得的核算

1）购入的政府储备物资付款并验收入库

财务会计：　　借：政府储备物资
　　　　　　　　　贷：财政拨款收入/财政应返还额度/零余额账户用款额度
　　　　　　　　　　　/银行存款/应付账款等

预算会计：　　借：行政支出/事业支出
　　　　　　　　　贷：财政拨款预算收入/资金结存

2）接受捐赠或无偿调入政府储备物资

财务会计：　　借：政府储备物资
　　　　　　　　　贷：捐赠收入/无偿调拨净资产
　　　　　　　　　　　财政拨款收入/财政应返还额度/零余额账户用款额度
　　　　　　　　　　　/银行存款等（捐入方或调入方承担的相关税费）

预算会计：　　借：其他支出（捐入方或调入方承担的相关税费）
　　　　　　　　　贷：财政拨款预算收入/资金结存

2. 发出政府储备物资的核算

1）动用发出无需收回的政府储备物资

财务会计：　　借：业务活动费用
　　　　　　　　　贷：政府储备物资（账面余额）

预算会计：无须处理

2）动用发出需要收回或预期可能收回政府储备物资

A. 发出物资时

财务会计：　　借：政府储备物资——发出
　　　　　　　　　贷：政府储备物资——在库

预算会计：无须处理

B. 按照规定的质量验收标准收回物资

财务会计：　　借：政府储备物资——在库（收回物资的账面余额）
　　　　　　　　　业务活动费用（未收回物资的账面余额）
　　　　　　　　　贷：政府储备物资——发出

预算会计：无须处理

3）因行政管理主体变动等原因而将政府储备物资调拨给其他主体的

财务会计：　　借：无偿调拨净资产
　　　　　　　　　贷：政府储备物资（账面余额）

预算会计：无须处理

4）对外销售政府储备物资

A. 按照规定物资销售收入纳入本单位预算的

a）结转发出政府储备物资成本

财务会计：　　借：业务活动费用
　　　　　　　　　贷：政府储备物资

预算会计：无须处理

b）取得销售收入

财务会计：　　借：银行存款/应收账款等
　　　　　　　　　贷：事业收入等

预算会计：　　借：资金结存（收到的销售价款）
　　　　　　　　　贷：事业预算收入等

c）支付相关税费

财务会计：　　借：业务活动费用
　　　　　　　　　贷：银行存款等（发生的相关税费）

预算会计：　　借：行政支出/事业支出
　　　　　　　　　贷：资金结存（支付的相关税费）

B. 按照规定销售收入扣除相关税费后上缴财政的

a）结转发出政府储备物资成本

财务会计：　　借：资产处置费用
　　　　　　　　　贷：政府储备物资

预算会计：无须处理

b）取得销售收入

财务会计：　　借：银行存款（收到的销售价款）
　　　　　　　　　贷：银行存款等（实际支付的相关税费）
　　　　　　　　　　　应缴财政款

预算会计：无须处理

3. 政府储备物资盘盈、盘亏报废或毁损的核算

1）盘盈的政府储备物资的核算

A. 将政府储备物资转入待处理环节

财务会计：　　借：政府储备物资
　　　　　　　　　贷：待处理财产损溢

预算会计：无须处理

B. 报经批准后处理

财务会计：　　借：待处理财产损溢——待处理资产价值
　　　　　　　　　贷：以前年度盈余调整

预算会计：无须处理

2）盘亏、报废或毁损政府储备物资的核算

A. 将盘亏报废或毁损政府储备物资转入待处理财产

财务会计：　　　借：待处理财产损溢——待处理财产价值

　　　　　　　　　　贷：政府储备物资

预算会计：无须处理

B. 报经批准处理

财务会计：　　　借：资产处置费用

　　　　　　　　　　贷：待处理财产损溢——待处理财产价值

预算会计：无须处理

处理毁损、报废政府储备物资过程中取得的残值或残值变价收入、保险理赔或过失人赔偿的处理方法同其他非现金资产。

【例 3-22】甲行政单位负有对国家某类救灾物资的行政管理职责，负责制订相关的收储、动用方案。2020 年 8 月 10 日，甲行政单位购入该类救灾物资一批，价值 800 000 元，采用财政直接支付方式支付，现已验收入库。2020 年 9 月 15 日，甲行政单位按规定动用救灾物资发往灾区。其中，发出的 A 类物资为一次消耗性物资，发出后不再收回，发出的该类物资账面成本为 100 000 元；发出的 B 类物资为可重复使用物资，预期能够大部分收回，共发出 B 类物资 120 000 元。2020 年 10 月 15 日，甲行政单位实际收回 B 类物资共 20 000 元并按规定的质量标准予以验收，其余价值 100 000 元物资在救灾中已使用。编制会计分录如下。

（1）验收入库时，会计分录如下。

财务会计	预算会计
借：政府储备物资　800 000 　贷：财政拨款收入　800 000	借：行政支出　800 000 　贷：财政拨款预算收入　800 000

（2）发出 A 类物资时，会计分录如下。

财务会计	预算会计
借：业务活动费用　100 000 　贷：政府储备物资——A　100 000	—

（3）发出 B 类物资时，会计分录如下。

财务会计	预算会计
借：政府储备物资——B（发出）　120 000 　贷：政府储备物资——B（在库）　120 000	—

（4）收回 B 类物资时，会计分录如下。

财务会计	预算会计
借：业务活动费用　100 000 　　政府储备物资——B（在库）　20 000 　贷：政府储备物资——B（发出）　120 000	—

【例 3-23】 期末，行政单位盘点政府储备物资。盘盈政府储备物资共 3 000 元。该物资报经批准冲减费用。编制会计分录如下。

（1）转入待处理财产损溢时，会计分录如下。

财务会计	预算会计
借：政府储备物资 3 000 贷：待处理财产损溢——待处理财产价值 3 000	—

（2）报经批准冲减费用时，会计分录如下。

财务会计	预算会计
借：待处理财产损溢——待处理财产价值 3 000 贷：以前年度盈余调整 3 000	—

三、文物文化资产的核算

文物文化资产是指单位为满足社会公共需求而控制的文物文化资产的成本。核算时，单位应设置“文物文化资产”（1821）科目。

文物文化资产是单位财务会计中资产类科目。文物文化资产的业务主要包括文物文化资产取得、处置、清查等。单位取得文物文化资产时借记本科目，处置文物文化资产时贷记本科目。本科目期末借方余额，反映单位文物文化资产的成本。本科目应当按照文物文化资产的种类、项目等进行明细核算。

单位发生文物文化资产相关业务时，一般应在财务会计与预算会计中分别进行记账。

（一）文物文化资产取得的核算

1. 购入的文物文化资产付款并验收入库

财务会计： 借：文物文化资产

贷：财政拨款收入/财政应返还额度/零余额账户用款额度/银行存款/应付账款等

预算会计： 借：行政支出/事业支出

贷：财政拨款预算收入/资金结存

2. 接受捐赠或无偿调入文物文化资产

财务会计： 借：文物文化资产

贷：捐赠收入/无偿调拨净资产

财政拨款收入/财政应返还额度/零余额账户用款额度/银行存款等（捐入方或调入方承担的相关税费）

预算会计： 借：其他支出（捐入方或调入方实际支付的相关税费）

贷：财政拨款预算收入/资金结存

（二）对外捐赠和无偿调出文物文化资产的核算

财务会计：　　借：资产处置费用/无偿调拨净资产
　　　　　　　　　贷：文物文化资产（账面余额）
　　　　　　　　　　　银行存款等（归属于捐出方或调出方的相关费用）
预算会计：　　借：其他支出（支付的归属于捐出方或调出方的相关费用）
　　　　　　　　　贷：资金结存等

（三）文物文化资产清查核算

1. 盘盈的文物文化资产的核算

1）将盘盈文物文化资产转入待处理环节

财务会计：　　借：文物文化资产
　　　　　　　　　贷：待处理财产损溢——待处理财产价值

预算会计：无须处理

2）报经批准后处理

财务会计：　　借：待处理财产损溢——待处理资产价值
　　　　　　　　　贷：以前年度盈余调整

预算会计：无须处理

2. 盘亏文物文化资产的核算

1）将盘亏文物文化资产转入待处理财产

财务会计：　　借：待处理财产损溢——待处理财产价值
　　　　　　　　　贷：文物文化资产

预算会计：无须处理

2）报经批准处理

财务会计：　　借：资产处置费用
　　　　　　　　　贷：待处理财产损溢——待处理财产价值

预算会计：无须处理

【例 3-24】某博物馆接受捐赠文物一件，凭证注明的金额为 10 000 元，现已验收入库。编制会计分录如下。

财务会计	预算会计
借：文物文化资产　　10 000 　贷：捐赠收入　　10 000	—

【例 3-25】期末，某展览馆单位盘点文物文化资产时。盘亏文物一件，价值 3 000 元。报经批准进行核销。编制会计分录如下。

（1）转入待处理财产损溢时，会计分录如下。

（3）收到租金确认应缴财政时，会计分录如下。

财务会计	预算会计
借：银行存款 150 000 贷：应缴财政款 150 000	—

五、受托代理资产和长期待摊费用的核算

（一）受托代理资产的核算

受托代理资产是指单位接受委托方委托管理的各项资产，包括受托指定转赠的物资、受托存储保管的物资等的成本。核算时，单位应设置“受托代理资产”（1891）科目。

受托代理资产是单位财务会计中资产类科目。单位接受受托代理资产时借记本科目，根据委托人要求交付受托代理资产时贷记本科目。本科目期末借方余额，反映单位受托代理资产的成本。本科目应当按照资产的种类和委托人等进行明细核算。

单位发生受托代理资产相关业务时应在财务会计记账。

1. 接受受托代理资产

财务会计：　　借：受托代理资产

　　　　　　　　贷：受托代理负债

预算会计：无须处理

2. 交付受托代理资产

财务会计：　　借：受托代理负债

　　　　　　　　贷：受托代理资产

预算会计：无须处理

【例 3-27】某行政单位将其负责行政管理的价值 150 000 元的救灾物资委托其下属 A 事业单位存储保管。编制会计分录如下。

（1）A 事业单位收到该行政单位委托存储的物资时，会计分录如下。

财务会计	预算会计
借：受托代理资产 150 000 贷：受托代理负债 150 000	—

（2）A 事业单位按照该行政单位指令发出物资时，会计分录如下。

财务会计	预算会计
借：受托代理负债 150 000 贷：受托代理资产 150 000	—

（二）长期待摊费用的核算

长期待摊费用是指单位已经支出，但应由本期和以后各期负担的分摊期限在 1 年

以上（不含 1 年）的各项费用，如以经营租赁方式租入的固定资产发生的改良支出等。核算时，单位应设置“长期待摊费用”（1901）科目。

长期待摊费用是单位财务会计中资产类科目。单位发生长期待摊费用时借记本科目，摊销长期待摊费用时贷记本科目。本科目期末借方余额，反映单位受托代理资产的成本。本科目应当按照费用项目进行明细核算。本科目期末借方余额，反映单位尚未摊销完毕的长期待摊费用。

【例 3-28】2020 年 8 月 1 日，某行政单位与乙公司签订协议，租入乙公司办公用房，从 2020 年 8 月 2 日起起租，租期四年，每年租金为 1 200 000 元，于 2020 年 8 月 1 日一次付清四年房租。该行政单位于协议签订当日以财政直接支付方式支付办公用房租金 4 800 000 元。该行政单位的账务处理如下。

（1）2020 年 8 月 1 日支付房租，会计分录如下。

财务会计	预算会计
借：长期待摊费用　4 800 000 　贷：财政拨款收入　4 800 000	借：行政支出　4 800 000 　贷：财政拨款预算收入　4 800 000

（2）自 2020 年 8 月起，按月摊销时，会计分录如下。

财务会计	预算会计
借：业务活动费用　100 000 　贷：长期待摊费用　100 000	—

复习思考题

【简答题】

1. 什么是短期投资和长期投资？其持有期间发生的收益如何核算？
2. 简述长期股权投资中成本法和权益法的适用条件。
3. 固定资产分为哪几类？固定资产是如何确认和计量的？
4. 简述固定资产的折旧范围、折旧方法。
5. 固定资产折旧额是如何计算的？
6. 固定资产的折旧年限是如何确定的？
7. 无形资产的摊销范围是如何规定的？无形资产的摊销年限如何确定？
8. 什么是公共基础设施？公共基础设施是如何确认和计量的？
9. 什么是政府储备物资？政府储备物资是如何确认和计量的？
10. 什么是保障性住房？如何进行核算？
11. 受托代理资产包括哪几种？如何进行核算？
12. 什么是文物文化资产？文物文化资产如何计量？

【业务题】根据以下业务编制会计分录。

1. 2020 年 7 月 1 日，某事业单位以银行存款购买 3 年期国债 200 000 元，年利率为3%，按年分期付息，到期还本，付息日为每年的7月1日，最后一年偿还本金并付最后一次利息。

2. 2020年5月5日，某事业单位出资20 000 000元投资了甲企业，该投资占甲企业40%的股份。2020年底，甲企业实现利润100 000元。2021年3月5日，甲企业宣告分派利润50 000元。该事业单位于2021年3月25日收到甲企业分配的利润。对该项投资分别采用成本法和权益法进行核算。

3. 单位购入设备一台，原值为60万元。该设备验收，不需要安装，直接交付使用。该设备使用年限为5年。该设备款分别采用财政直接支付方式、财政授权支付方式、银行转账方式支付。

4. 某行政单位/事业单位从其他单位无偿调入/调出一项专用设备。该设备的发票注明买价为100 000元，以银行存款支付相关费用1 000元。

5. 某事业单位报经批准对外转让一台闲置大型设备，取得转让收入200 000元，该设备账面余额为300 000元，已计提折旧170 000元。假设不考虑相关税费，转让净收入按有关规定执行“收支两条线”管理。

假如该设备毁损，如何核算？

6. 年终，单位财产清查，盘盈A设备一台，评估价值为50 000元。盘亏B设备一台，账面余额为200 000元。经批准正常入账或核销。

7. 某单位使用财政拨款购入一项专业业务活动用专利权，价款为100 000元，以财政直接支付/授权支付的方式支付。当月，该单位无形资产摊销1 000元。

8. 某单位自行建造公共基础设施一项。建造期间，共发生支出8 000万元，假定款项通过财政直接支付方式支付。该设施已建设完毕，验收并投入使用。该设施设计使用年限为50年。50年后该设施报废。

9. 甲行政单位负有对国家某类救灾物资的行政管理职责，负责制订相关的收储、动用方案。2021年3月10日，甲行政单位购入该类救灾物资一批，价值为500 000元，采用财政直接支付方式支付，现已验收入库。2021年6月15日，甲单位按规定动用救灾物资发往灾区。其中，发出的A类物资为一次消耗性物资，发出后不再收回，发出的该类物资账面成本为200 000元；发出的B类物资为可重复使用物资，预期能够大部分收回，共发出B类物资180 000元。2021年10月15日，甲行政单位实际收回B类物资共10 000元并按规定的质量标准予以验收，其余价值170 000元物资在救灾中已使用。

10. 某行政单位将价值150 000元的罚没物资做入账处理，10天后拍卖，拍卖款项200 000元，上缴财政部门。

第四章

政府单位负债的核算

本章主要介绍政府单位负债的基本理论及核算方法。负债的基本理论包括负债的确认条件、分类、计量模式、信息披露要求等。本章还介绍各类负债业务发生时政府财务会计和预算会计账务处理的方法。

【重要概念】负债　应交增值税　其他应交税费　应缴财政款　应付职工薪酬　其他应付款　长期借款

【会计制度】《政府会计制度——行政事业单位会计科目和报表》实施时间：2019 年 1 月 1 日

【会计准则】《政府会计准则——基本准则》实施时间：2017 年 1 月 1 日

《政府会计准则第 8 号——负债》实施时间：2019 年 1 月 1 日

第一节　负债概述

一、负债的概念及确认条件

负债是指政府会计主体过去的经济业务或者事项形成的，预期会导致经济资源流出政府会计主体的现时义务。

符合《政府会计准则第 8 号——负债》规定的负债定义的义务，在同时满足以下条件时，确认为负债。

（1）履行该义务很可能导致含有服务潜力或者经济利益的经济资源流出政府会计主体。

（2）该义务的金额能够可靠地计量。

符合负债定义和负债确认条件的项目，应当列入资产负债表。

二、负债的分类和计量模式

（一）负债按照流动性分类

负债按照流动性，分为流动负债和非流动负债。

流动负债是指预计在 1 年内（含 1 年）偿还的负债，包括短期借款、应付短期政府债券、应付及预收款项、应缴款项等。

非流动负债是指流动负债以外的负债，包括长期借款、长期应付款、应付长期政府债券等。

（二）负债按照偿还时间与金额是否确定分类

负债按照偿还时间与金额是否确定，分为基本确定的负债和由或有事项形成的预计负债。

偿还时间与金额基本确定的负债按政府会计主体的业务性质及风险程度，分为融资活动形成的举借债务及其应付利息、运营活动形成的应付及预收款项和暂收性负债。

政府会计主体通过融资活动借入的债务，包括政府发行的政府债券，向外国政府、国际经济组织等借入的款项，向上级政府借入转贷资金形成的借入转贷款，以及除政府以外的其他政府会计主体从银行或其他金融机构等借入的款项。

政府会计主体在运营活动中形成的应当支付而尚未支付的款项及预先收到但尚未实现收入的款项，包括应付职工薪酬、应付账款、预收款项、应交税费、应付国库集中支付结余和其他应付未付款项。

暂收性负债是指政府会计主体暂时收取，随后应做上缴、退回、转拨等处理的款项。暂收性负债主要包括应缴财政款和其他暂收款项。

预计负债是指政府会计主体将与或有事项相关且满足《政府会计准则第 8 号——负债》规定条件的现时义务确认的负债。

三、负债的计量

负债的计量属性主要包括历史成本、现值和公允价值。

在历史成本计量下，负债按照因承担现时义务而实际收到的款项或者资产的金额，或者承担现时义务的合同金额，或者为偿还负债预期需要支付的现金计量。

在现值计量下，负债按照预计期限内需要偿还的未来净现金流出量的折现金额计量。

在公允价值计量下，负债按照市场参与者在计量日发生的有序交易中，转移负债所需支付的价格计量。

政府会计主体在对负债进行计量时，一般应当采用历史成本。

采用现值、公允价值计量的，应当保证所确定的负债金额能够持续、可靠计量。

四、负债类会计科目

政府会计主体对负债进行会计核算应设置的会计科目见表 4-1。

表 4-1 负债类会计科目表

序号	科目编码	科目名称（财务会计）	适用范围	备注
1	2001	短期借款	事业单位	负债核算中涉及的预算会计科目在相关内容中进行说明
2	2101	应交增值税	行政/事业单位	

续表

序号	科目编码	科目名称（财务会计）	适用范围	备注
3	2102	其他应交税费	行政/事业单位	负债核算中涉及的预算会计科目在相关内容中进行说明
4	2103	应缴财政款	行政/事业单位	
5	2201	应付职工薪酬	行政/事业单位	
6	2301	应付票据	事业单位	
7	2302	应付账款	行政/事业单位	
8	2303	应付政府补贴款	行政单位	
9	2304	应付利息	事业单位	
10	2305	预收账款	事业单位	
11	2307	其他应付款	行政/事业单位	
12	2401	预提费用	行政/事业单位	
13	2501	长期借款	事业单位	
14	2502	长期应付款	行政/事业单位	
15	2601	预计负债	行政/事业单位	
16	2901	受托代理负债	行政/事业单位	

第二节　流动负债的核算

一、短期借款的核算

（一）短期借款的概念及科目设置

短期借款是指事业单位经批准从银行或其他金融机构等借入的期限在 1 年内（含 1 年）的各种借款。事业单位对短期借款进行核算时应设置“短期借款”（2001）科目。

短期借款是事业单位财务会计中负债类科目。事业单位短期借款的主要业务包括款项的借入、偿还和计息。事业单位借入款项时按本金贷记本科目，偿还本金时借记本科目。期末本科目贷方余额，反映事业单位尚未偿还的短期借款本金。“短期借款”科目应当按照债权人和借款种类进行明细核算。

（二）短期借款的核算方法

事业单位发生短期借款相关业务时，一般应分别在财务会计与预算会计中进行记账。具体核算方法如下。

1. 事业单位借入短期借款

财务会计：　　　借：银行存款

　　　　　　　　　　贷：短期借款

预算会计： 借：资金结存——货币资金
贷：债务预算收入

2. 事业单位按期计提利息费用

财务会计： 借：其他费用
贷：应付利息

预算会计：无须处理

3. 事业单位实际支付利息

财务会计： 借：应付利息
贷：银行存款

预算会计： 借：其他支出
贷：资金结存——货币资金

4. 事业单位归还短期借款

财务会计： 借：短期借款
贷：银行存款

预算会计： 借：债务还本支出
贷：资金结存——货币资金

【例 4-1】某事业单位以 3.6%的年利率向某银行借入一笔款项，借款本金为 100 000 元，款项存入银行。该款借款期限为 3 个月，按季付息，到期还本。编制会计分录如下。

（1）借入款项时，会计分录如下。

财务会计	预算会计
借：银行存款 100 000 贷：短期借款 100 000	借：资金结存——货币资金 100 000 贷：债务预算收入 100 000

（2）按月计息时，会计分录如下。

月应付利息额=100 000×3.6%÷12×1=300（元）

财务会计	预算会计
借：其他费用 300 贷：应付利息 300	—

（3）实际支付利息时，会计分录如下。

财务会计	预算会计
借：应付利息 900 贷：银行存款 900	借：其他支出 900 贷：资金结存——货币资金 900

（4）偿还本金时，会计分录如下。

财务会计	预算会计
借：短期借款 100 000 贷：银行存款 100 000	借：债务还本支出 100 000 贷：资金结存——货币资金 100 000

二、应交税费的核算

应交税费包括应交增值税和其他应交税费。

（一）应交增值税

1. 应交增值税的概念及科目设置

应交增值税是指单位按照税法规定计算应交纳的增值税。增值税的纳税人分为一般纳税人、小规模纳税人。

增值税的计算方法分为一般计税方法和简易计税方法。一般纳税人采用一般计税方法，小规模纳税人采用简易计税方法。核算时，单位应设置“应交增值税”（2101）科目。

应交增值税是单位财务会计中的负债类科目。应交增值税的主要业务是应交增值税的计算和缴纳。单位发生应纳增值税业务时贷记本科目；单位实际上缴增值税时借记本科目。期末本科目借方余额，反映单位尚未抵扣或多缴的增值税；本科目贷方余额，反映单位应缴未缴的增值税。

属于增值税一般纳税人的单位，应当在本科目下设置“应交税金”“未交税金”“预交税金”“待抵扣进项税额”“待认证进项税额”“待转销项税额”“简易计税”“转让金融商品应交增值税”“代扣代交增值税”等明细科目。

属于增值税小规模纳税人的单位只需在本科目下设置“转让金融商品应交增值税”“代扣代交增值税”明细科目。

2. 应交增值税的核算方法

单位发生应交增值税业务时，一般应在财务会计与预算会计中进行平行记账。具体核算方法如下。

1）单位购入应税资产或服务

财务会计：　　借：业务活动费用/××资产（一般纳税人：不含税金额）
　　　　　　　　　（小规模纳税人：加税合计金额）
　　　　　　　　　应交增值税（一般纳税人）
　　　　　　　　贷：银行存款/零余额账户用款额度/财政拨款收入等

预算会计：　　借：事业支出/经营支出等
　　　　　　　　贷：资金结存/财政拨款预算收入等

2）单位销售应税产品或提供应税服务

财务会计：　　借：银行存款/应收账款/应收票据等（包含增值税的价款总额）
　　　　　　　　贷：事业收入/经营收入等（扣除增值税销项税额后的价款）
　　　　　　　　　　应交增值税

预算会计：　　借：资金结存（实际收到的含税金额）
　　　　　　　　贷：事业预算收入/经营预算收入等

3）一般纳税人月末转出本月未交增值税

财务会计：　　借：应交增值税——应交税金（转出未交增值税）

　　　　　　　　贷：应交增值税——未交税金

预算会计：无须处理

4）本月实际缴纳本月增值税

财务会计：　　借：应交增值税——应交税金

　　　　　　　　贷：银行存款/零余额账户用款额度等

预算会计：　　借：事业支出/经营支出等

　　　　　　　　贷：资金结存

【例 4-2】某事业单位为一般纳税人。该单位通过单位零余额账户购入不需安装的事业专用设备一台，买价为 119 000 元，增值税为 13 000 元，运费及安装费共计 1 000 元。该设备已验收并交付使用。该设备使用年限为 5 年。月末，用银行存款实际缴纳增值税 10 000 元。编制会计分录如下。

（1）支付款项并将设备验收时，会计分录如下。

财务会计	预算会计
借：固定资产 120 000 　应交增值税 13 000 　贷：零余额账户用款额度 133 000	借：事业支出 133 000 　贷：资金结存——零余额账户用款额度 133 000

（2）该专用设备计提折旧时，会计分录如下。

该固定资产月折旧额=120 000÷5÷12=2 000（元）

财务会计	预算会计
借：业务活动费用 2 000 　贷：固定资产累计折旧 2 000	—

（3）月末实际缴纳本月增值税时，会计分录如下。

财务会计	预算会计
借：应交增值税——应交税金 10 000 　贷：银行存款 10 000	借：事业支出 10 000 　贷：资金结存——货币资金 10 000

（二）其他应交税费

1. 其他应交税费的概念及科目设置

其他应交税费是指单位按照税法等规定计算应交纳的除增值税以外的各种税费，包括城市维护建设税、教育费附加、地方教育费附加、车船税、房产税、城镇土地使用税和企业所得税等。核算时，单位应设置“其他应交税费”（2102）科目。

其他应交税费为单位财务会计中的负债类科目。其他应交税费的主要业务包括单位应交纳的城市维护建设税、（地方）教育费附加、车船税、房产税、城镇土地使用税和企业所得税等的计算与缴纳。单位计算应纳其他税费业务时贷记本科目；单位实际交纳其他税费时借记本科目。本科目期末贷方余额，反映单位应交未交的除增值税以外的税费金额；期末如为借方余额，反映单位多交纳的除增值税以外的税费金额。本科目应当按照应交纳的税费种类进行明细核算。

单位代扣代缴的个人所得税，也通过本科目核算。

单位应交纳的印花税不需要预提应交税费，直接通过“业务活动费用”“单位管理费用”“经营费用”等科目核算，不通过本科目核算。

2. *其他应交税费的核算方法*

其他应交税费相关业务发生时，一般应在财务会计与预算会计中进行平行记账。

单位主要其他应交税费核算方法如下。

1）单位计算应缴税费

财务会计：　　借：业务活动费用/单位管理费用/经营费用等

　　　　　　　　贷：其他应交税费——应交城市维护建设税/应交教育费附加/应交地方教育费附加/应交车船税/应交房产税/应交城镇土地使用税等

预算会计：无须处理

2）本月实际缴纳相关税费

财务会计：　　借：其他应交税费——略

　　　　　　　　贷：银行存款等

预算会计：　　借：事业支出/经营支出等

　　　　　　　　贷：资金结存

单位代扣代缴的个人所得税的核算方法见应付职工薪酬部分。

其他应交税费核算的具体方法在其他相关内容中进行介绍。

三、应缴财政款的核算

（一）应缴财政款的概念及科目设置

应缴财政款是指单位取得或应收的按照规定应当上缴财政的款项，包括应缴国库的款项和应缴财政专户的款项，如罚没收入、行政事业性收费、政府性基金、国有资产处置和出租收入等，上述收入属于政府的非税收入。核算时，单位应设置“应缴财政款”（2103）科目。

应缴财政款是单位财务会计中的负债类科目。应缴财政款的主要业务为应缴财政款的收取和缴纳。单位取得或应收按照规定应缴财政的款项时贷记本科目；单位上缴应缴财政的款项时，按照实际上缴的金额借记本科目。本科目期末贷方余额，反映单位应当上缴财政但尚未缴纳的款项；年终清缴后，本科目一般应无余额。本科目应当按照应缴财政款项的类别进行明细核算。

（二）应缴财政款的核算方法

单位发生应缴财政款相关业务时，一般应在财务会计与预算会计中进行平行记账。

具体核算方法如下。

1. 取得或应收按照规定应缴财政的款项

财务会计： 借：银行存款/应收账款等
　　贷：应缴财政款

预算会计：无须处理

2. 实际上缴款项

财务会计： 借：应缴财政款
　　贷：银行存款等

预算会计：无须处理

【例 4-3】某事业单位部分事业收入采用财政专户返还的方式管理。2020 年 7 月 5 日，该事业单位收到应上缴财政专户的事业收入 500 000 元，款项存入银行。2020 年 7 月 15 日该事业单位将上述款项通过银行转账上缴财政专户。编制会计分录如下。

（1）2020 年 7 月 5 日收到款项时，会计分录如下。

财务会计	预算会计
借：银行存款　500 000 　贷：应缴财政款　500 000	—

（2）2020 年 7 月 15 日上缴财政时，会计分录如下。

财务会计	预算会计
借：应缴财政款　500 000 　贷：银行存款　500 000	—

四、应付职工薪酬的核算

（一）应付职工薪酬的概念及科目设置

应付职工薪酬是指单位按照有关规定应付给职工（含长期聘用人员）及为职工支付的各种薪酬，包括基本工资、国家统一规定的津贴补贴、规范津贴补贴（绩效工资）、改革性补贴、社会保险费（如职工基本养老保险费、职业年金、基本医疗保险费等）、住房公积金等。核算时，单位应设置“应付职工薪酬”（2201）科目。

应付职工薪酬是单位财务会计中的负债类科目。应付职工薪酬的主要业务包括应付职工工资总额和各种扣款（社会保险费、住房公积金、个人所得税等）的计算、列支和发放。单位计算确认当期应付职工薪酬、按照规定代扣社会保险费和住房公积金时应贷记本科目；单位向职工支付工资和津贴补贴等薪酬、按规定代扣职工个人所得税、按规定代扣社会保险费和住房公积金时借记本科目。本科目期末贷方余额，反映单位应付未付的职工薪酬。

应付职工薪酬科目一般按照“基本工资（含离退休费）”“国家统一规定的津贴补

贴”“规范津贴补贴（绩效工资）”“改革性补贴”“社会保险费”“住房公积金”等设置明细科目。

（二）应付职工薪酬的核算方法

单位发生应付职工薪酬相关业务时，一般应在财务会计与预算会计中进行平行记账。具体核算方法如下。

1. 计算确认当期应付职工薪酬

财务会计： 借：业务活动费用/单位管理费用/在建工程等
　　贷：应付职工薪酬

预算会计：无须处理

2. 向职工支付工资、津贴补贴等薪酬

财务会计： 借：应付职工薪酬
　　贷：财政拨款收入/零余额账户用款额度/银行存款等

预算会计： 借：行政支出/事业支出/经营支出等
　　贷：财政拨款预算收入/资金结存

3. 从职工薪酬中代扣个人所得税

财务会计： 借：应付职工薪酬——基本工资
　　贷：其他应交税费——应交个人所得税

预算会计：无须处理

4. 从职工薪酬中代扣社会保险费和住房公积金

财务会计： 借：应付职工薪酬——基本工资
　　贷：应付职工薪酬——社会保险费/住房公积金

预算会计：无须处理

5. 单位计算列支为职工支付的社会保险费和住房公积金时

财务会计： 借：业务活动费用/单位管理费用/在建工程等
　　贷：应付职工薪酬——社会保险费/住房公积金

预算会计：无须处理

6. 按照规定实际缴纳职工社会保险费和住房公积金时

财务会计： 借：应付职工薪酬——社会保险费/住房公积金（单位代扣代缴的金额与单位为职工支付的金额合计数）
　　贷：财政拨款收入/零余额账户用款额度/银行存款等

预算会计： 借：行政支出/事业支出/经营支出等
　　贷：财政拨款预算收入/资金结存

7. 实际缴纳职工个人所得税时

财务会计： 借：其他应交税费——应交个人所得税
　　贷：财政拨款收入/零余额账户用款额度/银行存款等

预算会计： 借：行政支出/事业支出/经营支出等

贷：财政拨款预算收入/资金结存

【例 4-4】某事业单位为开展专业业务活动及其辅助活动人员发放基本工资 500 000 元，绩效工资 300 000 元，奖金 100 000 元，按规定代扣代缴个人所得税 30 000 元，该单位以财政授权方式支付薪酬并上缴代扣的个人所得税。另外，以银行转账方式支付职工个人所得税。编制会计分录如下。

（1）计算应付工资总额时，会计分录如下。

财务会计	预算会计
借：业务活动费用 900 000 贷：应付职工薪酬 900 000	—

（2）代扣个人所得税时，会计分录如下。

财务会计	预算会计
借：应付职工薪酬 30 000 贷：其他应交税费 30 000	—

（3）实际支付职工工资时，会计分录如下。

财务会计	预算会计
借：应付职工薪酬 870 000 贷：零余额账户用款额度 870 000	借：事业支出 870 000 贷：资金结存——零余额账户用款额度 870 000

（4）缴纳代扣的个人所得税时，会计分录如下。

财务会计	预算会计
借：其他应交税费 30 000 贷：银行存款 30 000	借：事业支出 30 000 贷：资金结存——货币资金 30 000

五、应付票据的核算

应付票据是指事业单位因购买材料、物资等而开出、承兑的商业汇票，包括银行承兑汇票和商业承兑汇票。核算时，事业单位应设置“应付票据”（2301）科目。

应付票据是事业单位财务会计中的负债类科目。事业单位开出、承兑商业汇票时，应贷记本科目；商业汇票到期付款或无力付款转做其他负债时应借记本科目。本科目期末贷方余额，反映事业单位开出、承兑的尚未到期的应付票据金额。该科目按照债权单位（或个人）进行明细核算。

【例 4-5】2020 年 6 月 1 日，某事业单位（小规模纳税人）购入自用物资，取得的增值税专用发票上注明的价款为 50 000 元，增值税额为 8 500 元。同日，该事业单位开具了一张期限为 3 个月的不带息商业承兑汇票。2020 年 9 月 1 日，该事业单位支付了价款和增值税。编制会计分录如下。

（1）购入物资并验收时，会计分录如下。

财务会计	预算会计
借：库存物品 58 500 贷：应付票据 58 500	—

（2）支付款项时，会计分录如下。

财务会计	预算会计
借：应付票据 58 500 贷：银行存款 58 500	借：经营支出 58 500 贷：资金结存——货币资金 58 500

六、应付账款的核算

应付账款是指单位因购买物资、接受服务、开展工程建设等而形成的应付未付款项。对于应付账款，单位应当在购买物资、接受服务，或外包工程完成规定进度时，按照应付未付款项的金额予以确认。核算时，单位应设置"应付账款"（2302）科目。

应付账款是单位财务会计中的负债类科目。单位发生应付未付账款时应贷记本科目；单位偿还或核销应付账款时应借记本科目。无法偿付或债权人豁免偿还的其他应付款项，应当按照规定报经批准后计入"其他收入"科目处理。本科目期末贷方余额，反映单位尚未支付的应付账款金额。本科目按照债权人进行明细核算。

应付账款相关业务发生时，一般应在财务会计与预算会计中进行平行记账。

【例 4-6】2020 年 3 月 5 日，某事业单位（增值税小规模纳税人）购入自用物资一批，取得的增值税专用发票上注明的物资价款为 20 000 元，增值税额为 3 400 元，款项尚未支付，当日收到物资，验收合格后入库。2020 年 3 月 10 日，该事业单位以银行存款支付了价款 23 400 元。编制会计分录如下。

（1）购入物资但尚未付款时，会计分录如下。

财务会计	预算会计
借：库存物品 23 400 贷：应付账款 23 400	—

（2）偿付应付账款时，会计分录如下。

财务会计	预算会计
借：应付账款 23 400 贷：银行存款 23 400	借：事业支出 23 400 贷：资金结存 23 400

需要特殊说明的是，无法偿付或债权人豁免偿还的应付账款，应当按照规定报经批准后计入"其他收入"科目处理。

【例 4-7】单位发生无法偿付的应付账款 20 000 元，经批准核销。编制会计分录如下。

财务会计	预算会计
借：应付账款　20 000 　贷：其他收入　20 000	—

七、应付政府补贴款的核算

应付政府补贴款是指负责发放政府补贴的行政单位，按照规定应当支付给政府补贴接受者的各种政府补贴款。核算时，行政单位应设置“应付政府补贴款”（2303）科目。

应付政府补贴款是行政单位财务会计中的负债类科目。行政单位发生应付补贴款时应贷记本科目；行政单位支付应付账款时应借记本科目。本科目期末贷方余额，反映单位尚未支付的应付账款金额。行政单位应当按照应支付的政府补贴种类和需要补贴接受者进行明细核算，或者建立备查簿对补贴接受者予以登记。

行政单位发生应付政府补贴款相关业务时，一般应在财务会计与预算会计中进行平行记账，编制会计分录如下。

1. 发生应付政府补贴款

财务会计：　借：业务活动费用

　　贷：应付政府补贴款

预算会计：无须处理

2. 支付应付政府补贴款

财务会计：　借：应付政府补贴款

　　贷：零余额账户用款额度/银行存款

预算会计：无须处理

八、应付利息的核算

应付利息是指事业单位按照合同约定应支付的借款利息，包括短期借款、分期付息到期还本的长期借款等应支付的利息。核算时，事业单位应设置“应付利息”（2304）科目。

应付利息是事业单位财务会计中的负债类科目。应付利息在财务会计中列支时，应根据借款用途进行不同的处理。如果是为建造固定资产、公共基础设施等借入的专门借款的利息，属于建设期间发生的，按期计提利息费用时，按照计算确定的金额，计入固定资产或公共基础设施的成本中；如果不属于建设期间发生的借款利息，按期计提利息费用时，计入其他费用中。本科目应当按照债权人等进行明细核算。

事业单位发生应付利息相关业务时，一般应在财务会计与预算会计中进行平行记账。具体会计核算方法如下。

1. 按期计提利息费用

财务会计：　借：在建工程/其他费用

　　贷：应付利息

预算会计：无须处理

2. 实际支付利息

财务会计：　　　借：应付利息
　　　　　　　　　　贷：银行存款

预算会计：　　　借：其他支出
　　　　　　　　　　贷：资金结存——货币资金

九、预收账款的核算

预收账款是指事业单位预先收取但尚未结算的款项。事业单位应设置“预收账款”（2305）科目对预收账款的收取和结算进行核算。该科目为财务会计中的负债类科目，应当按照债权人等进行明细核算。

预收账款相关业务发生时，一般应在财务会计与预算会计中进行平行记账，其主要账务处理如下。

1. 从付款方预收款项时，如果该款项为纳入预算管理资金，则需要在预算会计中确认收入

财务会计：　　　借：银行存款等
　　　　　　　　　　贷：预收账款

预算会计：　　　借：资金结存——货币资金
　　　　　　　　　　贷：事业预算收入/经营预算收入

2. 确认有关收入

财务会计：　　　借：预收账款
　　　　　　　　　　银行存款（收到补付款）
　　　　　　　　　　贷：事业收入/经营收入
　　　　　　　　　　　　银行存款（退回预收款）

预算会计：　　　借：资金结存——货币资金
　　　　　　　　　　贷：事业预算收入/经营预算收入（收到补付款）

3. 无法偿付或债权人豁免偿还的预收账款

财务会计：　　　借：预收账款
　　　　　　　　　　贷：其他收入

预算会计：无须处理

十、其他应付款的核算

其他应付款是指单位除应交增值税、其他应交税费、应缴财政款、应付职工薪酬、应付票据、应付账款、应付政府补贴款、应付利息、预收账款以外，其他各项偿还期限在 1 年内（含 1 年）的应付及暂收款项，如收取的押金、存入保证金、已经报销但尚未偿还银行的本单位公务卡欠款等。

单位应设置“其他应付款”（2307）科目对其发生和结算进行核算。该科目为财务会计的负债类科目，应当按照其他应付款的类别以及债权人等进行明细核算。无法偿付或债权人豁免偿还的其他应付款项，应当按照规定报经批准后计入“其他收入”科目处理。

其他应付款相关业务发生时，一般应在财务会计与预算会计中进行平行记账。

十一、预提费用的核算

预提费用是指单位预先提取的已经发生但尚未支付的费用，如预提租金费用、事业单位按规定从科研项目收入中提取的项目间接费用或管理费等。

单位应设置“预提费用”（2401）科目对其预提和支付进行核算。该科目为财务会计的负债类科目，应当按照预提费用的种类进行明细核算。

预提费用相关业务发生时，一般应在财务会计与预算会计中进行平行记账，其主要账务处理如下。

1. 项目间接费用或管理费提取和使用的核算

1）项目间接费用或管理费提取

财务会计：　　借：单位管理费用
　　　　　　　　　贷：预提费用——项目间接费用或管理费

预算会计：　　借：非财政拨款结转——项目间接费用或管理费
　　　　　　　　　贷：非财政拨款结余——项目间接费用或管理费

2）实际使用计提的项目间接费用或管理费

财务会计：　　借：预提费用——项目间接费用或管理费
　　　　　　　　　贷：银行存款/库存现金

预算会计：　　借：事业支出等
　　　　　　　　　贷：资金结存

2. 其他预提费用预提和支付的核算

1）按期预提其他费用

财务会计：　　借：业务活动费用/单位管理费用/经营费用
　　　　　　　　　贷：预提费用

预算会计：无须处理

2）实际支付款项

财务会计：　　借：预提费用
　　　　　　　　　贷：零余额账户用款额度/银行存款

预算会计：　　借：行政支出/事业支出/经营支出
　　　　　　　　　贷：资金结存

第三节　非流动负债的核算

一、长期借款的核算

（一）长期借款的概念及科目设置

长期借款是指事业单位经批准向银行或其他金融机构等借入的期限超过 1 年（不含 1 年）的各种借款本息。核算时，事业单位应设置“长期借款”（2501）科目。

长期借款是事业单位财务会计中的负债类科目，该科目应当设置“本金”和“应计利息”明细科目，并按照贷款单位和贷款种类进行明细核算。对于建设项目借款，还应按照具体项目进行明细核算。

事业单位长期借款的主要业务有借入、计息和偿还。事业单位借入长期借款时，按照本金贷记本科目，事业单位按期计提到期一次还本付息借款利息时应贷记本科目（应计利息），事业单位偿还本金和利息时借记本科目（本金、应计利息）。

（二）长期借款的核算方法

事业单位发生长期借款相关业务时，应在财务会计和预算会计中进行平行记账。具体核算方法如下。

1. 事业单位借入各项长期借款

财务会计：　　　借：银行存款

　　　　　　　　　　贷：长期借款——本金

预算会计：　　　借：资金结存——货币资金

　　　　　　　　　　贷：债务预算收入——本金

2. 事业单位按期计提利息费用

财务会计：　　　借：在建工程/其他费用

　　　　　　　　　　贷：应付利息（分期付息到期还本）

　　　　　　　　　　　　长期借款——应计利息（到期一次还本付息）

预算会计：无须处理

3. 事业单位实际支付利息

财务会计：　　　借：应付利息

　　　　　　　　　　贷：银行存款

预算会计：　　　借：其他支出

　　　　　　　　　　贷：资金结存——货币资金

4. 事业单位归还长期借款

财务会计：　　　借：长期借款——本金

　　　　　　　　　　　　　　——应计利息（到期一次还本付息）

　　　　　　　　　　贷：银行存款

预算会计：　　　　借：债务还本支出——本金

　　　　　　　　　　贷：资金结存——货币资金

【例 4-8】2020 年 1 月 1 日，某事业单位向银行借入为期 2 年的固定资产购建借款 1 200 000 元，款项已到账。该借款采用分期付息到期还本的方式付息。年利率为 5%，按月支付，次年 9 月 10 日，固定资产购建完毕。编制会计分录如下。

（1）2020 年 1 月 1 日借入款项时，会计分录如下。

财务会计	预算会计
借：银行存款　　1 200 000 　贷：长期借款——本金　　1 200 000	借：资金结存——货币资金　　1 200 000 　贷：债务预算收入　　1 200 000

（2）当月确认应付利息时（以后每月做相同的处理），会计分录如下。

月应付利息额=1 200 000×5%÷12=5 000（元）

财务会计	预算会计
借：在建工程　　5 000 　贷：应付利息　　5 000	—

（3）支付利息时，会计分录如下。

财务会计	预算会计
借：应付利息　　5 000 　贷：银行存款　　5 000	借：其他支出　　5 000 　贷：资金结存——货币资金　　5 000

（4）次年 10 月确认应付利息时，会计分录如下。

财务会计	预算会计
借：其他费用　　5 000 　贷：应付利息　　5 000	—

（5）次年 10 月支付利息时：同（3）。

（6）还本时：和借入时的处理相反。

二、长期应付款的核算

长期应付款是指单位发生的偿还期限超过 1 年（不含 1 年）的应付款项，如以融资租赁方式取得固定资产应付的租赁费等。核算时，事业单位应设置“长期应付款”（2502）科目。

长期应付款是单位财务会计中的负债类科目。单位长期应付款业务主要有长期应付款的发生和偿付。单位发生长期应付款业务时贷记本科目，偿付长期应付款时应借记本科目。无法偿付或债权人豁免偿还的长期应付款，应当按照规定报经批准后计入“其他收入”科目。本科目期末贷方余额，反映单位尚未支付的长期应付款金额。本科目应当按照长期应付款的类别以及债权人进行明细核算。

单位发生长期应付款业务时，应在财务会计和预算会计中进行平行记账，具体会计核算方法如下。

1. 发生长期应付款

财务会计： 借：固定资产/在建工程等
贷：长期应付款

预算会计：无须处理

2. 支付长期应付款

财务会计： 借：长期应付款
贷：财政拨款收入/零余额账户用款额度/银行存款

预算会计： 借：行政支出/事业支出/经营支出等
贷：财政拨款预算收入/资金结存

3. 无法偿付或债权人豁免偿还的长期应付款

财务会计： 借：长期应付款
贷：其他收入

预算会计：无须处理

三、预计负债和受托代理资产的核算

（一）预计负债的核算

预计负债是指单位对因或有事项所产生的现时义务而确认的负债，如对未决诉讼等确认的负债。单位应设置“预计负债”（2601）科目对其发生和偿付进行核算。该科目是单位财务会计中的负债类科目。预计负债相关业务发生时，一般应在财务会计与预算会计中进行平行记账，主要会计核算方法如下。

1. 确认预计负债

财务会计： 借：业务活动费用/经营费用/其他费用等
贷：预计负债

预算会计：无须处理

2. 实际偿付预计负债

财务会计： 借：预计负债
贷：银行存款

预算会计： 借：事业支出/经营支出/其他支出等
贷：资金结存

（二）受托代理负债的核算

受托代理负债是指单位接受委托取得受托代理资产时形成的负债。单位应设置“受托代理负债”（2901）科目，该科目为财务会计的负债类科目。受托代理负债相关业务发生时，一般只在财务会计进行记账，具体的账务处理见受托代理资产的核算。

复习思考题

【简答题】

1. 什么是负债？负债是如何分类？
2. 简述负债的计量模式。
3. 简述应付职工薪酬的核算范围。
4. 简述应付职工薪酬明细科目的设置方法。

【业务题】根据以下业务编制会计分录。

1. 某事业单位以3%的年利率向某银行借入一笔款项，借款本金为300 000元，该款项存入银行。该款借款期限3个月，按季付息，到期还本。

2. 某行政单位为小规模纳税人。该行政单位通过单位零余额账户购入不需安装的通用设备一台，买价为40 000元，增值税为4 400元，运费及安装费共计2 000元。该设备已验收并交付使用。该设备使用年限为2年。

3. 某事业单位为开展专业业务活动及其辅助活动人员发放基本工资 500 000 元，绩效工资30 000元，奖金10 000元，按规定代扣代缴个人所得税8 000元，该事业单位以财政授权方式支付薪酬并上缴代扣的个人所得税。另外，以银行转账方式支付职工个人所得税。

4. 2020年1月1日，某事业单位向银行借入为期2年的固定资产购建借款2 000 000元，款项已到账。该借款采用分期付息到期还本的方式付息，年利率3%，按月支付。2021年8月31日，固定资产购建完毕。2022年1月1日偿还借款。

第五章

政府单位收入和预算收入的核算

本章主要介绍政府单位收入（财务会计）和预算收入（预算会计）的基本理论及核算方法。

收入和预算收入主要产生于财政拨款、非财政专项拨款、事业单位的业务活动、事业单位相关部门间款项往来等业务。

收入和预算收入发生时分别采用权责发生制和收付实现制进行确认，因此应分别在财务会计和预算会计中进行记账。月末，收入类科目本期发生额转入本期盈余科目。预算收入类科目应在年末将本期发生额分别转入相关的结转结余科目中。

【重要概念】 收入　预算收入　财政拨款收入　财政拨款预算收入　事业收入　事业预算收入　经营收入　经营预算收入

【会计制度】《政府会计制度——行政事业单位会计科目和报表》实施时间：2019 年 1 月 1 日

【会计准则】《政府会计准则——基本准则》实施时间：2017 年 1 月 1 日

第一节　收入和预算收入概述

一、收入概述

收入是政府财务会计要素之一，是指报告期内导致政府会计主体净资产增加的、含有服务潜力或者经济利益的经济资源的流入。

收入具体包括财政拨款收入、事业收入、上级补助收入、附属单位上缴收入、经营收入、非同级财政拨款收入、投资收益、捐赠收入、利息收入、租金收入和其他收入。其中，只属于事业单位的收入有事业收入、上级补助收入、附属单位上缴收入、经营收入、投资收益。

政府会计主体收入的确认应采用权责发生制。

收入确认时，应当同时满足以下条件。

（1）与收入相关的含有服务潜力或者经济利益的经济资源很可能流入政府会计主体。

（2）有服务潜力或者经济利益的经济资源流入会导致政府会计主体资产增加或者负债减少。

财政拨款收入属于单位财务会计中收入类科目。单位取得财政拨款时贷记本科目，本年度发生的购货退回的款项时计入借记本科目，期末，将本科目本期发生额转入“本期盈余”，结转后本科目无余额。

财政拨款收入科目可按照一般公共预算财政拨款、政府性基金预算财政拨款等拨款种类进行明细核算。

2. 财政拨款预算收入的概念及科目设置

财政拨款预算收入是指单位从同级政府财政部门取得的各类财政拨款。核算时，单位应设置“财政拨款预算收入”（6001）科目。

财政拨款预算收入属于单位预算会计中预算收入类科目。单位取得的财政拨款时贷记本科目，因本年度发生的购货退回款项时借记本科目。年末，单位应将本科目本期发生额转入“财政拨款结转——本年收支结转”，结转后本科目无余额。

财政拨款预算收入科目应当设置“基本支出”和“项目支出”两个明细科目，并按照《政府收支分类科目》中支出功能分类科目的项级科目进行明细核算；同时，在“基本支出”明细科目下按照“人员经费”和“日常公用经费”进行明细核算，在“项目支出”明细科目下按照具体项目进行明细核算。有一般公共预算财政拨款、政府性基金预算财政拨款等两种或两种以上财政拨款的单位，还应当按照财政拨款的种类进行明细核算。

（三）财政拨款（预算）收入的核算方法

单位发生财政拨款业务时，一般应在财务会计与预算会计中进行平行记账。具体核算方法如下。

1. 单位取得财政拨款

财务会计：　　借：业务活动费用/单位管理费用（财政直接支付方式）
　　　　　　　　　零余额账户用款额度（财政授权支付方式）
　　　　　　　　贷：财政拨款收入

预算会计：　　借：行政支出/事业支出（财政直接支付方式）
　　　　　　　　　资金结存——零余额账户用款额度（财政授权支付方式）
　　　　　　　　贷：财政拨款预算收入

2. 期末，结转财政拨款收入

财务会计：　　借：财政拨款收入
　　　　　　　　贷：本期盈余

预算会计：无须处理

3. 年末，结转财政拨款预算收入时

财务会计：见上述 2

预算会计：　　借：财政拨款预算收入
　　　　　　　　贷：财政拨款结转

【例 5-1】单位收到代理银行转来的同级财政下达分月用款计划及财政授权支付到

账通知书，取得财政授权支付额度150 000元。编制会计分录如下。

财务会计	预算会计
借：零余额账户用款额度　150 000 　贷：财政拨款收入　150 000	借：资金结存——零余额账户用款额度　150 000 　贷：财政拨款预算收入　150 000

【例 5-2】 单位用财政直接支付方式向自来水公司支付基本业务活动发生的印刷费10 000元。编制会计分录如下。

财务会计	预算会计
借：业务活动费用　10 000 　贷：财政拨款收入　10 000	借：行政支出/事业支出　10 000 　贷：财政拨款预算收入　10 000

【例 5-3】 采用财政实拨资金方式的单位收到财政拨款1 000 000元，款项已存入银行。编制会计分录如下。

财务会计	预算会计
借：银行存款　1 000 000 　贷：财政拨款收入　1 000 000	借：资金结存——货币资金　1 000 000 　贷：财政拨款预算收入　1 000 000

注：明细科目略

【例 5-4】 期末（财务会计）或年终（预算会计）结账，单位将有关财政拨款账户本期发生额5 000 000元转入相关账户。编制会计分录如下。

财务会计	预算会计
借：财政拨款收入　5 000 000 　贷：本期盈余　5 000 000	借：财政拨款预算收入　5 000 000 　贷：财政拨款结转——本年收支结转　5 000 000

二、非同级财政拨款（预算）收入的核算

（一）非同级财政拨款（预算）收入的概念及科目设置

1. 非同级财政拨款收入的概念及科目设置

非同级财政拨款收入是指单位从非同级政府财政部门取得的财政或经费拨款，包括从同级政府其他部门取得的横向转拨财政款、从上级或下级政府财政部门取得的经费拨款等。核算时，单位应设置“非同级财政拨款收入”（4601）科目。

非同级财政拨款收入属于单位财务会计中收入类科目。单位取得非同级财政拨款时贷记本科目，期末，单位应将本科目本期发生额转入本期盈余，结转后本科目无余额。

“非同级财政拨款收入”科目应当按照本级横向转拨财政款和非本级财政拨款进行明细核算，并按照收入来源进行明细核算。

2. 非同级财政拨款预算收入的概念及科目设置

非同级财政拨款预算收入是指单位从非同级政府财政部门取得的财政拨款。核算时，单位应设置“非同级财政拨款预算收入”（6601）科目。

非同级财政拨款预算收入属于单位预算会计中预算收入类科目。单位取得的非同级财政拨款时贷记本科目；年末，单位将本科目本期发生额根据资金不同性质分别转入“非财政拨款结转”“其他结余”科目时借记本科目，结转后本科目无余额。

“非同级财政拨款预算收入”科目应当按照非同级财政拨款预算收入的类别、来源、《政府收支分类科目》中支出功能分类科目的项级科目等进行明细核算。非同级财政拨款预算收入中如有专项资金收入，还应按照具体项目进行明细核算。

（二）非同级财政拨款（预算）收入的核算方法

单位发生非同级财政拨款业务时，一般应在财务会计与预算会计中进行平行记账。具体核算方法如下。

1. 单位取得非同级财政拨款

财务会计：　　借：银行存款
　　　　　　　　　贷：非同级财政拨款收入

预算会计：　　借：资金结存——货币资金
　　　　　　　　　贷：非同级财政拨款预算收入

2. 期末，结转非同级财政拨款收入

财务会计：　　借：非同级财政拨款收入
　　　　　　　　　贷：本期盈余

3. 年末，结转非同级财政拨款预算收入

预算会计：　　借：非同级财政拨款预算收入
　　　　　　　　　贷：非财政拨款结转（非财政专项资金）
　　　　　　　　　　　其他结余（其他资金）

【例 5-5】市属单位通过省级财政部门取得上级主管部门拨来专项资金 100 000 元，存入银行。编制会计分录如下。

财务会计	预算会计
借：银行存款　100 000 　贷：非同级财政拨款收入　100 000	借：资金结存——货币资金　100 000 　贷：非同级财政拨款预算收入　100 000

【例 5-6】期末或年末，非同级财政拨款相关收入账户本期发生额为 250 000 元。其中专项资金收入为 150 000 元，非专项资金收入为 100 000 元。单位将其账户本期发生额转入相关账户。编制会计分录如下。

财务会计	预算会计
借：非同级财政拨款收入　250 000 　贷：本期盈余　250 000	借：非同级财政拨款预算收入　150 000 　贷：非财政拨款结转——本年收支结转　150 000 借：非同级财政拨款预算收入　100 000 　贷：其他结余　100 000

三、事业（预算）收入的核算

（一）事业（预算）收入的概念及科目设置

1. 事业收入的概念及科目设置

事业收入是指事业单位开展专业业务活动及其辅助活动实现的收入。核算时，事业单位应设置“事业收入”（4101）科目。

事业收入属于事业单位财务会计中收入类科目。事业单位取得专业业务活动或辅助活动收入时贷记本科目，如果涉及增值税业务的，应通过“应交增值税”科目核算；期末，事业单位应将本科目本期发生额转入“本期盈余”科目，结转后本科目无余额。

“事业收入”科目应当按照本级横向转拨财政款和非本级财政拨款进行明细核算，并按照收入来源进行明细核算。

事业收入一般采用财政专户返还管理方式、预收款方式、应收款方式等进行确认。

2. 事业预算收入的概念及科目设置

事业预算收入是指事业单位开展专业业务活动及其辅助活动取得的现金流入。核算时，事业单位应设置“事业预算收入”（6101）科目。

事业预算收入属于事业单位预算会计中预算收入类科目。事业单位取得事业预算收入时贷记本科目；年末，事业单位应将本科目本期发生额根据资金不同性质分别转入“非财政拨款结转”“其他结余”科目时借记本科目，结转后本科目无余额。

“事业预算收入”科目应当按照事业预算收入类别、项目、来源、《政府收支分类科目》中支出功能分类科目的项级科目等进行明细核算。事业预算收入中如有专项资金收入，还应按照具体项目进行明细核算。

（二）事业（预算）收入的核算方法

事业单位发生有关事业（预算）收入业务时，应分别按照权责发生制和收付实现制在财务会计与预算会计中进行记录。具体核算方法如下。

1. 事业单位取得专业业务活动和辅助活动收入

财务会计：　　　借：银行存款
　　　　　　　　　　　贷：事业收入

预算会计：　　　借：资金结存——货币资金
　　　　　　　　　　　贷：事业预算收入

2. 期末，结转事业收入

财务会计：　　　借：事业收入
　　　　　　　　　　　贷：本期盈余

3. 年末，结转事业预算收入

预算会计：　　　借：事业预算收入
　　　　　　　　　　　贷：非财政拨款结转（非财政专项资金收入）

1）单位收到附属单位上缴款项并将款项已存入银行

财务会计：　　　借：其他应收款/银行存款
　　　　　　　　　　贷：附属单位上缴收入

预算会计：　　　借：资金结存——货币资金
　　　　　　　　　　贷：附属单位上缴预算收入

2）期末（财务会计）或年末（预算会计）结账，将附属单位上缴（预算）收入相关科目本期发生额转入相关科目

财务会计：　　　借：附属单位上缴收入
　　　　　　　　　　贷：本期盈余

预算会计：　　　借：附属单位上缴预算收入
　　　　　　　　　　贷：非财政拨款结转——本年收支结转
　　　　　　　　　　　　其他结余

（三）投资（预算）收益的核算

投资（预算）收益是指事业单位投资收益（财务会计）和投资预算收益（预算会计）。

投资收益是指事业单位股权投资和债券投资所实现的收益或发生的损失。

投资预算收益是指事业单位取得的按照规定纳入部门预算管理的属于投资收益性质的现金流入，包括股权投资收益、出售或收回债券投资所取得的收益和债券投资利息收入。核算时，事业单位在财务会计中设置“投资收益”（4602）科目，在预算会计中设置“投资预算收益”（6602）科目。平时事业单位将取得的投资（预算）收益进行确认入账，期末或年末事业单位将投资（预算）收益相关科目本期发生额结转到相应账户中，结转后投资（预算）收益相关科目无余额。

投资（预算）收益业务发生时应分别在财务会计与预算会计中进行记录。具体核算方法如下。

1. 单位收到投资（预算）收益并将款项已存入银行

财务会计：　　　借：应收利息/银行存款
　　　　　　　　　　贷：相关科目
　　　　　　　　　　　　贷或借：投资收益

预算会计：　　　借：资金结存——货币资金
　　　　　　　　　　贷：相关科目
　　　　　　　　　　　　贷或借：投资预算收益

2. 期末（财务会计）或年末（预算会计）结账，单位将投资（预算）收益相关科目本期发生额转入相关科目

财务会计：　　　借或贷：投资收益
　　　　　　　　　　　　贷或借：本期盈余

预算会计：　　　借或贷：投资预算收益
　　　　　　　　　　　　贷或借：其他结余

（四）捐赠收入、利息收入、租金收入、其他收入和其他预算收入的核算

1. 捐赠收入、利息收入、租金收入、其他收入的概念及会计科目

捐赠收入是指单位接受其他单位或者个人捐赠取得的收入。单位核算该收入时可设置“捐赠收入”（4603）科目。

利息收入是指单位取得的银行存款利息收入。单位核算该收入时可设置“利息收入”（4604）科目。

租金收入是指单位经批准利用国有资产出租取得并按照规定纳入本单位预算管理的租金收入。单位核算该收入时可设置“租金收入”（4605）科目。

其他收入是指单位取得的除财政拨款收入、事业收入、上级补助收入、附属单位上缴收入、经营收入、非同级财政拨款收入、投资收益、捐赠收入、利息收入、租金收入以外的各项收入。单位核算该收入时可在财务会计中设置“其他收入”（4609）科目。

单位核算以上各类收入时应按照权责发生制进行确认。以上各收入确认时贷记本科目，期末，单位将以上各收入科目的贷方本期发生额转入“本期盈余”科目，结转后各收入科目无余额。

2. 其他预算收入的概念及会计科目

其他预算收入是指单位预算会计中除财政拨款预算收入、事业预算收入、上级补助预算收入、附属单位上缴预算收入、经营预算收入、债务预算收入、非同级财政拨款预算收入、投资预算收益之外的纳入部门预算管理的现金流入，包括捐赠预算收入、利息预算收入、租金预算收入、现金盘盈收入等。

单位核算该收入应在预算会计中设置“其他预算收入”（6609）科目。单位核算该预算收入时应按照收付实现制进行确认。单位确认以上预算收入时贷记本科目，年末，单位将该科目的贷方本期发生额的专项资金或非专项资金分别转入“非财政拨款结转——本年收支结转”和“其他结余”科目中。结转后，“其他预算收入”科目无余额。

3. 捐赠收入、利息收入、租金收入、其他收入和其他预算收入的核算方法

捐赠收入、利息收入、租金收入、其他收入和其他预算收入在核算时，应按照不同的核算基础分别在财务会计与预算会计中进行确认（平时）和结转（期末/年末）。具体核算方法如下。

1）单位确认各项收入

财务会计：　　借：应收账款/其他应收款/预收账款/银行存款/库存物品/固定资产
　　　　　　　　贷：捐赠收入/利息收入/租金收入/其他收入

预算会计：　　借：资金结存——货币资金
　　　　　　　　贷：其他预算收入

2）期末（财务会计）或年末（预算会计）结账时，单位将捐赠收入、利息收入、租金收入、其他收入和其他预算收入科目本期发生额转入相关科目

财务会计：　　借：捐赠收入/利息收入/租金收入/其他收入
　　　　　　　　贷：本期盈余

预算会计：　　　　借：其他预算收入

贷：非财政拨款结转——本年收支结转/其他结余

【例 5-13】事业单位收到一张 100 000 元的无条件捐赠支票，并于当日终了将款项存入银行。年末，假定无其他业务，将捐赠相关收入科目本期发生额结转。编制会计分录如下。

（1）单位收到捐款时，会计分录如下。

财务会计	预算会计
借：银行存款　100 000 　贷：捐赠收入　100 000	借：资金结存——货币资金　100 000 　贷：其他预算收入　100 000

（2）年末结账，单位将捐赠相关科目本期发生额转入相关科目，会计分录如下。

财务会计	预算会计
借：捐赠收入　100 000 　贷：本期盈余　100 000	借：其他预算收入　100 000 　贷：其他结余　100 000

复习思考题

【简答题】

1. 什么是收入？什么是预算收入？它们各自采用何种会计核算基础？
2. 简述收入的确认标准。
3. 简述行政事业单位取得财政拨款的方式。
4. 简述收入和预算收入在期末结转时的主要区别。

【业务题】根据以下业务编制会计分录。

1. 某事业单位根据经过批准的部门预算和用款计划，向同级财政部门申请支付当月水费 10 000 元。

2. 某单位根据经过批准的部门预算和用款计划，向同级财政部门申请财政授权支付用款额度 200 000 元。财政部门经审核后，以财政授权支付方式下达了 200 000 元用款额度。该单位收到了代理银行转来的《授权支付到账通知书》。

3. 某事业单位收到从财政专户返还的事业收入 5 000 000 元，该款项存入银行。

4. 某事业单位开展技术咨询服务取得劳务收入 200 000 元，该款项已存入银行。

5. 某事业单位接受甲公司捐赠的一批实验材料，甲公司所提供的凭据表明其价值为 100 000 元，现已验收。

6. 某事业单位收到上级主管部门拨付的非财政专项资金 5 000 000 元，该款项已存入银行。

7. 年末，事业单位下列科目有余额：财政拨款收入 10 000 000 元；财政拨款预算收入 10 000 00 元；事业收入 8 000 000 元；事业预算收入 9 000 000 元；上级补助收入 500 000 元；上级补助预算收入 500 000 元（其中，专项资金 300 000 元，非专项资金 200 000 元）；捐赠收入 100 000 元；其他预算收入 600 000 元。

要求：将上述各收入科目余额转入对应的科目中。

第六章

政府单位费用和预算支出的核算

本章主要介绍政府单位费用（财务会计）和预算支出（预算会计）的基本理论及核算方法。

费用和预算支出主要产生于财政拨款、非财政专项拨款、事业单位的业务活动、事业单位相关部门间款项往来等业务。

费用和预算支出发生时分别采用权责发生制和收付实现制进行确认，因此应分别在财务会计和预算会计中进行记账。月末，费用类科目本期发生额转入“本期盈余”科目。预算支出类科目应在年末将本期发生额分别转入相关的结转结余科目中。

【重要概念】费用　预算支出　业务活动费用　单位管理费用　资产处置费用　行政支出　事业支出　经营费用　经营支出

【会计制度】《政府会计制度——行政事业单位会计科目和报表》实施时间：2019 年 1 月 1 日

【会计准则】《政府会计准则——基本准则》实施时间：2017 年 1 月 1 日

第一节　费用和预算支出概述

一、费用概述

费用是政府财务会计要素之一，是指报告期内导致政府会计主体净资产减少的、含有服务潜力或者经济利益的经济资源的流出。

费用包括业务活动费用、单位管理费用、经营费用、资产处置费用、上缴上级费用、对附属单位补助费用、所得税费用、其他费用等。其中，只属于事业单位的费用有单位管理费用、经营费用、上缴上级费用、对附属单位补助费用、所得税费用。

费用采用的会计核算基础是权责发生制。

费用的确认应当同时满足以下条件。

（1）与费用相关的含有服务潜力或者经济利益的经济资源很可能流出政府会计主体。

（2）含有服务潜力或者经济利益的经济资源流出会导致政府会计主体资产减少或者负债增加。

（3）流出金额能够可靠地计量。

符合费用定义和费用确认条件的项目，应当列入收入费用表。

二、预算支出概述

预算支出是政府预算会计要素之一，预算支出是指政府会计主体在预算年度内依法发生并纳入预算管理的现金流出。

预算支出包括行政支出、事业支出、经营支出、上缴上级支出、对附属单位补助支出、投资支出、债务还本支出、其他支出。其中，只属于事业单位的预算支出有事业支出、经营支出、上缴上级支出、对附属单位补助支出、投资支出、债务还本支出。

预算支出采用会计核算基础为收付实现制，一般在实际支付时予以确认，以实际支付的金额计量。

符合预算支出定义及其确认条件的项目，应当列入政府决算报表。

需要注意的是，单位应当按照部门综合预算管理的要求，对纳入部门预算管理的全部现金支出业务进行预算会计核算，其他业务只进行财务会计核算；未纳入年初批复的预算但纳入决算报表编制范围的非财政拨款支出，应当进行预算会计核算。

三、费用类和预算支出类会计科目

政府会计主体对费用和预算支出进行会计核算时应分别设置会计科目，而设置的费用类会计科目和预算支出类会计科目一般是对应的，见表 6-1。

表 6-1 费用类和预算支出类会计科目表

科目编码	科目名称（财务会计）	科目编码	科目名称（预算会计）	适用范围
5001	业务活动费用	7101	行政支出	行政/事业单位
5101	单位管理费用	7201	事业支出	事业单位
5201	经营费用	7301	经营支出	事业单位
5301	资产处置费用			行政/事业单位
5401	上缴上级费用	7401	上缴上级支出	事业单位
5501	对附属单位补助费用	7501	对附属单位补助支出	事业单位
5801	所得税费用			事业单位
		7601	投资支出	事业单位
		7701	债务还本支出	事业单位
5901	其他费用	7901	其他支出	行政/事业单位

第二节　费用和预算支出的核算

一、业务活动费用、单位管理费用和行政支出、事业支出的核算

（一）业务活动费用、单位管理费用和行政支出、事业支出的概念及科目设置

1. 业务活动费用的概念及科目设置

业务活动费用是指单位为实现其职能目标，依法履职或开展专业业务活动及其辅助活动所发生的各项费用。核算时，单位应设置“业务活动费用”（5001）科目。

业务活动费用属于单位财务会计中费用类科目。单位发生费用进行确认时借记本科目，单位冲减费用时贷记本科目，期末，应将本科目本期发生额转入“本期盈余”科目，结转后本科目无余额。

业务活动费用应当按照项目、服务或者业务类别、支付对象等进行明细核算。为了满足成本核算需要，本科目下还可按照“工资福利费用”“商品和服务费用”“对个人和家庭的补助费用”“对企业补助费用”“固定资产折旧费”“无形资产摊销费”“公共基础设施折旧（摊销）费”“保障性住房折旧费”“计提专用基金”等成本项目设置明细科目，归集能够直接计入业务活动或采用一定方法计算后计入业务活动的费用。

2. 单位管理费用的概念及科目设置

单位管理费用是指事业单位本级行政及后勤管理部门开展管理活动发生的各项费用，包括单位行政及后勤管理部门发生的人员经费、公用经费、资产折旧（摊销）等费用，以及由单位统一负担的离退休人员经费、工会经费、诉讼费、中介费等。核算时，事业单位应设置“单位管理费用”（5101）科目。

单位管理费用属于事业单位财务会计中费用类科目。单位发生费用进行确认时借记本科目，冲减费用时贷记本科目，期末，应将本科目本期发生额转入“本期盈余”科目，结转后本科目无余额。

单位管理费用应当按照项目、费用类别、支付对象等进行明细核算。为了满足成本核算需要，本科目下还可按照“工资福利费用”“商品和服务费用”“对个人和家庭的补助费用”“固定资产折旧费”“无形资产摊销费”等成本项目设置明细科目，归集能够直接计入单位管理活动或采用一定方法计算后计入单位管理活动的费用。

3. 行政支出的概念及科目设置

行政支出是指行政单位履行其职责实际发生的各项现金流出。行政单位核算时应设置“行政支出”（7101）科目。

行政支出属于行政单位预算会计中预算支出类科目。行政单位确认支出时借记本科目，冲减支出时贷记本科目，年末，应将本科目本期发生额根据不同资金支出转入“财政拨款结转”“非财政拨款结转”“其他结余”等科目，结转后本科目无余额。

“行政支出”科目应当分别按照“财政拨款支出”“非财政专项资金支出”“其他资金支出”“基本支出”“项目支出”等进行明细核算，并按照《政府收支分类科目》中

支出功能分类科目的项级科目进行明细核算；“基本支出”和“项目支出”明细科目下应当按照《政府收支分类科目》中部门预算支出经济分类科目的款级科目进行明细核算，同时在“项目支出”明细科目下按照具体项目进行明细核算，另外还应该根据业务需要按照财政拨款的种类和预付款项情况进行明细核算。

4. 事业支出的概念及科目设置

事业支出是指事业单位开展专业业务活动及其辅助活动实际发生的各项现金流出。事业单位核算时应设置“事业支出”（7201）科目。

事业支出属于事业单位预算会计中预算支出类科目。事业单位确认支出时借记本科目，冲减支出时贷记本科目，年末，应将本科目本期发生额根据不同资金支出转入“财政拨款结转”“非财政拨款结转”“其他结余”等科目，结转后本科目无余额。

事业支出明细科目的设置同行政支出。

（二）业务活动费用、单位管理费用和行政支出、事业支出的核算方法

业务活动费用、单位管理费用和行政支出、事业支出的主要业务包括费用或支出的确认和期末或年末的结转。具体会计核算方法如下。

1. 单位为履职或开展业务活动发生开支、购入资产并实际支付

财务会计：　　借：业务活动费用/单位管理费用/库存物品/固定资产/无形资产等
　　　　　　　　贷：财政拨款收入/零余额账户用款额度/银行存款等

预算会计：　　借：行政支出/事业支出
　　　　　　　　贷：财政拨款预算收入/资金结存

2. 单位预付因履职或开展业务活动发生开支

财务会计：　　借：预付账款
　　　　　　　　贷：财政拨款收入/零余额账户用款额度/银行存款等

预算会计：　　借：行政支出/事业支出
　　　　　　　　贷：财政拨款预算收入/资金结存

3. 单位因履职或开展业务活动发生开支、购入资产但未支付款项

财务会计：　　借：业务活动费用/单位管理费用/库存物品/固定资产/无形资产等
　　　　　　　　贷：应付账款/其他应付款/应付职工薪酬等

预算会计：无须处理

4. 单位领用存货、计提资产折旧和摊销

财务会计：　　借：业务活动费用/单位管理费用
　　　　　　　　贷：库存物品/固定资产累计折旧/公共基础设施累计折旧
　　　　　　　　　　（摊销）/保障性住房累计折旧/无形资产累计摊销等

预算会计：无须处理

5. 期末/年末结转

财务会计（期末）：　　借：本期盈余
　　　　　　　　　　　　贷：业务活动费用/单位管理费用

预算会计（年末）：　　借：财政拨款结转——本年收支结转（财政拨款支出）
　　非财政拨款结转——本年收支结转（非财政专项资金支出）
　　其他结余（非财政非专项资金支出）
　贷：行政支出/事业支出

【例 6-1】行政单位使用零余额账户用款额度支付会议费 3 000 元。编制会计分录如下。

财务会计	预算会计
借：业务活动费用　3 000 　贷：零余额账户用款额度　3 000	借：行政支出　3 000 　贷：资金结存——零余额账户用款额度　3 000

【例 6-2】单位购进存货一批，发票注明总金额为 3 000 元，采用财政授权支付方式支付，现已验收入库。编制会计分录如下。

财务会计	预算会计
借：库存物品　3 000 　贷：零余额账户用款额度　3 000	借：行政支出/事业支出　3 000 　贷：资金结存——零余额账户用款额度　3 000

【例 6-3】事业单位根据经过批准的部门预算和用款计划，向同级财政部门申请支付当月本单位行政管理部门发生的电费 5 000 元。财政部门经审核后，以财政直接支付方式向电业局支付了该单位的电费。编制会计分录如下。

财务会计	预算会计
借：单位管理费用　5 000 　贷：财政拨款收入　5 000	借：事业支出　5 000 　贷：财政拨款预算收入　5 000

【例 6-4】某事业单位（小规模纳税人）采用财政授权支付方式购入不需安装的专用设备一台，买价为 100 000 元，增值税为 17 000 元，运费及安装费共计 3 000 元。该设备已验收并交付使用。该设备使用年限为 5 年，预计净残值为 2 000 元。编制会计分录如下。

（1）验收并交付使用时，会计分录如下。

财务会计	预算会计
借：固定资产　120 000 　贷：零余额账户用款额度　120 000	借：事业支出　120 000 　贷：资金结存——零余额账户用款额度　120 000

（2）取得设备时计提折旧时，会计分录如下。

当月计提折旧额=120 000÷5÷12=2 000（元）

财务会计	预算会计
借：业务活动费用　2 000 　贷：固定资产累计折旧　2 000	—

【例 6-5】某行政单位为公务人员发放基本工资 400 000 元，津贴 300 000 元，奖金 100 000 元，按规定代扣代缴个人所得税 20 000 元，该单位以国库授权支付方式支付薪酬并上缴代扣的个人所得税。编制会计分录如下。

（1）计算应付工资总额时，会计分录如下。

财务会计	预算会计
借：业务活动费用　800 000 　贷：应付职工薪酬　800 000	—

（2）代扣个人所得税时，会计分录如下。

财务会计	预算会计
借：应付职工薪酬　20 000 　贷：其他应交税费　20 000	—

（3）实际支付职工工资时，会计分录如下。

财务会计	预算会计
借：应付职工薪酬　780 000 　贷：零余额账户用款额度　780 000	借：行政支出　780 000 　贷：资金结存——零余额账户用款额度　780 000

（4）缴纳代扣的个人所得税时，会计分录如下。

财务会计	预算会计
借：其他应交税费　20 000 　贷：银行存款　20 000	借：行政支出　20 000 　贷：资金结存——货币资金　20 000

【例 6-6】5 月 30 日，某行政单位采用财政直接支付预付物业费 4 000 元。6 月 13 日，单位将物业费确认入账。编制会计分录如下。

（1）5 月 30 日，该行政单位预付物业费时，会计分录如下。

财务会计	预算会计
借：预付账款　4 000 　贷：财政拨款收入　4 000	借：行政支出　4 000 　贷：财政拨款预算收入　4 000

（2）6 月 13 日，该行政单位将物业费确认入账时，会计分录如下。

财务会计	预算会计
借：业务活动费用　6 000 　贷：预付账款　6 000	—

【例 6-7】10 日，某行政单位购进存货一批，发票注明总金额 6 000 元，款项未付。25 日，单位用零余额账户用款额度支付该款。编制会计分录如下。

（1）10 日存货验收时，会计分录如下。

财务会计	预算会计
借：库存物品 6 000 贷：应付账款 6 000	—

（2）25 日支付款项时，会计分录如下。

财务会计	预算会计
借：应付账款 6 000 贷：零余额账户用款额度 6 000	借：行政支出 6 000 贷：资金结存——零余额账户用款额度 6 000

【例 6-8】某单位将上级主管部门拨付的非财政专项资金 2 000 元用于规定项目的会议支出，款项转讫。编制会计分录如下。

财务会计	预算会计
借：业务活动费用 2 000 贷：银行存款 2 000	借：行政支出/事业支出——非财政专项资金支出 2 000 贷：资金结存——货币资金 2 000

【例 6-9】某单位使用非财政非专项资金 1 000 元支付零星交通费开支，现金付讫。编制会计分录如下。

财务会计	预算会计
借：业务活动费用 1 000 贷：库存现金 1 000	借：行政支出/事业支出——其他资金支出 1 000 贷：资金结存——货币资金 1 000

【例 6-10】年末，某行政单位财政拨款（预算）收入科目累计发生额（贷方）2 500 000 元，“业务活动费用/行政支出”科目下“财政拨款支出”明细科目的当期发生额为 2 400 000 元。年末，该行政单位结转本期财政拨款（预算）收入和“业务活动费用/行政支出”科目本期累计发生额。编制会计分录如下。

（1）结转财政拨款（预算）收入时，会计分录如下。

财务会计	预算会计
借：财政拨款收入 2 500 000 贷：本期盈余 2 500 000	借：财政拨款预算收入 2 500 000 贷：财政拨款结转 2 500 000

（2）结转业务活动费用/行政支出时，会计分录如下。

财务会计	预算会计
借：本期盈余 2 400 000 贷：业务活动费用 2 400 000	借：财政拨款结转 2 400 000 贷：行政支出 2 400 000

【例 6-11】12 月 31 日，某事业单位进行年终转账处理。当日，单位下列账户有余额：“业务活动费用”科目本月累计发生额（借方）500 000 元；“单位管理费用”科目本月累计发生额（借方）100 000 元；“事业支出——财政拨款支出”科目本年累计发

生额（借方）7 000 000 元；“事业支出——非财政专项资金支出”科目本年累计发生额（借方）800 000 元；“事业支出——其他资金支出”科目本年累计发生额 200 000 元。

要求：将上述科目本期累计发生额转入相应科目中。编制会计分录如下。

财务会计	预算会计
借：本期盈余　600 000 　贷：业务活动费用　500 000 　　单位管理费用　100 000	借：财政拨款结转　7 000 000 　非财政拨款结转　800 000 　其他结余　200 000 　贷：事业支出——财政拨款支出　7 000 000 　　——非财政专项资金支出　800 000 　　——其他资金支出　200 000

二、经营费用和经营支出的核算

（一）经营费用和经营支出的概念及科目设置

1. 经营费用的概念及科目设置

经营费用是指事业单位在专业业务活动及其辅助活动之外开展非独立核算经营活动发生的各项费用。核算时，事业单位应设置“经营费用”（5201）科目。

经营费用属于事业单位财务会计中费用类科目。事业单位发生费用进行确认时借记本科目，冲减费用时贷记本科目，期末，应将本科目本期发生额转入“本期盈余”科目，结转后本科目无余额。

经营费用应当按照经营活动类别、项目、支付对象等进行明细核算。为了满足成本核算需要，本科目下还可按照“工资福利费用”“商品和服务费用”“对个人和家庭的补助费用”“固定资产折旧费”“无形资产摊销费”等成本项目设置明细科目，归集能够直接计入单位经营活动或采用一定方法计算后计入单位经营活动的费用。

2. 经营支出的概念及科目设置

经营支出是指事业单位在专业业务活动及其辅助活动之外开展非独立核算经营活动实际发生的各项现金流出。事业单位核算时应设置“经营支出”（7301）科目。

经营支出属于事业单位预算会计中预算支出类科目。事业单位确认支出时借记本科目，冲减支出时贷记本科目，年末，应将本科目本期发生额转入“经营结余”科目，结转后本科目无余额。

（二）经营费用和经营支出的核算方法

经营费用和经营支出的主要业务包括费用或支出的确认和期末或年末的结转。具体会计核算方法如下。

1. 事业单位为开展经营活动发生开支并实际支付

财务会计：　　借：经营费用/××资产

　　　　　　　　贷：银行存款/库存现金等

预算会计：　　借：经营支出
　　　　贷：资金结存——货币资金

2. 事业单位预付因开展经营活动发生开支

财务会计：　　借：预付账款
　　　　贷：银行存款/库存现金等

预算会计：　　借：行政支出/事业支出
　　　　贷：资金结存

3. 事业单位因开展经营活动发生开支、购入资产但未支付款项

财务会计：　　借：经营费用/库存物品/固定资产/无形资产等
　　　　贷：应付账款/其他应付款/应付职工薪酬等

预算会计：无须处理

4. 事业单位领用存货、计提资产折旧和摊销

财务会计：　　借：经营费用
　　　　贷：库存物品/固定资产累计折旧/无形资产累计摊销等

预算会计：无须处理

5. 期末或年末结转

财务会计（期末）：　　借：本期盈余
　　　　贷：经营费用

预算会计（年末）：　　借：经营结余
　　　　贷：经营支出

【例 6-12】事业单位用银行支付经营用材料印刷费 1 000 元。编制会计分录如下。

财务会计	预算会计
借：经营费用　1 000 　贷：银行存款　1 000	借：经营支出　1 000 　贷：资金结存——货币资金　1 000

【例 6-13】事业单位购进经营用存货一批，发票注明总金额为 3 000 元，转账付讫，现已验收入库。编制会计分录如下。

财务会计	预算会计
借：库存物品　3 000 　贷：银行存款　3 000	借：经营支出　3 000 　贷：资金结存——货币资金　3 000

【例 6-14】某事业单位（小规模纳税人）购入经营用且不需安装的一台一般设备，买价 100 000 元，增值税 17 000 元，运费及安装费共计 3 000 元。现已开出支票支付款项，设备已验收并交付使用。该设备使用年限为 5 年。编制会计分录如下。

（1）验收并交付使用时，会计分录如下。

财务会计	预算会计
借：固定资产　120 000 　贷：银行存款　120 000	借：经营支出　120 000 　贷：资金结存——货币资金　120 000

预算会计：　　　借：其他支出（净支出）
　　　　　　　　　　贷：资金结存

C. 无法查明原因的现金短缺，报经批准核销

财务会计：　　　借：资产处置费用
　　　　　　　　　　贷：待处理财产损溢

预算会计：无须处理

3）期末或年末结转

财务会计：　　　借：本期盈余
　　　　　　　　　　贷：资产处置费用

预算会计：无须处理

【例 6-17】某事业单位报经批准对外转让一台闲置大型设备，取得转让收入 100 000 元，该设备账面余额为 200 000 元，已计提折旧 140 000 元。假设不考虑相关税费，转让净收入按有关规定执行“收支两条线”管理。编制会计分录如下。

（1）经批准该设备转入处置环节时，会计分录如下。

财务会计	预算会计
借：资产处置费用　60 000 　固定资产累计折旧　140 000 　贷：固定资产　200 000	—

（2）收到转让收入款项时，会计分录如下。

财务会计	预算会计
借：银行存款　100 000 　贷：应缴财政款　100 000	—

（3）实际上缴转让收入时，会计分录如下。

财务会计	预算会计
借：应缴财政款　100 000 　贷：银行存款　100 000	—

【例 6-18】某事业单位有一项固定资产使用期未满，因局部毁损提前申请报废。该项固定资产账面余额为 200 000 元，已提折旧 150 000 元。经批准予以处置。假设不考虑其他相关税费。编制会计分录如下。

（1）经批准该设备转入处置环节时，会计分录如下。

财务会计	预算会计
借：待处理财产损溢——待处理财产价值　50 000 　固定资产累计折旧　150 000 　贷：固定资产　200 000	—

（2）报经批准对固定资产予以处置时，会计分录如下。

财务会计	预算会计
借：资产处置费用　50 000 　贷：待处理财产损溢——待处理财产价值　50 000	—

【例 6-19】期末，某单位“资产处置费用”科目本期发生额为 100 000 元。予以转账。编制会计分录如下。

财务会计	预算会计
借：本期盈余　100 000 　贷：资产处置费用　100 000	—

（二）上缴上级费用（支出）的核算

1. 上缴上级费用（支出）的概念及科目设置

上缴上级费用（支出）是指事业单位按照财政部门和主管部门的规定上缴上级单位款项发生的费用（现金流出）。

对于上缴上级费用，事业单位应在财务会计中设置“上缴上级费用”（5401）科目，单位上缴上级费用确认入账时借记本科目；对于上缴上级支出，事业单位应在预算会计中设置“上缴上级支出”（7401）科目，单位支付上缴上级款项时借记本科目。期末，事业单位应将“上缴上级费用”科目本期发生额（借方）结转到“本期盈余”科目中，结转后本科目无余额；年末，事业单位应将“上缴上级支出”科目本期发生额（借方）按照资金性质不同，分别转入“非财政拨款结转——本年收支结转（非财政专项资金支出）”和“其他结余（其他资金支出）”科目中，结转后本科目无余额。

2. 上缴上级费用（支出）的核算方法

事业单位发生有关上缴上级费用（支出）业务时，应分别在财务会计与预算会计中进行记账。具体核算方法如下。

1）事业单位发生上缴上级款项业务

财务会计：　借：上缴上级费用
　　　　　　　　贷：银行存款等
预算会计：　借：上缴上级支出
　　　　　　　　贷：资金结存——货币资金

2）期末（财务会计）或年末（预算会计）结账，将“上缴上级费用（支出）”科目本期发生额转入相关科目

财务会计：　借：本期盈余
　　　　　　　　贷：上缴上级费用
预算会计：　借：非财政拨款结转——本年收支结转/其他结余
　　　　　　　　贷：上缴上级支出

【例 6-22】年终结账时，某事业单位应当缴纳企业所得税 8 000 元。编制会计分录如下。

（1）单位发生企业所得税纳税义务时，会计分录如下。

财务会计	预算会计
借：所得税费用 8 000 贷：其他应交税费——应交所得税 8 000	—

（2）单位用银行存款实际缴纳所得税时，会计分录如下。

财务会计	预算会计
借：其他应交税费——应交所得税 8 000 贷：银行存款 8 000	借：非财政拨款结余 8 000 贷：资金结余——货币资金 8 000

（3）年终结账时，会计分录如下。

财务会计	预算会计
借：本期盈余 8 000 贷：所得税费用 8 000	—

（六）其他费用（支出）的核算

1. 其他费用的概念及科目设置

其他费用是指单位发生的除业务活动费用、单位管理费用、经营费用、资产处置费用、上缴上级费用、对附属单位补助费用、所得税费用以外的各项费用，包括利息费用、坏账损失、罚没支出、现金资产捐赠支出以及相关税费、运输费等。核算时，单位应设置“其他费用”（5901）科目。

其他费用属于单位在财务会计中的费用类科目。单位将其他费用确认入账时借记本科目；期末，单位应将“其他费用”科目本期发生额（借方）结转到“本期盈余”科目中，结转后本科目无余额。

2. 其他支出的概念及科目设置

其他支出是指单位除行政支出、事业支出、经营支出、上缴上级支出、对附属单位补助支出、投资支出、债务还本支出以外的各项现金流出，包括利息支出、对外捐赠现金支出、现金盘亏损失、接受捐赠（调入）和对外捐赠（调出）非现金资产发生的税费支出、资产置换过程中发生的相关税费支出、罚没支出等。核算时，单位应设置“其他支出”（7901）科目。

其他支出属于单位在预算会计中的预算支出类科目。单位支付其他支出款项时借记本科目；年末，单位应将“其他支出”科目本期发生额（借方）按照不同资金，分别转入“非财政拨款结转——本年收支结转（非财政专项资金支出）”和“ 其他结余（其他资金支出）”科目中，结转后本科目无余额。

3. 其他费用（支出）的核算方法

单位发生有关其他费用（支出）业务时，应分别在财务会计与预算会计中进行记账。具体核算方法如下。

1）发生其他费用并支付款项

财务会计：　　　借：其他费用
　　　　　　　　　　贷：银行存款等

预算会计：　　　借：其他费用
　　　　　　　　　　贷：银行存款等

2）计提坏账准备

财务会计：　　　借或贷：其他费用
　　　　　　　　　　贷或借：坏账准备

预算会计：无须处理

3）发生其他费用但尚未支付款项

财务会计：　　　借：其他费用
　　　　　　　　　　贷：应付利息/其他应付款等

预算会计：无须处理

4）期末（财务会计）或年末（预算会计）结账，将“其他费用（支出）”科目本期发生额转入相关科目

财务会计：　　　借：本期盈余
　　　　　　　　　　贷：其他费用

预算会计：　　　借：其他结余
　　　　　　　　　　贷：其他支出

【例 6-23】某事业单位从 2019 年开始计提坏账准备。年末，经计算，该单位确定应计提坏账准备 10 000 元。编制会计分录如下。

财务会计	预算会计
借：其他费用　10 000 　贷：坏账准备　10 000	—

复习思考题

【简答题】

1. 什么是费用？什么是预算支出？它们各自采用何种会计核算基础？

2. 简述费用的确认标准。

3. 简述费用和预算支出在期末结转时的主要区别。

【业务题】根据以下业务编制会计分录。

1. 某单位根据经过批准的部门预算和用款计划，向同级财政部门申请支付当月电费 10 000 元。

2. 某单位购买了一批办公用材料，以零余额账户用款额度支付款项 4 000 元，现已验收入库。10 天后，单位领用上述材料用于业务活动，按照先进先出法确定的甲材料价值为 500 元。

3. 某事业单位收到主管部门拨付的非财政专项资金收入 5 000 000 元，为该项目发生事业支出 4 800 000 元。年终，结转相关收支账户余额。

4. 2 月 3 日，事业单位因提供劳务取得一张金额为 20 000 元、3 月 15 日到期的不带息银行承兑汇票。3 月 16 日，该单位提示付款，并于 3 月 18 日收到银行承兑的款项。

5. 10 月 1 日，某事业单位购买 6 个月到期国债，购买金额为 100 000 元，一次还本付息。6 个月后国债到期，该单位收回本息 101 500 元。

6. 1 月 1 日某事业单位以 3.6%的年利率向某银行借入一笔款项，借款本金为 100 000 元，期限 6 个月，按季付息。

7. 年终，经计算，某事业单位应当缴纳企业所得税 5 000 元。次日，单位转账支付该税款。

8. 年末，单位下列科目有余额。其中，“业务活动费用”科目借方余额 120 万元；“行政支出/事业支出”科目借方余额 120 万元，“财政资金支出”60 万元，“非财政拨款专项资金支出”40 万元，“其他资金支出”20 万元。要求：结转上述有关费用（支出）科目。

第七章

政府单位净资产和预算结余的核算

本章主要介绍政府单位净资产（财务会计）和预算结余（预算会计）的基本理论及核算方法。

净资产包括累计盈余、专用基金、权益法调整、本期盈余、本年盈余分配、无偿调拨净资产、以前年度盈余调整。

预算结余包括结转资金和结余资金。按照资金的不同，预算结余分为财政拨款结转结余、非财政拨款结转结余、经营结余、其他结余。

本章重点介绍各项净资产和预算结余业务发生时，政府财务会计和预算会计账务处理的方法。

【重要概念】净资产　本期盈余　本年盈余分配　无偿调拨净资产　累计盈余　预算结余　财政拨款结转　非财政拨款结转　经营结余　非财政拨款结余分配　非财政拨款结余

【会计制度】《政府会计制度——行政事业单位会计科目和报表》实施时间：2019 年 1 月 1 日

【会计准则】《政府会计准则——基本准则》实施时间：2017 年 1 月 1 日

第一节　净资产的核算

净资产是政府财务会计五要素之一，是指政府会计主体资产扣除负债后的净额。政府会计主体净资产包括累计盈余、专用基金、权益法调整、本期盈余、本年盈余分配、无偿调拨净资产、以前年度盈余调整。

净资产金额取决于资产和负债的计量。净资产项目应当列入资产负债表。

政府会计主体净资产的核算应设置的会计科目如表 7-1 所示。

表 7-1　净资产类会计科目表

序号	科目编码	科目名称（财务会计）	适用范围	备注
1	3001	累计盈余	行政/事业单位	净资产核算中涉及的预算会计科目在相关内容中进行说明
2	3101	专用基金	事业单位	
3	3201	权益法调整	事业单位	

续表

序号	科目编码	科目名称（财务会计）	适用范围	备注
4	3301	本期盈余	行政/事业单位	净资产核算中涉及的预算会计科目在相关内容中进行说明
5	3302	本年盈余分配	事业单位	
6	3401	无偿调拨净资产	行政/事业单位	
7	3501	以前年度盈余调整	行政/事业单位	

一、本期盈余的核算

（一）本期盈余的概念及科目设置

本期盈余是指单位本期各项收入、费用相抵后的余额。本期盈余是净资产核算非常重要的内容。核算时，单位应设置“本期盈余”（3301）科目。

本期盈余属于单位财务会计中的净资产类科目。期末，单位结转各收入类科目本期发生额时贷记本科目；结转各费用类科目本期发生额借记本科目。期末，本科目如为贷方余额，反映单位自年初至当期期末累计实现的盈余；如为借方余额，反映单位自年初至当期期末累计发生的亏损。年末，将本科目余额转入“本年盈余分配”科目，结转后无余额。

（二）本期盈余的核算方法

1. 期末将各收入类、费用类科目本期发生额转入“本期盈余”科目

1）结转各收入类科目

借：财政拨款收入/事业收入/经营收入/其他收入等

　　贷：本期盈余

2）结转各费用类科目

借：本期盈余

　　贷：业务活动费用/单位管理费用/经营费用/资产处置费用/所得税费用/其他费用等

2. 年末，将“本期盈余”科目余额转入“本年盈余分配”科目

如果“本期盈余”科目为贷方余额，则　　借：本期盈余

　　贷：本年盈余分配

如果“本期盈余”科目为借方余额，则　　借：本年盈余分配

　　贷：本期盈余

【例 7-1】年末，某事业单位各收入类、费用类科目本期发生额如表 7-2 所示。要求：根据相关资料编制会计分录。

表 7-2　收入类、费用类科目本期发生额　　单位：元

科目	借方发生额	科目	贷方发生额
财政拨款收入——基本支出	16 000 000	业务活动费用	18 300 000
——项目支出	3 000 000	单位管理费用	600 000
其中：A 项目	2 000 000	资产处置费用	95 000
B 项目	1 000 000	上缴上级费用	500 000
事业收入	4 000 000	对附属单位补助费用	300 000
非同级财政拨款收入（C 项目）	1 000 000	所得税费用	5 000
上级补助收入	600 000	其他费用	20 000
附属单位上缴收入	400 000	经营费用	180 000
捐赠收入	600 000		
利息收入	10 000		
租金收入	140 000		
其他收入	50 000		
经营收入	200 000		

（1）12 月 31 日结转相关收入时，会计分录如下。

财务会计	预算会计
借：财政拨款收入——基本支出　16 000 000 ——项目支出（A）　2 000 000 ——项目支出（B）　1 000 000 事业收入　4 000 000 非同级财政拨款收入（C）　1 000 000 上级补助收入　600 000 附属单位上缴收入　400 000 捐赠收入　600 000 利息收入　10 000 租金收入　140 000 其他收入　50 000 经营收入　200 000 贷：本期盈余　26 000 000	见第二节

（2）12 月 31 日结转相关费用时，会计分录如下。

财务会计	预算会计
借：本期盈余　20 000 000 贷：业务活动费用　18 300 000 单位管理费用　600 000 资产处置费用　95 000 上缴上级费用　500 000 对附属单位补助费用　300 000 所得税费用　5 000 其他费用　20 000 经营费用　180 000	见第二节

结转收入、费用后，“本期盈余”科目余额在贷方，表示当期为盈余，其科目余额 =

26 000 000（贷方）–20 000 000（借方）= 6 000 000（元）（贷方）。

如果行政单位结转收入、费用，只涉及财政拨款收入、非同级财政拨款收入、捐赠收入、利息收入、租金收入、其他收入、业务活动费用、资产处置费用、其他费用等科目。

（3）年末，将“本期盈余”科目余额6 000 000元转入“本年盈余分配”科目，会计分录如下。

财务会计	预算会计
借：本期盈余　　　6 000 000 　贷：本年盈余分配　　　6 000 000	—

经过上述结转，“本期盈余”科目年末无余额。

假如：“本期盈余”为借方余额6 000 000元，则表示亏损，年末结转时做相反分录。

二、本年盈余分配的核算

（一）本年盈余分配的概念及科目设置

本年盈余分配是指单位本年度盈余分配的情况和结果。本年盈余分配是净资产核算的重要内容。《政府会计制度——行政事业单位会计科目和报表》规定，事业单位本年度盈余分配的方式主要是计提或设置专用基金。核算时，单位应设置“本年盈余分配”（3302）科目。

本年盈余分配属于单位财务会计中净资产类科目。“本年盈余分配”科目贷方反映当期从“本期盈余”科目转入的当期形成的盈余数，并作为待分配盈余，“本年盈余分配”科目借方反映当期作为盈余分配的专用基金的计提数。期末，“本年盈余分配”科目借贷方金额相抵后余额为当年盈余分配的结果，将其转入“累计盈余”科目。年末“本年盈余分配”科目结转后无余额。

（二）本年盈余分配的核算方法

1. 年末，将“本期盈余”科目余额转入“本年盈余分配”科目

如果“本期盈余”科目为贷方余额，则　　借：本期盈余
　　贷：本年盈余分配

如果“本期盈余”科目为借方余额，则　　借：本年盈余分配
　　贷：本期盈余

2. 年末，按照有关规定计算应提取的专用基金

财务会计：　　借：本年盈余分配
　　贷：专用基金

预算会计：　　借：非财政拨款结余
　　贷：专用结余

3. 年末，将“本年盈余分配”科目余额转入“累计盈余”科目

借：本年盈余分配

　　贷：累计盈余

如果“本年盈余分配”科目为借方余额，则做相反分录。

【例 7-2】年末，某事业单位“本期盈余”科目贷方余额为 6 000 000 元（数据来自例 7-1）。要求如下。

（1）将“本期盈余”科目余额转入“本年盈余分配”科目。

（2）按照有关规定计提专用基金 500 000 元（按照预算会计下计算的提取金额）。

（3）年末，结平“本年盈余分配”科目。

编制会计分录如下。

（1）将“本期盈余”科目余额转入“本年盈余分配”科目时，会计分录如下。

财务会计	预算会计
借：本期盈余　6 000 000 　贷：本年盈余分配　6 000 000	—

（2）计提专用基金，会计分录如下。

财务会计	预算会计
借：本年盈余分配　500 000 　贷：专用基金　500 000	借：非财政拨款结余　500 000 　贷：专用结余　500 000

计提专用基金后“本年盈余分配”科目余额

=6 000 000（贷方）−500 000（借方）=5 500 000（元）（贷方）

（3）年末，将“本年盈余分配”科目余额转入“累计盈余”科目，会计分录如下。

财务会计	预算会计
借：本年盈余分配　5 500 000 　贷：累计盈余　5 500 000	—

经过上述结转，“本年盈余分配”科目年末无余额。“累计盈余”科目有余额 5 500 000 元（贷方）。

三、专用基金的核算

（一）专用基金的概念及科目设置

专用基金是事业单位按照规定提取或设置的具有专门用途的净资产，主要包括职工福利基金、科技成果转换基金等。核算时，单位应设置“专用基金”（3101）科目。

专用基金属于单位财务会计中净资产类科目。该科目贷方反映专用基金取得的金额，科目借方反映专用基金使用的金额。期末，该科目贷方余额为未使用的专用基金金额。本科目应当按照专用基金的类别进行明细核算。

（二）专用基金的核算方法

1. 提取专用基金时

1）年末，按照有关规定从本年度非财政拨款结余或经营结余中提取专用基金的

财务会计：　借：本年盈余分配

　　　　　　　　贷：专用基金（按照预算会计下计算的提取金额）

预算会计：　借：非财政拨款结余分配

　　　　　　　　贷：专用结余

2）按照有关规定从收入中提取专用基金

财务会计：　借：业务活动费用等

　　　　　　　　贷：专用基金（一般按照预算收入计算提取的金额）

预算会计：无须处理

3）按照有关规定设置的其他专用基金

财务会计：　借：银行存款等

　　　　　　　　贷：专用基金

预算会计：无须处理

2. 按照规定使用专用基金时

财务会计：　借：专用基金

　　　　　　　　贷：银行存款等

预算会计：　借：事业支出等（使用从收入中提取并列入费用的专用基金）

　　　　　　　　专用结余（使用从非财政拨款结余或经营结余中提取的专用基金）

　　　　　　　　贷：资金结存

如果购置固定资产、无形资产的，则

财务会计：　借：固定资产/无形资产

　　　　　　　　贷：银行存款等

同时：　借：专用基金

　　　　　　贷：累计盈余

预算会计：同上

四、累计盈余的核算

（一）累计盈余的概念及科目设置

累计盈余是指单位历年实现的盈余扣除盈余分配后滚存的金额，以及因无偿调入调出资产产生的净资产变动额。核算时，单位应设置“累计盈余”（3001）科目。

累计盈余属于财务会计中净资产类科目。该科目的发生额反映当期从“本年盈余分配”科目转入的当年分配剩余且不再进行分配的未分配盈余，以及“无偿调拨净资

产”“以前年度盈余调整”等科目转入的金额；各项转入的金额有可能从借方转入，也可能从贷方转入。该科目期末余额，反映单位未分配盈余（或未弥补亏损）的累计数以及截至上年末无偿调拨净资产变动的累计数。该科目年末余额，反映单位未分配盈余（或未弥补亏损）以及无偿调拨净资产变动的累计数。

（二）累计盈余的核算方法

年末，将“本年盈余分配”“无偿调拨净资产”“以前年度盈余调整”等科目余额转入“累计盈余”科目时。

1. 结转“本年盈余分配”科目余额（贷方）

财务会计：　　　借：本年盈余分配

　　　　　　　　　　贷：累计盈余

预算会计：无须处理

假如“本年盈余分配”科目余额在借方，则做相反分录。

2. 结转“无偿调拨净资产”科目余额（贷方）

财务会计：　　　借：无偿调拨净资产

　　　　　　　　　　贷：累计盈余

预算会计：无须处理

假如“无偿调拨净资产”科目余额在借方，则做相反分录。

3. 结转“以前年度盈余调整”科目余额（贷方）

财务会计：　　　借：以前年度盈余调整

　　　　　　　　　　贷：累计盈余

预算会计：无须处理

假如“以前年度盈余调整”科目余额在借方，则做相反分录。

按照规定上缴财政拨款结转结余、缴回非财政拨款结转资金、向其他单位调出财政拨款结转资金时，按照实际上缴、缴回、调出金额，借记“累计盈余”科目；预算会计部分参照“财政拨款结转”“财政拨款结余”“非财政拨款结转”等科目进行账务处理。

按照规定从其他单位调入财政拨款结转资金时贷记本科目；预算会计部分应借记资金结存，贷记财政拨款结转。

【例 7-3】年末，某事业单位“本年盈余分配”科目有贷方余额 5 500 000 元。现将该科目余额转入“累计盈余”。编制会计分录如下。

财务会计	预算会计
借：本年盈余分配　　5 500 000 　贷：累计盈余　　　　5 500 000	—

【例 7-4】年末，某事业单位“累计盈余”科目贷方余额为 5 500 000 元，“无偿调拨净资产”科目借方余额 100 000 元，“以前年度盈余调整”科目贷方余额 600 000 元。

年末，将上述科目余额转入“累计盈余”科目，并计算出“累计盈余”科目结转后余额。编制会计分录如下。

财务会计	预算会计
借：以前年度盈余调整 600 000 　贷：累计盈余 600 000	—
借：累计盈余 100 000 　贷：无偿调拨净资产 100 000	—

年末结转后，“累计盈余”科目余额=5 500 000（贷方）-100 000（借方）+600 000（贷方）=6 000 000 元（贷方）

五、其他净资产的核算

政府会计主体的其他净资产包括无偿调拨净资产、以前年度盈余调整和权益法调整。

（一）无偿调拨净资产的核算

无偿调拨净资产是指单位无偿调入或调出非现金资产所引起的净资产变动金额。

当单位有发生无偿调入或无偿调出非现金资产时，设置“无偿调拨净资产”（3401）科目进行核算。无偿调入非现金资产按照初始成本计入该科目的贷方，无偿调出非现金资产的账面价值计入该科目的借方，年末，将“无偿调拨净资产”科目余额转入“累计盈余”科目，结转后“无偿调拨净资产”科目无余额。

（二）以前年度盈余调整的核算

以前年度盈余调整是指单位本年度发生的调整以前年度盈余的事项，包括本年度发生的重要前期差错更正涉及调整以前年度盈余的事项。当单位发生相关业务时，设置“以前年度盈余调整”（3501）科目进行核算。

如果单位发生调增以前年度收入或者调减以前年度费用时，按照调整的金额计入“以前年度盈余调整”科目的贷方；如果单位发生调减以前年度收入或者调增以前年度费用时，按照调整的金额计入“以前年度盈余调整”科目的借方；如果单位发生非流动资产盘盈时，按照其成本计入“以前年度盈余调整”科目贷方。年末，将“以前年度盈余调整”科目余额转入“累计盈余”科目，结转后“以前年度盈余调整”科目无余额。

（三）权益法调整的核算

权益法调整是指事业单位持有的长期股权投资采用权益法核算时，按照被投资单位除净损益和利润分配以外的所有者权益变动份额调整长期股权投资账面余额而计入净资产的金额。当单位发生相关业务时，设置“权益法调整”（3201）科目进行核算。

（1）年末，按照被投资单位除净损益和利润分配以外的所有者权益变动应享有（或应分担）的份额计入“权益法调整”科目。

（2）采用权益法核算的长期股权投资，因被投资单位除净损益和利润分配以外的所有者权益变动而将应享有（或应分担）的份额计入“权益法调整”科目。

“权益法调整”科目期末余额反映事业单位在被投资单位除净损益和利润分配以外的所有者权益变动中累积享有（或分担）的份额。

第二节　预算结余的核算

预算结余是政府预算会计三要素之一。

预算结余是指政府会计主体预算年度内预算收入扣除预算支出后的资金余额，以及历年滚存的资金余额。预算结余包括结余资金和结转资金。

结余资金是指年度预算执行终了，预算收入实际完成数扣除预算支出和结转资金后剩余的资金。

结转资金是指预算安排项目的支出年终尚未执行完毕或者因故未执行，且下年需要按原用途继续使用的资金。

符合预算结余定义及其确认条件的项目应当列入政府决算报表。

预算结余核算是预算会计的重要内容。在核算中，应设置的会计科目如表 7-3 所示。

表 7-3　预算结余类会计科目表

序号	科目编码	科目名称（预算会计）	适用范围
1	8001	资金结存	行政/事业单位
2	8101	财政拨款结转	行政/事业单位
3	8102	财政拨款结余	行政/事业单位
4	8201	非财政拨款结转	行政/事业单位
5	8202	非财政拨款结余	行政/事业单位
6	8301	专用结余	事业单位
7	8401	经营结余	事业单位
8	8501	其他结余	行政/事业单位
9	8701	非财政拨款结余分配	事业单位

一、资金结存的核算

（一）资金结存的概念及科目设置

资金结存是指核算单位纳入部门预算管理的资金的流入、流出、调整和滚存等情况。核算时，单位应设置“资金结存”（8001）科目。

资金结存属于单位预算会计中预算结余类科目，用于核算单位纳入部门预算管理的资金的流入、流出、调整和滚存等情况。该科目的借方反映资金的流入，贷方反映资金的流出，科目余额反映结存的资金金额。该科目按照反映资金的类型设置“零余额账户用款额度”“货币资金”“财政应返还额度”三个明细科目。

（二）资金结存的核算方法

1. 单位取得预算收入

财务会计：　　借：零余额账户用款额度/银行存款
　　　　　　　　　贷：财政拨款收入/事业收入/经营收入等

预算会计：　　借：资金结存
　　　　　　　　　贷：财政拨款预算收入/事业预算收入/经营预算收入等

2. 单位从零余额账户用款额度中提取现金

财务会计：　　借：库存现金
　　　　　　　　　贷：零余额账户用款额度

预算会计：　　借：资金结存——货币资金
　　　　　　　　　贷：资金结存——零余额账户用款额度

3. 发生预算支出

财务会计：　　借：业务活动费用/单位管理费用/库存物品/固定资产等
　　　　　　　　　贷：零余额账户用款额度/财政应返还额度
　　　　　　　　　　　/银行存款/库存现金等

预算会计：　　借：事业支出/经营支出等
　　　　　　　　　贷：资金结存——货币资金/零余额账户用款额度/财政
　　　　　　　　　　　应返还额度

4. 有企业所得税缴纳义务的事业单位实际缴纳企业所得税

财务会计：　　借：其他应交税费——应交所得税
　　　　　　　　　贷：银行存款等

预算会计：　　借：非财政拨款结余
　　　　　　　　　贷：资金结存——货币资金

单位对预算结转、结余进行调整时，借记或贷记“资金结存”“财政拨款结转”“财政拨款结余”“非财政拨款结转”等科目。

因购货退回、发生差错更正等退回国库直接支付、授权支付款项，或者收回货币资金的，应借记“资金结存”。

年末确认未下达的财政用款额度、注销零余额账户用款额度、确认未下达财政用款额度时，应借记或贷记“资金结存”。

【例 7-5】某单位收到代理银行转来的《授权支付到账通知书》，当月授权支付用款额度 1 000 000 元。编制会计分录如下。

财务会计	预算会计
借：零余额账户用款额度 1 000 000 贷：财政拨款收入 1 000 000	借：资金结存——零余额账户用款额度 1 000 000 贷：财政拨款预算收入 1 000 000

【例 7-6】某单位通过零余额账户支付印刷费 5 000 元。编制会计分录如下。

财务会计	预算会计
借：业务活动费用 5 000 贷：零余额账户用款额度 5 000	借：行政支出/事业支出 5 000 贷：资金结存——零余额账户用款额度 5 000

【例 7-7】某单位从零余额账户提现 5 000 元备用。编制会计分录如下。

财务会计	预算会计
借：库存现金 5 000 贷：零余额账户用款额度 5 000	借：资金结存——货币资金 5 000 贷：资金结存——零余额账户用款额度 5 000

【例 7-8】12 月 31 日，某行政单位经与代理银行提供的对账单核对无误后，将 100 000 元零余额账户用款额度予以注销。编制会计分录如下。

财务会计	预算会计
借：财政应返还额度——财政授权支付 100 000 贷：零余额账户用款额度 100 000	借：资金结存——财政应返还额度 100 000 贷：财政拨款预算收入 100 000

二、财政拨款结转的核算

（一）财政拨款结转的概念及科目设置

财政拨款结转是指单位取得的同级财政拨款结转资金的调整、结转和滚存情况。对财政拨款结转的核算是预算会计的重要内容。核算时，单位应设置“财政拨款结转”（8101）科目。

财政拨款结转属于预算会计中预算结余类科目，反映单位取得的同级财政拨款结转资金的调整、结转和滚存情况。单位因各种原因调整财政拨款结转资金时借记或贷记本科目，年末，结转转入财政拨款预算收入时贷记本科目，结转转入财政拨款预算支出时借记本科目。本科目年末贷方余额，反映单位滚存的财政拨款结转资金数额。

财政拨款结转按照业务类型不同设置下列明细科目：“年初余额调整”“归集调入”“归集调出”“归集上缴”“单位内部调剂”“本年收支结转”“累计结转”“基本支出结转”“项目支出结转”等。

（二）财政拨款结转的核算方法

1. 年末，结转财政拨款预算收入和预算支出

1）结转财政拨款预算收入

预算会计：　　　借：财政拨款预算收入

　　　　　　　　　　贷：财政拨款结转——本年收支结转

2）结转财政拨款支出

预算会计：　　　借：财政拨款结转——本年收支结转

　　　　　　　　　　贷：行政支出/事业支出

2. 单位因会计差错更正、购货退回、预付款项收回等发生以前年度调整事项

财务会计：　　　借或贷：零余额账户用款额度/银行存款等

　　　　　　　　　　贷或借：以前年度盈余调整

预算会计：　　　借或贷：资金结存——零余额账户用款额度/货币资金

　　　　　　　　　　贷或借：财政拨款结转——年初余额调整

3. 单位因调拨、调剂、上缴或注销财政拨款结转资金

财务会计：　　　借或贷：财政应返还额度/零余额账户用款额度/银行存款等

　　　　　　　　　　贷或借：累计盈余

预算会计：　　　借或贷：资金结存——财政应返还额度/零余额账户用款额度/货币资金

　　　　　　　　　　贷或借：财政拨款结转（明细科目略）

4. 年末，冲销本科目有关明细科目余额

预算会计：　　　借或贷：财政拨款结转（明细科目略）

　　　　　　　　　　贷或借：财政拨款结转——累计结转

5. 年末，按照有关规定将符合财政拨款结余性质的项目余额转入财政拨款结余

预算会计：　　　借：财政拨款结转——累计结转

　　　　　　　　　　贷：财政拨款结余——结转转入

【例 7-9】×年 12 月 31 日，某事业单位下列科目有余额（资料主要来源例 7-1）。

“财政拨款收入——基本支出”为 16 000 000 元（贷方）。

“财政拨款收入——基本支出——项目支出（A）”为 2 000 000 元（贷方）。

“财政拨款收入——基本支出——项目支出（B）”为 1 000 000 元（贷方）。

“财政拨款预算收入——基本支出”为 16 000 000 元（贷方）。

“财政拨款预算收入——基本支出——项目支出（A）”为 2 000 000 元（贷方）。

“财政拨款预算收入——基本支出——项目支出（B）”为 1 000 000 元（贷方）。

“业务活动费用”为 18 300 000 元（借方）；“单位管理费用”为 600 000 元（借方）。

“事业支出——财政拨款支出——基本支出”为 16 000 000 元（借方）。

“事业支出——财政拨款支出——基本支出——项目支出（A）”为 1 500 000 元（借方）。

“事业支出——财政拨款支出——基本支出——项目支出（B）”为 800 000 元（借方）。

要求：（1）年末，将“财政拨款收入”科目余额转入“本期盈余”科目；将“财政拨款预算收入”科目余额转入“财政拨款结转——本年收支结转”科目。

（2）年末，将“业务活动费用”和“单位管理费用”科目余额转入“本期盈余”科目；将“事业支出——财政拨款支出——基本支出——项目支出（A）”科目余额转入

"财政拨款结转——本年收支结转"科目。

（3）年末，将"财政拨款结转——本年收支结转——项目支出"科目余额转入"财政拨款结转——累计结转"科目。

（4）年末，经分析，该单位 B 项目已经完工，剩余资金 200 000 元为结余资金。现将该结余资金转入"财政拨款结余——结转转入"科目。

根据以上经济业务编制会计分录。

（1）年末，将"财政拨款收入"科目余额转入"本期盈余"科目；将"财政拨款预算收入"科目余额转入"财政拨款结转——本年收支结转"科目。编制会计分录如下。

财务会计	预算会计
借：财政拨款收入——基本支出　16 000 000 ——项目支出（A）　2 000 000 ——项目支出（B）　1 000 000 贷：本期盈余　19 000 000	借：财政拨款预算收入——基本支出　16 000 000 ——项目支出（A）　2 000 000 ——项目支出（B）　1 000 000 贷：财政拨款结转——本年收支结转 ——基本支出结转　16 000 000 ——项目支出结转（A）　2 000 000 （B）　1 000 000

（2）年末，将"业务活动费用"和"单位管理费用"科目余额转入"本期盈余"科目；将"事业支出——财政拨款支出——基本支出——项目支出（A）"科目余额转入"财政拨款结转——本年收支结转"科目。编制会计分录如下。

财务会计	预算会计
借：本期盈余　18 900 000 贷：业务活动费用　18 300 000 单位管理费用　600 000	借：财政拨款结转——本年收支结转 ——基本支出　16 000 000 ——项目支出（A）　1 500 000 ——项目支出（B）　800 000 贷：事业支出——财政拨款支出 ——基本支出　16 000 000 ——项目支出（A）　1 500 000 ——项目支出（B）　800 000

经过结转处理，各科目期末余额如下：

"本期盈余"科目余额=19 000 000（贷方）−18 900 000（借方）=100 000 元（贷方）

"财政拨款结转——本年收支结转——基本支出结转"科目余额

=16 000 000（贷方）−16 000 000（借方）=0

"财政拨款结转——本年收支结转——项目支出结转（A）"科目余额

=2 000 000（贷方）−1 500 000（借方）=500 000 元（贷方）

"财政拨款结转——本年收支结转——项目支出结转（B）"科目余额

=1 000 000（贷方）−800 000（借方）=200 000 元（贷方）

（3）年末，将"财政拨款结转——本年收支结转——项目支出"科目余额转入"财政拨款结转——累计结转"科目。编制会计分录如下。

财务会计	预算会计
—	借：财政拨款结转——本年收支结转——项目支出（A） 500 000 ——本年收支结转——项目支出（B） 200 000 贷：财政拨款结转——累计结转 700 000

结转后，“财政拨款结转——本年收支结转——项目支出结转（A）”和“财政拨款结转——本年收支结转——项目支出结转（B）”科目余额无余额；“财政拨款结转——累计结转”科目余额为700 000元（贷方），其中A项目结转资金为500 000元（贷方），B项目结转资金为200 000元（贷方）。

（4）年末，经分析，该单位B项目已经完工，剩余资金200 000元为结余资金。现将该结余资金转入“财政拨款结余——结转转入”科目。编制会计分录如下。

财务会计	预算会计
—	借：财政拨款结转——累计结转 200 000 贷：财政拨款结余——结转转入 200 000

结转后，“财政拨款结转——累计结转”科目余额为500 000元（贷方），该款为未完成的A项目的结转资金；“财政拨款结余——结转转入”科目余额仍为200 000元（贷方）。

年末，单位除了将“财政拨款结转——本年收支结转”科目余额转入“财政拨款结转——累计结转”外，还应将“财政拨款结转”科目的“年初余额调整”“归集调入”“归集调出”“归集上缴”“单位内部调剂”等明细科目余额转入“财政拨款结转——累计结转”科目，上述明细科目结转后无余额。该业务的核算方法略。

三、财政拨款结余的核算

（一）财政拨款结余的概念及科目设置

财政拨款结余是指单位取得的同级财政拨款项目支出结余资金的调整、结转和滚存情况。核算时，单位应设置“财政拨款结余”（8102）科目。

财政拨款结余属于预算会计中预算结余类科目，反映核算单位取得的同级财政拨款项目支出结余资金的调整、结转和滚存情况。单位根据核算的业务类型不同借记或贷记本科目。年末冲销有关明细科目余额后，按照有关规定将符合财政拨款结余性质的项目余额转入财政拨款结余。

财政拨款结余应按照单位业务类型不同设置下列明细科目：“年初余额调整”“归集上缴”“单位内部调剂”“结转转入”“累计结余”等。本科目还应当按照具体项目、《政府收支分类科目》中支出功能分类科目的相关科目等进行明细核算。有一般公共预算财政拨款、政府性基金预算财政拨款等两种或两种以上财政拨款的，还应当在本科目下按照财政拨款的种类进行明细核算。

（二）财政拨款结余的核算方法

1. 单位因购货退回、会计差错更正等发生以前年度调整事项

财务会计：　　借或贷：零余额账户用款额度/银行存款等
　　　　　　　　　贷或借：以前年度盈余调整

预算会计：　　借或贷：资金结存——零余额账户用款额度/货币资金
　　　　　　　　　贷或借：财政拨款结余——年初余额调整

2. 单位因调拨、调剂、上缴或注销财政拨款结余资金

财务会计：　　借：累计盈余
　　　　　　　　贷：财政应返还额度/零余额账户用款额度/银行存款

预算会计：　　借：财政拨款结余（明细科目略）
　　　　　　　　贷：资金结存——财政应返还额度/零余额账户用款额度/货币资金
　　　　　　　　　　财政拨款结转

3. 年末，按照有关规定将符合财政拨款结余性质的项目余额转入财政拨款结余

预算会计：　　借：财政拨款结转——累计结转
　　　　　　　　贷：财政拨款结余——结转转入

4. 年末，冲销本科目有关明细科目余额

预算会计：　　借或贷：财政拨款结余（明细科目略）
　　　　　　　　　贷或借：财政拨款结余——累计结余

结转后，“财政拨款结余”科目除“累计结余”明细科目可能有余额外，其他明细科目应无余额。

【例 7-10】某事业单位收到物业公司转来的凭证。凭证上注明上年包烧费漏记涨价部分 1 000 元。经审核无误，单位以授权支付方式支付该款。年末，将“财拨款结余——年初余额调整”科目余额转入“财政拨款结余——累计结余”科目。编制会计分录如下。

（1）补付包烧费时，会计分录如下。

财务会计	预算会计
借：以前年度盈余调整　1 000 　贷：零余额账户用款额度　1 000	借：财政拨款结余——年初余额调整　1 000 　贷：资金结存——零余额账户用款额度　1 000

（2）年末结转“财政拨款结余——年初余额调整”科目时，会计分录如下。

财务会计	预算会计
—	借：财政拨款结余——累计结余　1 000 　贷：财政拨款结余——年初余额调整　1 000

【例 7-11】年末，某事业单位“财政拨款结余——结转转入”科目贷方余额为 200 000 元（资料来源例 7-9），“财政拨款结余——年初余额调整”科目借方余额为 1 000 元（接

例7-10）。将上述科目余额转入“财政拨款结余——累计结余”科目。编制会计分录如下。

财务会计	预算会计
—	借：财政拨款结余——结转转入　200 000 　贷：财政拨款结余——累计结转　200 000
—	借：财政拨款结余——累计结余　1 000 　贷：财政拨款结余——年初余额调整　1 000

假如：本年“财政拨款结余——累计结余”科目没有其他业务，则

“财政拨款结余——累计结余”科目余额=200 000（贷方）–1 000（借方）

=199 000（元）（贷方）

四、非财政拨款结转的核算

（一）非财政拨款结转的概念及科目设置

非财政拨款结转是指单位除财政拨款收支、经营收支以外各非同级财政拨款专项资金的调整、结转和滚存情况。核算时，单位应设置“非财政拨款结转”（8201）科目。

非财政拨款结转属于预算会计中预算结余类科目，反映单位除财政拨款收支、经营收支以外各非同级财政拨款专项资金的调整、结转和滚存情况。单位因各种原因调整非财政拨款结转资金时借记或贷记本科目，年末，结转转入非财政拨款专项收入时贷记本科目，结转转入非财政拨款专项支出时借记本科目。“非财政拨款结转”科目年末贷方余额，反映单位滚存的非同级财政拨款专项结转资金数额。

非财政拨款结转按照业务类型不同设置下列明细科目：“年初余额调整”“项目间接费用或管理费”“缴回资金”“本年收支结转”“累计结转”等。

“非财政拨款结转”科目还应当按照具体项目、《政府收支分类科目》中支出功能分类科目的相关科目等进行明细核算。

（二）非财政拨款结转的核算方法

1. 单位按照规定从科研项目预算收入中提取项目管理费或间接费

财务会计：　　借：单位管理费用

　　　　　　　　　贷：预提费用——项目间接费用或管理费

预算会计：　　借：非财政拨款结转——项目间接费用或管理费

　　　　　　　　　贷：非财政拨款结余——项目间接费用或管理费

2. 单位因购货退回、会计差错更正等发生以前年度调整事项

财务会计：　　借或贷：银行存款等

　　　　　　　　　贷或借：以前年度盈余调整

预算会计：　　借或贷：资金结存——货币资金

　　　　　　　　　贷或借：非财政拨款结转——年初余额调整

3. 单位按照规定缴回非财政拨款结转资金

财务会计：　　借：累计盈余

　　　　　　　　　贷：银行存款等

预算会计：　　借：非财政拨款结转——缴回资金

　　　　　　　　　贷：资金结存——货币资金

4. 年末，结转非财政拨款专项收入、支出

1）结转非财政拨款专项收入

预算会计：　　借：事业预算收入/上级补助预算收入/附属单位上缴预算收入/非同级财政拨款预算收入/债务预算收入/其他预算收入

　　　　　　　　　贷：非财政拨款结转——本年收支结转

2）结转非财政拨款专项支出

预算会计：　　借：非财政拨款结转——本年收支结转

　　　　　　　　　贷：行政支出/事业支出/其他支出

5. 年末冲销本科目有关明细科目余额

预算会计：　　借或贷：非财政拨款结转（明细科目略）

　　　　　　　　　贷或借：非财政拨款结转——累计结转

结转后，"非财政拨款结转"科目除"累计结转"明细科目外，其他明细科目应无余额。

6. 年末完成上述结转后，应当对非财政拨款专项结转资金各项目情况进行分析，将留归本单位使用的非财政拨款专项（项目已完成）剩余资金转入非财政拨款结余

预算会计：　　借：非财政拨款结转——累计结转

　　　　　　　　　贷：非财政拨款结余——结转转入

【例 7-12】某事业单位按照规定从科研项目预算收入中提取管理费 1 000 元。年末，将"非财政拨款结转——项目间接费用或管理费"科目余额转入"非财政拨款结余——累计结转"科目。

（1）提取管理费时，会计分录如下。

财务会计	预算会计
借：单位管理费用　1 000 　贷：预提费用　1 000	借：非财政拨款结转——项目间接费用或管理费　1 000 　贷：非财政拨款结余——项目间接费用或管理费　1 000

（2）年末，结转"非财政拨款结转——项目间接费用或管理费"科目余额时，会计分录如下。

财务会计：无须处理

预算会计：　借：非财政拨款结转——累计结转　　1 000

　　　　　　　贷：非财政拨款结转——项目间接费用或管理费　　1 000

结转后，"非财政拨款结转——项目间接费用或管理费"科目余额为 0，"非财政拨款结转——累计结转"科目余额为 1 000 元（借方）。

【例 7-13】年末，某事业单位下列科目有余额，见表 7-4。

表 7-4 预算收入、支出类科目本年发生额 单位：元

科目	借方发生额	科目	贷方发生额
事业预算收入 其中：专项资金收入	4 000 000 1 000 000	事业支出 ——非财政专项资金支出	1 700 000
非同级财政拨款预算收入（C 项目）	1 000 000	——其他资金支出	3 800 000
上级补助预算收入	600 000	经营支出	160 000
附属单位上缴预算收入	400 000	上缴上级支出	500 000
其他预算收入	800 000	对附属单位补助支出	300 000
经营预算收入	200 000	投资支出	100 000
		债务还本支出	200 000
		其他支出	40 000

要求：(1) 将下列科目中专项资金收入的本年发生额转入“非财政拨款结转——本年收支结转”科目。

(2) 将下列科目中专项资金支出的本年发生额转入“非财政拨款结转——本年收支结转”科目。

(3) 年末，将“非财政拨款结转——本年收支结转”科目余额转入“非财政拨款结转——累计结转”科目。

(4) 经分析，当年已完成项目确认的非财政专项资金的结余资金为 100 000 元，并将该结余资金从“非财政拨款结转——累计结转”科目转入“非财政拨款结余——结转转入”科目。

(1) 结转各预算收入中非财政专项资金收入时，会计分录如下。

财务会计	预算会计
—	借：事业预算收入 1 000 000 　　非同级财政拨款预算收入 1 000 000 　贷：非财政拨款结转——本年收支结转 2 000 000

(2) 结转各预算支出科目中非财政专项资金支出时，会计分录如下。

财务会计	预算会计
—	借：非财政拨款结转——本年收支结转 1 700 000 　贷：事业支出——非财政专项资金支出 1 700 000

“非财政拨款结转——本年收支结转”科目余额=2 000 000−1 700 000=300 000（元）（贷方）

（3）年末，将“非财政拨款结转——本年收支结转”科目余额转入“非财政拨款结转——累计结转”科目时，会计分录如下。

财务会计	预算会计
—	借：非财政拨款结转——本年收支结转　　300 000 　贷：非财政拨款结转——累计结转　　300 000

结转后，“非财政拨款结转——本年收支结转”科目无余额；“非财政拨款结转——累计结转”科目余额为300 000元（贷方）。

（4）将留归本单位的非财政拨款结余资金100 000元从“非财政拨款结转——累计结转”科目余额转入“非财政拨款结余——结转转入”科目时，会计分录如下。

财务会计	预算会计
—	借：非财政拨款结转——累计结转　　100 000 　贷：非财政拨款结余——结转转入　　100 000

经过上述结转，“非财政拨款结转——累计结转”科目余额=300 000（贷方）–200 000（借方）=100 000元（贷方）。

假定例7-12中的事业单位与例7-13为同一单位，年末进行上述结转后，“非财政拨款结转”科目只有“非财政拨款结转——累计结转”明细科目有余额。“非财政拨款结转——累计结转”科目余额=300 000（贷方）–1 000（借方）=299 000元（贷方）。

五、非财政拨款结余的核算

（一）非财政拨款结余的概念及科目设置

非财政拨款结余是指单位历年滚存的非限定用途的非同级财政拨款结余资金，主要为非财政拨款结余扣除结余分配后滚存的金额。核算时，单位应设置“非财政拨款结余”（8202）科目。

非财政拨款结余属于预算会计中预算结余类科目，反映单位历年滚存的非限定用途的非同级财政拨款结余资金，主要为非财政拨款结余扣除结余分配后滚存的金额。单位根据核算的业务类型不同借记或贷记本科目。年末冲销本科目有关明细科目余额后，一般“累计结余”明细科目有余额，年末结转时，将分配剩余的非财政拨款结余转入“非财政拨款结余——累计结余”科目。本科目年末贷方余额，反映单位非同级财政拨款结余资金的累计滚存数额。

非财政拨款结余按照业务类型不同，可设置下列明细科目：“年初余额调整”“项目间接费用或管理费”“结转转入”“累计结余”等。各明细科目年末贷方余额，反映单位非同级财政拨款滚存的非专项结余资金数额。

“非财政拨款结余”科目还应当按照《政府收支分类科目》中支出功能分类科目的相关科目进行明细核算。

（二）非财政拨款结余的核算方法

1. 单位按照规定从科研项目预算收入中提取项目管理费或间接费

财务会计：　借：单位管理费用
　　　　　　　贷：预提费用——项目间接费用或管理费

预算会计：　借：非财政拨款结转——项目间接费用或管理费
　　　　　　　贷：非财政拨款结余——项目间接费用或管理费

2. 有企业所得税缴纳义务的事业单位实际缴纳企业所得税

财务会计：　借：其他应交税费——应交所得税
　　　　　　　贷：银行存款等

预算会计：　借：非财政拨款结余
　　　　　　　贷：资金结存——货币资金

3. 因购货退回、会计差错更正等发生以前年度调整事项

财务会计：　借或贷：银行存款等
　　　　　　　贷或借：以前年度盈余调整

预算会计：　借或贷：资金结存——货币资金
　　　　　　　贷或借：非财政拨款结余——年初余额调整

4. 将留归本单位使用的非财政拨款专项剩余资金转入本科目

财务会计：无须处理

预算会计：　借：非财政拨款结转——累计结转
　　　　　　　贷：非财政拨款结余——结转转入

年末冲销有关明细科目余额时：将“非财政拨款结余”科目的明细科目“年初余额调整”“项目间接费用或管理费”“结转转入”的余额结转入“非财政拨款结余——累计结余”科目。结转后，“非财政拨款结余”科目除“累计结余”明细科目外，其他明细科目应无余额。

年末，事业单位将“非财政拨款结余分配”科目余额转入“非财政拨款结余——累计结余”科目。年末，行政单位将“其他结余”科目余额转入“非财政拨款结余——累计结余”。

【例 7-14】某事业单位按照规定从科研项目预算收入中提取管理费 5 000 元。年末，冲销“非财政拨款结转——项目间接费用或管理费”科目余额。编制会计分录如下。

（1）提取管理费时，会计分录如下。

财务会计	预算会计
借：单位管理费用　5 000 　贷：预提费用　5 000	借：非财政拨款结转——项目间接费用或管理费　5 000 　贷：非财政拨款结余——项目间接费用或管理费　5 000

（2）冲销“非财政拨款结余——项目间接费用或管理费”科目余额时，会计分录如下。

财务会计	预算会计
—	借：非财政拨款结余——累计结余　5 000 　贷：非财政拨款结余——项目间接费用或管理费　5 000

结转后，“非财政拨款结余——项目间接费用或管理费”科目无余额，“非财政拨款结余——累计结余”科目余额为 5 000 元（借方）。

【例 7-15】某事业单位按照规定缴纳企业所得税 3 000 元，以银行存款支付。编制会计分录如下。

财务会计	预算会计
借：其他应交税费　3 000 　贷：银行存款　3 000	借：非财政拨款结余——累计结余　3 000 　贷：资金结存——货币资金　3 000

【例 7-16】某事业单位发现，上年事业收入（非财政专项资金）漏记 5 000 元，该款已存入银行，现将该收入补记入账。年末，将“非财政拨款结余——年初余额调整”科目余额转入“非财政拨款结余——累计结余”科目。编制会计分录如下。

（1）补记该项事业收入（非财政专项资金）时，会计分录如下。

财务会计	预算会计
借：银行存款　5 000 　贷：以前年度盈余调整　5 000	借：资金结存——货币资金　5 000 　贷：非财政拨款结余——年初余额调整　5 000

（2）年末结转“非财政拨款结余——年初余额调整”科目时，会计分录如下。

财务会计	预算会计
—	借：非财政拨款结余——年初余额调整　5 000 　贷：非财政拨款结余——累计结余　5 000

结转后，“非财政拨款结余——年初余额调整”科目无余额，“非财政拨款结余——累计结余”科目余额为 5 000 元（贷方）。

【例 7-17】年末，某事业单位将留归本单位的非财政拨款结余资金 100 000 元从“非财政拨款结转——累计结转”科目余额转入“非财政拨款结余——结转转入”科目。年末，冲销“非财政拨款结余——结转转入”科目余额。编制会计分录如下。

（1）将留归本单位的非财政拨款结余资金转入“非财政拨款结余”时，会计分录如下。

财务会计	预算会计
—	借：非财政拨款结转——累计结转　100 000 　贷：非财政拨款结余——结转转入　100 000

（2）冲销“非财政拨款结余——结转转入”科目余额时，会计分录如下。

财务会计	预算会计
—	借：非财政拨款结余——结转转入　100 000 　贷：非财政拨款结余——累计结余　100 000

结转后，“非财政拨款结余——结转转入”科目无余额，“非财政拨款结余——累计结余”科目余额为100 000元（贷方）。

假定例7-14、例7-15、例7-16、例7-17业务中的事业单位为同一单位，年末冲销“非财政拨款结余”明细科目余额后，只有“非财政拨款结余—累计结余”明细科目有余额。

“非财政拨款结余——累计结余”明细科目余额=100 000（贷方）（例7-15）+5 000元（贷方）（例7-16）–5 000元（借方）（例7-14）–3 000元（借方）（例7-15）=97 000元（贷方）。

六、专用结余的核算

（一）专用结余的概念及科目设置

专用结余是指事业单位按照规定从非财政拨款结余中提取的具有专门用途的资金的变动和滚存情况。核算时，事业单位应设置“专用结余”（8301）科目。

专用结余属于预算会计中预算结余类科目，反映事业单位按照规定从非财政拨款结余中提取的具有专门用途的资金的变动和滚存情况。该科目贷方登记已计提的专用基金，借方登记的是使用的专用基金。“专用结余”科目年末贷方余额，反映事业单位从非同级财政拨款结余中提取的专用基金的累计滚存数额。

“专用结余”科目应当按照专用结余的类别进行明细核算。

（二）专用结余的核算方法

事业单位根据有关规定从本年度非财政拨款结余或经营结余中提取基金的，除财务会计做相应处理外，还需在预算会计中按照提取金额，借记“非财政拨款结余分配”科目，贷记“专用结余”科目。

事业单位根据规定使用从非财政拨款结余或经营结余中提取的专用基金时，除财务会计做相应处理外，还需在预算会计中按照使用金额，借记“专用结余”科目，贷记“资金结存——货币资金”科目。

“专用结余”科目年末贷方余额，反映事业单位从非同级财政拨款结余中提取的专用基金的累计滚存数额。

【例7-18】年末，某事业单位按照有关规定从本年度非财政拨款结余中提取专用基金500 000元。次年1月20日，使用专用基金购买专用设备一台，初始成本为60 000元，款项通过银行存款支付，现已验收合格。编制会计分录如下。

（1）计提专用基金时，会计分录如下。

财务会计	预算会计
借：本年盈余分配　　500 000 　贷：专用基金　　　　500 000	借：非财政拨款结余分配　　500 000 　贷：专用结余　　　　　　500 000

（2）使用专用基金购买专用设备时，会计分录如下。

财务会计	预算会计
借：固定资产 60 000 贷：银行存款 60 000 借：专用基金 60 000 贷：累计盈余 60 000	借：专用结余 60 000 贷：资金结存——货币资金 60 000

年末，“专用结余”科目余额=500 000（贷方）–60 000（借方）= 440 000 元（贷方）。

七、经营结余的核算

（一）经营结余的概念及科目设置

经营结余是指事业单位本年度经营活动收支相抵后余额弥补以前年度经营亏损后的余额。核算时，事业单位应设置“经营结余”（8401）科目。

经营结余属于预算会计中预算结余类科目，反映事业单位本年度经营活动收支相抵后余额弥补以前年度经营亏损后的余额。该科目贷方登记从“经营预算收入”科目转入的收入金额，借方登记的是从“经营支出”科目转入的支出金额。“经营结余”科目年末贷方余额，反映事业单位从非同级财政拨款结余中提取的专用基金的累计滚存数额。当年收支抵减后的科目余额反映的是经营盈利或亏损金额。如果“经营结余”科目为贷方余额，其为盈利金额，作为待分配非财政拨款结余确认；如果“经营结余”科目为借方余额，则反映事业单位累计发生的经营亏损。

“经营结余”科目应当按照经营结余的类别进行明细核算。

（二）经营结余的核算方法

1. 年末，结转经营预算收入和经营支出本年发生额

1）结转经营预算收入

预算会计：　　借：经营预算收入
　　　　　　　　　贷：经营结余

2）结转经营支出

预算会计：　　借：经营结余
　　　　　　　　　贷：经营支出

结转后，如“经营结余”科目为贷方余额，则反映事业单位经营活动形成的盈利；如“经营结余”科目为借方余额，则为事业单位经营活动产生的经营亏损。

2. 年末，单位应将“经营结余”科目的贷方余额转入“非财政拨款结余分配”科目

预算会计：　　借：经营结余
　　　　　　　　　贷：非财政拨款结余分配

如果“经营结余”科目为借方余额，则经营亏损，不予结转。

【例 7-19】见例 7-13 年末，某事业单位“经营预算收入”科目本年发生额为

200 000 元，“经营支出”科目本年发生额为 160 000 元，要求如下。

（1）将上述科目余额转入“经营结余”科目中，并确定“经营结余”科目余额。

（2）将“经营结余”科目余额转入“非财政拨款结余分配”科目。

（3）按照经营结余的 20%计提专用基金，并做出账务处理。

按上述要求编制会计分录。

（1）将“经营预算收入”科目和“经营支出”科目余额转入“经营结余”科目时，会计分录如下。

财务会计	预算会计
—	借：经营预算收入 200 000 贷：经营结余 200 000 借：经营结余 160 000 贷：经营支出 160 000

结转后“经营结余”科目余额=200 000（贷方）–160 000（借方）=40 000 元（贷方）。

说明该科目余额为事业单位当年的经营利润。

（2）将“经营结余”科目贷方余额转入“非财政拨款结余分配”。

财务会计	预算会计
—	借：经营结余 40 000 贷：非财政拨款结余分配 40 000

结转后，“经营结余”科目无余额，“非财政拨款结余分配”科目余额为 40 000 元（贷方）。如果“经营结余”科目为借方余额，则为事业单位经营活动产生了经营亏损，不予结转。

（3）按照经营结余的 20%计提专用基金，并做出账务处理。

按照经营结余 20%计提的专用基金金额=40 000×20%=8 000 元。

编制会计分录如下。

财务会计	预算会计
借：本年盈余 8 000 贷：专用基金 8 000	借：非财政拨款结余分配 8 000 贷：专用结余 8 000

结转后，“非财政拨款结余分配”科目余额=40 000（贷方）–8 000（借方）=32 000 元（贷方）。

八、其他结余的核算

（一）其他结余的概念及科目设置

其他结余是指单位本年度除财政拨款收支、非同级财政专项资金收支和经营收支以外各项收支相抵后的余额。核算时，单位应设置“其他结余”（8501）科目。

其他结余属于预算会计中预算结余类科目，反映单位本年度除财政拨款收支、非同级财政专项资金收支和经营收支以外各项收支相抵后的余额。该科目贷方登记从“事业预算收入”“上级补助预算收入”“非同级财政拨款预算收入”“附属单位上缴预算收入”“债务预算收入”“投资预算收益”“其他预算收入”等科目转入的收入金额，借方登记的是从“行政支出”“事业支出”“其他支出”“上缴上级支出”“对附属单位补助支出”“投资支出”“债务还本支出”等科目转入的支出金额。年末，行政单位应将“其他结余”科目余额转入“非财政拨款结余——累计结余”科目；事业单位应将“其他结余”科目余额转入“非财政拨款结余分配”科目。结转后，“其他结余”科目无余额。

（二）其他结余的核算方法

1. 年末，单位结转本年度除财政拨款收入、非同级财政专项资金收入和经营收入以外的各项非财政非专项资金收入

财务会计：无须处理

预算会计：　　借：事业预算收入/上级补助预算收入/附属单位上缴预算收入/非同级财政拨款预算收入/债务预算收入/其他预算收入（非专项资金收入部分）
　　　　　　　　　投资预算收益
　　　　　　　　贷：其他结余

2. 年末，单位结转本年度除同级财政拨款支出、非同级财政专项支出和经营支出以外的各项非财政非专项支出

财务会计：无须处理

预算会计：　　借：其他结余
　　　　　　　　贷：行政支出/事业支出/其他支出/上缴上级支出/对附属单位补助支出/投资支出/债务还本支出

3. 年末，完成上述结转后，单位应将“其他结余”科目余额转出

1）行政单位将“其他结余”科目（贷方）余额转入“非财政拨款结余——累计结余”科目

预算会计：　　借：其他结余
　　　　　　　　贷：非财政拨款结余——累计结余

如果“其他结余”科目余额在借方，则做相反分录。

2）事业单位将“其他结余”科目（贷方）余额转入“非财政拨款结余分配”科目

预算会计：　　借：其他结余
　　　　　　　　贷：非财政拨款结余分配

如果“其他结余”科目余额在借方，则做相反分录。

结转后，“其他结余”科目无余额。

【例 7-20】年末，某事业单位下列科目有余额，见表 7-5。

表 7-5 预算收入、支出类科目本年发生额 单位：元

科目	借方发生额	科目	贷方发生额
事业预算收入 其中：专项资金收入	4 800 000 1 000 000	事业支出 其中：非财政专项资金支出	23 800 000 1 700 000
非同级财政拨款预算收入（C 项目）	1 000 000	其他资金支出	3 800 000
上级补助预算收入	600 000	经营支出	160 000
附属单位上缴预算收入	400 000	上缴上级支出	500 000
其他预算收入	800 000	对附属单位补助支出	300 000
经营预算收入	200 000	投资支出	100 000
		债务还本支出	200 000
		其他支出	40 000

要求：(1) 将上述科目中非财政非专项资金收入的本年发生额转入“其他结余”科目。

(2) 将上述科目中非财政非专项资金支出的本年发生额转入“其他结余”科目。

(3) 年末，将“其他结余”科目余额转入“非财政拨款结余分配”科目。

编制会计分录如下。

(1) 将上述科目中非财政非专项资金收入的本年发生额转入“其他结余”科目时，会计分录如下。

财务会计	预算会计
—	借：事业预算收入 3 800 000 附属单位上缴预算收入 400 000 上级补助预算收入 600 000 其他预算收入 800 000 贷：其他结余 5 600 000

(2) 将上述科目中非财政非专项资金支出的本年发生额转入“其他结余”科目时，会计分录如下。

财务会计	预算会计
—	借：其他结余 4 940 000 贷：事业支出 3 800 000 上缴上级支出 500 000 对附属单位补助支出 300 000 投资支出 100 000 债务还本支出 200 000 其他支出 40 000

结转后，“其他结余”科目余额=5 600 000（贷方）– 4 940 000（借方）= 660 000 元（贷方）。

(3) 年末，将“其他结余”科目余额转入“非财政拨款结余分配”科目时，会计分录如下。

财务会计	预算会计
—	借：其他结余　660 000 　贷：非财政拨款结余分配　660 000

结转后，“其他结余”科目无余额，“非财政拨款结余分配”科目余额为660 000（贷方）。

九、非财政拨款结余分配的核算

（一）非财政拨款结余分配的概念及科目设置

非财政拨款结余分配是指事业单位本年度非财政拨款结余分配的情况和结果。核算时，事业单位应设置“非财政拨款结余分配”（8701）科目。

非财政拨款结余分配属于预算会计中预算结余类科目，反映事业单位本年度非财政拨款结余分配的情况和结果。该科目贷方登记从“经营结余”“其他结余”等科目转入的结余金额；借方登记的是从“其他结余”科目转入的亏欠金额和按照有关规定提取的专用基金金额。年末，事业单位应将“非财政拨款结余分配”科目余额转入“非财政拨款结余——累计结余”。结转后，“非财政拨款结余分配”科目无余额。

（二）非财政拨款结余分配的核算方法

1. 年末，事业单位将“其他结余”科目（贷方）余额转入“非财政拨款结余分配”科目

预算会计：　　借：其他结余

　　　　　　　　　贷：非财政拨款结余分配

如果“其他结余”科目余额在借方，则做相反分录。

2. 年末，将“经营结余”科目（贷方）余额转入“非财政拨款结余分配”科目

预算会计：　　借：经营结余

　　　　　　　　　贷：非财政拨款结余分配

3. 依据有关规定提取专用基金的，按照提取的金额

预算会计：　　借：非财政拨款结余分配

　　　　　　　　　贷：专用结余

4. 年末，按照规定完成上述处理后，将“非财政拨款结余分配”科目余额（贷方）转入“非财政拨款结余”科目

预算会计：　　借：非财政拨款结余分配

　　　　　　　　　贷：非财政拨款结余——累计结余

当“非财政拨款结余分配”科目为借方余额时，则做相反分录。

年末结账后，“非财政拨款结余分配”科目应无余额。

【例7-21】年末，某事业单位“其他结余”科目贷方余额为660 000元（见例7-20），“经营结余”科目贷方余额为40 000元（见例7-19）。要求：（1）将“其他结余”和“经

营结余”科目余额分别转入“非财政拨款结余分配”科目。(2）将“非财政拨款结余分配”科目余额转入“非财政拨款结余——累计结余”科目。

（1）结转“其他结余”科目贷方余额时，会计分录如下。

财务会计	预算会计
—	借：其他结余 660 000 贷：非财政拨款结余分配 660 000

将“经营结余”科目余额转入“非财政拨款结余分配”科目，会计分录如下。

财务会计	预算会计
—	借：经营结余 40 000 贷：非财政拨款结余分配 40 000

结转后，“其他结余”和“经营结余”科目无余额。

“非财政拨款结余分配”科目余额=660 000（贷方）+40 000（贷方）=700 000 元（贷方），该余额为事业单位当年形成的待分配结余。

（2）将“非财政拨款结余分配”科目余额转入“非财政拨款结余——累计结余”科目，会计分录如下。

财务会计	预算会计
—	借：非财政拨款结余分配 700 000 贷：非财政拨款结余——累计结余 700 000

复习思考题

【简答题】

1. 什么是净资产？净资产包括哪些项目？
2. 简述政府财务会计年终结转结账的主要步骤。
3. 什么是预算结余？预算结余包括哪两个部分？
4. 财政拨款结转结余在年终是如何进行核算的？
5. 非财政拨款结转结余在年终是如何进行核算的？
6. 其他结余和经营结余在年终是如何进行核算的？

【业务题】根据以下业务编制会计分录。

1. 某事业单位当年共取得财政拨款预算收入 5 500 000 元，当年“事业支出”科目下“财政拨款支出”明细科目的当期发生额为 5 400 000 元。年末，该事业单位结转财政拨款预算收入和事业支出。

2. 某事业单位将当年的“事业支出”科目余额结转至相关结转结余科目。事业支出各明细科目本年发生额分别为：财政拨款支出 2 300 000 元，非财政专项资金支出 800 000 元，其他支出为 200 000 元。

3. 年末，某事业单位对其收支科目进行分析，事业收入和上级补助收入本年发生额中的非专项资金收入分别为 1 000 000 元、300 000 元，事业支出和其他支出本年发生额中的非财政非专项资金支出分别为 800 000 元、200 000 元，对附属单位补助支出本年发生额为 200 000 元。经营收入本年发生额为 88 000 元，经营支出本年发生额为 66 000 元。

4. 年末，某事业单位完成财政拨款收支结转后，对财政拨款各明细项目进行分析，按照有关规定将某项目结余资金 50 000 元转入财政拨款结余。

5. 某事业单位启动一项科研项目。当年收到上级主管部门拨付的非财政专项资金 6 000 000 元，为该项目发生事业支出 5 700 000 元。年末，项目结项，经上级主管部门批准，该项目的结余资金留归事业单位使用。

6. 年终结账时，某事业单位当年其他结余的贷方余额为 50 000 元，经营结余的贷方发生额为 80 000 元，该事业单位按照有关规定提取职工福利基金 20 000 元。

第八章

政府单位政府决算报告和财务报告

本章主要介绍政府单位政府决算报告和财务报告的基本理论及编制方法。

政府财务报告按照编制主体可分为政府综合财务报告和政府部门财务报告。

政府决算报告应当包括决算报表和其他应当在决算报告中反映的相关信息和资料。

【重要概念】政府财务报告 财务报表 政府决算报告 资产负债表 收入费用表 净资产变动表 预算收入支出表 预算结转结余变动表 预算拨款收入支出表

【会计制度】《政府会计制度——行政事业单位会计科目和报表》实施时间：2019年1月1日

【会计准则】《政府会计准则——基本准则》实施时间：2017年1月1日

《政府会计准则第9号——财务报表编制和列报》实施时间：2019年1月1日

【其他规章】《政府财务报告编制办法（试行）》 实施时间：2020年1月1日

《政府部门财务报告编制操作指南（试行）》实施时间：2020年1月1日

《政府综合财务报告编制操作指南（试行）》实施时间：2020年1月1日

第一节 政府决算报告和财务报告概述

一、政府决算报告和财务报告的概念

（一）政府决算报告的概念

政府决算报告是综合反映政府会计主体年度预算收支执行结果的文件。

政府决算报告应当包括决算报表和其他应当在决算报告中反映的相关信息和资料。

政府决算报告的编制主要以收付实现制为基础，以预算会计核算生成的数据为准。预算会计核算形成的报表为预算会计报表。预算会计报表至少包括预算收入支出表、预算结转结余变动表、财政拨款预算收入支出表等。

（二）政府财务报告的概念

政府财务报告是反映政府会计主体某一特定日期的财务状况和某一会计期间的运行情况和现金流量等信息的文件。

政府财务报告应当包括财务报表和其他应当在财务报告中披露的相关信息和资料。

政府财务报告包括政府综合财务报告和政府部门财务报告。政府部门财务报表和政府综合财务报表都属于合并财务报表。

政府综合财务报告是指由政府财政部门编制的，包括本级政府综合财务报告和行政区政府综合财务报告，分别反映本级政府整体和行政区政府整体财务状况、运行情况和财政中长期可持续性等，可作为考核地方政府绩效、开展地方政府信用评级、评估预警地方政府债务风险、编制全国和地方资产负债表以及制定财政中长期规划和其他相关规划的重要依据。

政府部门财务报告是指政府各部门、各单位按规定编制的财务报告，主要反映本部门财务状况、运行情况等，为加强政府部门资产负债管理、预算管理、绩效管理等提供信息支撑。

政府单位财务报表是对政府会计主体财务状况、运行情况和现金流量等信息的结构性表述。政府决算报告使用者包括各级人民代表大会及其常务委员会、各级政府及其有关部门、政府会计主体自身、社会公众和其他利益相关者。财务报表包括会计报表和附注。会计报表至少应当包括资产负债表、收入费用表和现金流量表。

政府会计主体应当根据相关规定编制合并财务报表。

政府财务报告的编制主要以权责发生制为基础，以财务会计核算生成的数据为准。

二、政府决算报告和政府财务报告目标

政府决算报告的目标是向决算报告使用者提供与政府预算执行情况有关的信息，综合反映政府会计主体预算收支的年度执行结果，有助于决算报告使用者进行监督和管理，并为编制后续年度预算提供参考和依据。政府决算报告使用者包括各级人民代表大会及其常务委员会、各级政府及其有关部门、政府会计主体自身、社会公众和其他利益相关者。

政府财务报告的目标是向财务报告使用者提供与政府的财务状况、运行情况（含运行成本）和现金流量等有关信息，反映政府会计主体公共受托责任履行情况，有助于财务报告使用者作出决策或者进行监督和管理。政府财务报告使用者包括各级人民代表大会常务委员会、债权人、各级政府及其有关部门、政府会计主体自身和其他利益相关者。

三、政府财务报告的主要内容及报送审核

政府财务报告包括政府部门财务报告和政府综合财务报告。

（一）政府财务报告的主要内容

1. 政府部门财务报告主要内容

政府部门财务报告应当包括财务报表和财务分析。

政府部门财务报表包括会计报表和报表附注。

会计报表主要包括资产负债表和收入费用表等。资产负债表重点反映政府部门年末财务状况。资产负债表应当按照资产、负债和净资产分类分项列示。收入费用表重点反映政府部门年度运行情况。收入费用表应当按照收入、费用和盈余分类分项列示。

报表附注重点对财务报表作进一步解释说明，一般应当按照下列顺序披露：会计报表编制基础；遵循相关制度规定的声明；合并范围；重要会计政策与会计估计变更情况；会计报表重要项目明细信息及说明；需要说明的其他事项。

政府部门财务分析主要包括财务状况分析、运行情况分析、财务管理情况等。

2. 政府综合财务报告主要内容

政府综合财务报告应当包括财务报表、财政经济分析和财政财务管理情况等。

1）财务报表的构成

财务报表由会计报表和报表附注构成。

会计报表主要包括资产负债表和收入费用表等。资产负债表重点反映政府整体年末财务状况。资产负债表应当按照资产、负债和净资产分类分项列示。收入费用表重点反映政府整体年度运行情况。收入费用表应当按照收入、费用和盈余分类分项列示。

报表附注重点对会计报表作进一步解释说明，一般应当按照下列顺序披露：会计报表编制基础；遵循相关制度规定的声明；会计报表包含的主体范围；重要会计政策与会计估计变更情况；会计报表重要项目明细信息及说明；需要说明的其他事项。

2）财政经济分析和财政财务管理情况

政府财政经济分析应当包括财务状况分析、运行情况分析、财政中长期可持续性分析等。

政府财务状况分析主要包括：资产方面，重点分析政府资产的构成及分布，对于货币资金、长期投资、固定资产、在建工程、公共基础设施、政府储备物资、保障性住房等重要项目，分析各资产比重变化趋势以及对于政府偿债能力和公共服务能力的影响。负债方面，重点分析政府债务规模大小、债务结构以及发展趋势。通过政府资产负债率等指标，分析政府当期债务风险情况。

政府运行情况分析主要包括：收入方面，重点分析政府收入规模、结构及来源分布、重点收入项目的比重及变化趋势，特别是宏观经济运行、相关行业发展、税收政策、非税收入政策等对政府收入变动的影响。费用方面，重点按照经济分类分析政府费用规模及构成、重点费用项目的比重及变化趋势，特别是政府投融资情况对政府费用变动的影响。通过收入费用率等指标，分析政府运行效率。

财政中长期可持续性分析主要包括：基于当前政府财政财务状况和运行情况，结合本地区经济形势、重点产业发展趋势、财政体制、财税政策、社会保障政策、相关负债占 GDP（gross domestic product，国内生产总值）比重等，预测财政收支缺口，全面分析政府未来中长期收入支出等变化趋势。

政府财政财务管理情况，主要反映政府财政财务管理的政策要求、主要措施和取得成效等。

（二）政府财务报告报送

政府各单位应当按照财务管理关系，按规定内容和时限采取自下而上方式逐级报送财务报告。

政府部门财务报告应当按规定内容和时限报送同级政府财政部门。县级以上地方政府财政部门应当按规定内容和时限，将本级政府综合财务报告以及本行政区政府综合财务报告报送上级政府财政部门。

（三）政府财务报告数据质量审核

政府财务报告数据质量审核重点是报告的真实性、准确性、完整性和规范性。

政府各部门、各单位应当对本部门、本单位财务报告真实性、准确性、完整性、规范性进行初审并负责。政府财政部门应当对部门财务报告的准确性、完整性、规范性进行复审。各级政府财政部门应当对本级政府综合财务报告真实性、准确性、完整性、规范性进行初审并负责。上级财政部门应当对下级政府综合财务报告的准确性、完整性、规范性进行复审。

政府财务报告的审核包括自行审核、集中会审、委托审核等多种形式。自行审核是指各单位在报送财务报告前自行将本单位纸质报表、电子数据以及相关资料，按规定的审核内容进行逐项审核；集中会审是指各地区、各部门组织专门力量对本地区、本部门所属单位编制的财务报告纸质报表、电子数据以及相关资料，按照财政部门的标准及要求集中进行审核；委托审核是指各地区、各部门在遵循有关法律法规的前提下，可委托中介机构对本地区、本部门所属单位编制的财务报告纸质报表、电子数据以及相关资料进行审核。

政府财务报告审核应当依据政府会计准则制度和政府财务报告编制制度等规定，采取人工审核和计算机审核相结合方式进行。人工审核侧重于财务报告完整性、规范性等方面；计算机审核侧重于财务报告数据准确性及勾稽关系等方面。

四、合并财务报表

1. 合并财务报表的概念及合并级次

合并财务报表，是指反映合并主体和其全部被合并主体形成的报告主体整体财务状况与运行情况的财务报表。合并财务报表应当以权责发生制为基础编制。

合并主体，是指有一个或一个以上被合并主体的政府会计主体。合并主体通常也是合并财务报表的编制主体。被合并主体，是指符合《政府会计准则第 9 号——财务报表编制和列报》规定的纳入合并主体合并范围的会计主体。

合并财务报表至少包括下列组成部分：合并资产负债表；合并收入费用表；附注。

合并财务报表按照合并级次分为部门（单位）合并财务报表、本级政府合并财务报表和行政区政府合并财务报表。

2. 合并程序

（1）根据《政府会计准则第 9 号——财务报表编制和列报》第十七条规定，对需要进行调整的个别财务报表进行调整，以调整后的个别财务报表作为编制合并财务报表的基础。

（2）将合并主体和被合并主体个别财务报表中的资产、负债、净资产、收入和费用项目进行逐项合并。

（3）抵销合并主体和被合并主体之间、被合并主体相互之间发生的债权债务、收入费用等内部业务或事项对财务报表的影响。

3. 附注

合并财务报表附注一般应当披露下列信息：①合并财务报表的编制基础。②遵循政府会计准则制度的声明。③合并财务报表的合并主体、被合并主体清单。④合并主体、被合并主体个别财务报表所采用的编制基础，所采用的与政府会计准则制度规定不一致的会计政策，编制合并财务报表时的调整情况及其影响。⑤本期增加、减少被合并主体的基本情况及影响。⑥合并财务报表重要项目明细信息及说明。⑦未在合并财务报表中列示但对报告主体财务状况和运行情况有重大影响的事项的说明。⑧需要说明的其他事项。

第二节　财务报表的编制

政府单位根据财务会计核算资料生成的报表为财务报表。财务报表包括资产负债表、收入费用表、净资产变动表、现金流量表、附注。

一、资产负债表

（一）资产负债表的概念和格式

资产负债表是反映政府会计主体在某一特定日期的财务状况的报表，是反映单位在某一特定日期全部资产、负债和净资产情况的报表。

资产负债表项目中，资产和负债各项按流动性排列，净资产各项按照构成排列；同时，资产负债表列示各组成项目报表日的期末余额和年初余额。表中各要素的平衡关系是：资产=负债+净资产。资产负债表采用的是账户式。其格式见表 8-1。

表 8-1　资产负债表

编制单位：　　　　　　　　＿＿＿＿年＿＿＿＿月＿＿＿＿日　　　　　　　　单位：元

资产	期末余额	年初余额	负债和净资产	期末余额	年初余额
流动资产：			流动负债：		
货币资金			短期借款		

续表

资产	期末余额	年初余额	负债和净资产	期末余额	年初余额
短期投资			应交增值税		
财政应返还额度			其他应交税费		
应收票据			应缴财政款		
应收账款净额			应付职工薪酬		
预付账款			应付票据		
应收股利			应付账款		
应收利息			应付政府补贴款		
其他应收款净额			应付利息		
存货			预收账款		
待摊费用			其他应付款		
一年内到期的非流动资产			预提费用		
其他流动资产			一年内到期的非流动负债		
流动资产合计			其他流动负债		
非流动资产：			流动负债合计		
长期股权投资			非流动负债：		
长期债券投资			长期借款		
固定资产原值			长期应付款		
减：固定资产累计折旧			预计负债		
固定资产净值			其他非流动负债		
工程物资			非流动负债合计		
在建工程			受托代理负债		
无形资产原值			负债合计		
减：无形资产累计摊销					
无形资产净值					
研发支出					
公共基础设施原值					
减：公共基础设施累计折旧（摊销）					
公共基础设施净值					
政府储备物资					
文物文化资产					
保障性住房原值					
减：保障性住房累计折旧			净资产：		
保障性住房净值			累计盈余		
长期待摊费用			专用基金		

续表

资产	期末余额	年初余额	负债和净资产	期末余额	年初余额
待处理财产损溢			权益法调整		
其他非流动资产			无偿调拨净资产		
非流动资产合计			本期盈余		
受托代理资产			净资产合计		
资产总计			负债和净资产总计		

（二）资产负债表的编制方法

资产负债表应按月度和年度编制。

资产负债表中列示各组成项目报表日的期末余额和年初余额。

资产负债表“年初余额”栏内各项数字，应当根据上年年末资产负债表“期末余额”栏内数字填列。本节重点介绍资产负债表“期末余额”栏各项目的填列方法。

1. 资产类项目

（1）“货币资金”项目应当根据“库存现金”“银行存款”“零余额账户用款额度”“其他货币资金”科目的期末余额的合计数填列；若单位存在通过“库存现金”“银行存款”科目核算的受托代理资产还应当按照前述合计数扣减“库存现金”“银行存款”科目下“受托代理资产”明细科目的期末余额后的金额填列。

（2）“应收账款净额”项目应当根据“应收账款”科目的期末余额，减去“坏账准备”科目中对应收账款计提的坏账准备的期末余额后的金额填列。

（3）“其他应收款净额”项目应当根据“其他应收款”科目的期末余额减去“坏账准备”科目中对其他应收款计提的坏账准备的期末余额后的金额填列。

（4）“存货”项目应当根据“在途物品”“库存物品”“加工物品”科目的期末余额的合计数填列。

（5）“一年内到期的非流动资产”项目，反映单位期末非流动资产项目中将在 1 年内（含 1 年）到期的金额，如事业单位将在 1 年内（含 1 年）到期的长期债券投资金额。本项目应当根据“长期债券投资”等科目的明细科目的期末余额分析填列。

（6）流动资产中的“短期投资”项目、“财政应返还额度”项目、“应收票据”项目、“待摊费用”项目，应当根据其科目的期末余额填列。

（7）“其他流动资产”项目，反映单位期末除资产负债表中上述各项之外的其他流动资产的合计金额。本项目应当根据有关科目期末余额的合计数填列。

（8）“流动资产合计”项目，反映单位期末流动资产的合计数。本项目应当根据资产负债表中“货币资金”“短期投资”“财政应返还额度”“应收票据”“应收账款净额”“预付账款”“应收股利”“应收利息”“其他应收款净额”“存货”“待摊费用”“一年内到期的非流动资产”“其他流动资产”项目金额的合计数填列。

（9）“长期债券投资”项目，反映事业单位期末持有的长期债券投资的账面余额。

本项目应当根据“长期债券投资”科目的期末余额减去其中将于 1 年内（含 1 年）到期的长期债券投资余额后的金额填列。

（10）“固定资产原值”项目应当根据“固定资产”科目的期末余额填列。

“固定资产累计折旧”项目应当根据“固定资产累计折旧”科目的期末余额填列。

“固定资产净值”项目应当根据“固定资产”科目期末余额减去“固定资产累计折旧”科目期末余额后的金额填列。

（11）“无形资产原值”项目应当根据“无形资产”科目的期末余额填列。

“无形资产累计摊销”项目应当根据“无形资产累计摊销”科目的期末余额填列。

“无形资产净值”项目应当根据“无形资产”科目期末余额减去“无形资产累计摊销”科目期末余额后的金额填列。

（12）“公共基础设施原值”项目应当根据“公共基础设施”科目的期末余额填列。

“公共基础设施累计折旧（摊销）”项目应当根据“公共基础设施累计折旧（摊销）”科目的期末余额填列。

“公共基础设施净值”项目应当根据“公共基础设施”科目期末余额减去“公共基础设施累计折旧（摊销）”科目期末余额后的金额填列。

（13）“保障性住房原值”项目应当根据“保障性住房”科目的期末余额填列。

“保障性住房累计折旧”项目应当根据“保障性住房累计折旧”科目的期末余额填列。

“保障性住房净值”项目应当根据“保障性住房”科目期末余额减去“保障性住房累计折旧”科目期末余额后的金额填列。

（14）“待处理财产损溢”项目应当根据“待处理财产损溢”科目的期末借方余额填列；如“待处理财产损溢”科目期末为贷方余额，以“-”号填列。

（15）非流动资产中的“长期股权投资”项目、“工程物资”项目、“在建工程”项目、“研发支出”项目、“政府储备物资”项目、“文物文化资产”项目、“长期待摊费用”项目等，应当根据其科目的期末余额填列。

（16）“其他非流动资产”项目，反映单位期末除资产负债表中上述各项之外的其他非流动资产的合计数。本项目应当根据有关科目的期末余额合计数填列。

（17）“非流动资产合计”项目，反映单位期末非流动资产的合计数。本项目应当根据资产负债表中“长期股权投资”“长期债券投资”“固定资产净值”“工程物资”“在建工程”“无形资产净值”“研发支出”“公共基础设施净值”“政府储备物资”“文物文化资产”“保障性住房净值”“长期待摊费用”“待处理财产损溢”“其他非流动资产”项目金额的合计数填列。

（18）“受托代理资产”项目，反映单位期末受托代理资产的价值。本项目应当根据“受托代理资产”科目的期末余额与“库存现金”“银行存款”科目下“受托代理资产”明细科目的期末余额的合计数填列。

（19）“资产总计”项目，反映单位期末资产的合计数。本项目应当根据资产负债表中“流动资产合计”“非流动资产合计”“受托代理资产”项目金额的合计数填列。

2. 负债类项目

（1）“应交增值税”项目和“其他应交税费”项目，应当根据其科目的期末余额填列，如果科目期末为借方余额，以“-”号填列。

(2)“一年内到期的非流动负债”项目，反映单位期末将于 1 年内（含 1 年）偿还的非流动负债的余额。本项目应当根据“长期应付款”“长期借款”等科目的明细科目的期末余额分析填列。

(3) 流动负债中的“短期借款”项目、“应缴财政款”项目、“应付职工薪酬”项目、“应付票据”项目、“应付账款”项目、“应付政府补贴款”项目、“应付利息”项目、“预收账款”项目、“其他应付款”项目、“预提费用”项目等，应当根据其科目的期末余额填列。

(4)“其他流动负债”项目，反映单位期末除资产负债表中上述各项之外的其他流动负债的合计数。本项目应当根据有关科目的期末余额的合计数填列。

(5)“流动负债合计”项目，反映单位期末流动负债合计数。本项目应当根据资产负债表“短期借款”“应交增值税”“其他应交税费”“应缴财政款”“应付职工薪酬”“应付票据”“应付账款”“应付政府补贴款”“应付利息”“预收账款”“其他应付款”“预提费用”“一年内到期的非流动负债”“其他流动负债”项目金额的合计数填列。

(6)“长期借款”项目和“长期应付款”项目，应当根据其科目的期末余额减去其中将于 1 年内（含 1 年）到期的负债余额后的金额填列。

(7)“预计负债”项目应当根据“预计负债”科目的期末余额填列。

(8)“其他非流动负债”项目，反映单位期末除资产负债表中上述各项之外的其他非流动负债的合计数。本项目应当根据有关科目的期末余额合计数填列。

(9)“非流动负债合计”项目，反映单位期末非流动负债合计数。本项目应当根据资产负债表中“长期借款”“长期应付款”“预计负债”“其他非流动负债”项目金额的合计数填列。

(10)“受托代理负债”项目，反映单位期末受托代理负债的金额。本项目应当根据“受托代理负债”科目的期末余额填列。

(11)“负债合计”项目，反映单位期末负债的合计数。本项目应当根据资产负债表中“流动负债合计”“非流动负债合计”“受托代理负债”项目金额的合计数填列。

3. 净资产类项目

(1)“累计盈余”项目和“专用基金”项目，应当根据其科目的期末余额填列。

(2)“权益法调整”项目应当根据“权益法调整”科目的期末余额填列。如“权益法调整”科目期末为借方余额，以“-”号填列。

(3)“无偿调拨净资产”项目和“本期盈余”项目仅在月度报表中列示，年度报表中不列示。月度报表中本项目应当根据其科目的期末余额填列；其科目期末为借方余额时，以“-”号填列。

(4)“净资产合计”项目应当根据资产负债表中“累计盈余”“专用基金”“权益法调整”“无偿调拨净资产”（月度报表）“本期盈余”（月度报表）项目金额的合计数填列。

(5)“负债和净资产总计”项目，应当按照资产负债表中“负债合计”“净资产合计”项目金额的合计数填列。

二、收入费用表

（一）收入费用表的概念和格式

收入费用表是反映政府会计主体在一定会计期间运行情况的报表，是反映单位在某一会计期间内发生的收入、费用及当期盈余情况的报表。

收入费用表按照本期收入、本期费用及本期盈余分别列示，按照收入、费用构成项目分层次排列，月报分栏反映各组成项目的“本月数”和“本年累计数”，年报分栏反映各组成项目的“本年数”和“上年数”。表中各会计要素或项目的平衡关系是：本期收入–本期费用=本期盈余。收入费用表采用的是单步式。其格式见表 8-2。

表 8-2　收入费用表

编表单位：　　　　　　　　　________年________月　　　　　　　　　单位：元

项目	本月数	本年累计数
一、本期收入		
（一）财政拨款收入		
其中：政府性基金收入		
（二）事业收入		
（三）上级补助收入		
（四）附属单位上缴收入		
（五）经营收入		
（六）非同级财政拨款收入		
（七）投资收益		
（八）捐赠收入		
（九）利息收入		
（十）租金收入		
（十一）其他收入		
二、本期费用		
（一）业务活动费用		
（二）单位管理费用		
（三）经营费用		
（四）资产处置费用		
（五）上缴上级费用		
（六）对附属单位补助费用		
（七）所得税费用		
（八）其他费用		
三、本期盈余		

（二）收入费用表的编制方法

收入费用表分为月度报表和年度报表。

收入费用表月报表中的分栏反映各组成项目的“本月数”和“本年累计数”；年报表中分栏反映各组成项目的“本年数”和“上年数”。

收入费用表“本月数”栏反映各项目的本月实际发生数。编制年度收入费用表时，应当将本栏改为“本年数”，反映本年度各项目的实际发生数。

收入费用表“本年累计数”栏反映各项目自年初至报告期期末的累计实际发生数。编制年度收入费用表时，应当将本栏改为“上年数”，反映上年度各项目的实际发生数，“上年数”栏应当根据上年年度收入费用表中“本年数”栏内所列数字填列。

如果本年度单位发生了因前期差错更正、会计政策变更等调整以前年度盈余的事项，还应当对年度收入费用表中“上年数”栏中的有关项目金额进行相应调整。

本节重点介绍收入费用表“本月数”栏各项目的填列方法。

1. 本期收入

（1）“本期收入”项目，反映单位本期收入总额。本项目应当根据收入费用表中“财政拨款收入”“事业收入”“上级补助收入”“附属单位上缴收入”“经营收入”“非同级财政拨款收入”“投资收益”“捐赠收入”“利息收入”“租金收入”“其他收入”项目金额的合计数填列。

（2）“财政拨款收入”项目，反映单位本期从同级政府财政部门取得的各类财政拨款。本项目应当根据“财政拨款收入”科目的本期发生额填列。

“政府性基金收入”项目，反映单位本期取得的财政拨款收入中属于政府性基金预算拨款的金额。本项目应当根据“财政拨款收入”相关明细科目的本期发生额填列。

（3）“事业收入”项目、“上级补助收入”项目、“附属单位上缴收入”项目、“经营收入”项目、“非同级财政拨款收入”项目、“捐赠收入”项目、“利息收入”项目、“租金收入”项目、“其他收入”项目等，应当根据其科目的本期发生额填列。

（4）“投资收益”项目，反映事业单位本期股权投资和债券投资所实现的收益或发生的损失。本项目应当根据“投资收益”科目的本期发生额填列；如为投资净损失，以“-”号填列。

2. 本期费用

（1）“本期费用”项目，反映单位本期费用总额。本项目应当根据收入费用表中“业务活动费用”“单位管理费用”“经营费用”“资产处置费用”“上缴上级费用”“对附属单位补助费用”“所得税费用”“其他费用”项目金额的合计数填列。

（2）“业务活动费用”项目、“单位管理费用”项目、“经营费用”项目、“资产处置费用”项目、“上缴上级费用”项目、“对附属单位补助费用”项目、“所得税费用”项目、“其他费用”项目等，应当根据各自科目的本期发生额填列。

3. 本期盈余

“本期盈余”项目，反映单位本期收入扣除本期费用后的净额。本项目应当根据收入费用表中“本期收入”项目金额减去“本期费用”项目金额后的金额填列；如为负数，以“–”号填列。

三、净资产变动表

（一）净资产变动表的概念和格式

净资产变动表是反映单位在某一会计期间净资产项目变动情况的报表。单位提供某一会计期间内单位净资产总额及其构成项目的变动情况，有助于信息使用者分析了解单位净资产变动的具体构成和原因。

净资产变动表按照净资产的累计盈余、专用基金、权益法调整等各组成部分的本年数和上年数分栏列示，同时按照净资产的变动情况和变动原因分项列示，如上年年末余额、以前年度盈余调整、本年年初余额、本年变动金额等，并对本年变动金额按构成项目分层次排列，变动情况构成及原因与净资产的组成部分形成清晰对应。其格式见表 8-3。

表 8-3　净资产变动表

编表单位：　　　　　　　　　　　　________年　　　　　　　　　　　　单位：元

项目	本年数				上年数			
	累计盈余	专用基金	权益法调整	净资产合计	累计盈余	专用基金	权益法调整	净资产合计
一、上年年末余额		—	—			—	—	
二、以前年度盈余调整（减少以“ ”号填列）								
三、本年年初余额								
四、本年变动金额（减少以“–”号填列）								
（一）本年盈余		—	—			—	—	
（二）无偿调拨净资产		—	—			—	—	
（三）归集调整预算结转结余		—	—			—	—	
（四）提取或设置专用基金			—				—	
其中：从预算收入中提取	—		—		—		—	
从预算结余中提取			—				—	
设置的专用基金	—		—		—		—	
（五）使用专用基金			—				—	
（六）权益法调整	—	—			—	—		
五、本年年末余额								

注：“—”标识单元格不需填列

（二）净资产变动表的编制方法

净资产变动表为年度报表。

净资产变动表分栏反映各组成项目的“本年数”和“上年数”。

净资产变动表“本年数”栏反映本年度各项目的实际变动数，“上年数”栏反映上年度各项目的实际变动数，应当根据上年度净资产变动表中“本年数”栏内所列数字填列。

如果上年度净资产变动表规定的项目的名称和内容与本年度不一致，应对上年度净资产变动表项目的名称和数字按照本年度的规定进行调整，将调整后金额填入本年度净资产变动表“上年数”栏内。

本节重点介绍净资产变动表“本年数”栏各项目的内容和填列方法。

(1)“上年年末余额”行，反映单位净资产各项目上年年末的余额。本行各项目应当根据“累计盈余”“专用基金”“权益法调整”科目上年年末的余额填列。

(2)“以前年度盈余调整”行，反映单位本年度调整以前年度盈余的事项对累计盈余进行调整的金额。本行“累计盈余”项目应当根据本年度“以前年度盈余调整”科目转入“累计盈余”科目的金额填列；如调整减少累计盈余，以“-”号填列。

(3)“本年年初余额”行，反映经过以前年度盈余调整后，单位净资产各项目的本年年初余额。本行“累计盈余”“专用基金”“权益法调整”项目应当根据其各自在“上年年末余额”和“以前年度盈余调整”行对应项目金额的合计数填列。

(4)“本年变动金额”行，反映单位净资产各项目本年变动总金额。本行“累计盈余”“专用基金”“权益法调整”项目应当根据其各自在“本年盈余”“无偿调拨净资产”“归集调整预算结转结余”“提取或设置专用基金”“使用专用基金”“权益法调整”行对应项目金额的合计数填列。

(5)“本年盈余”行，反映单位本年发生的收入、费用对净资产的影响。本行“累计盈余”项目应当根据年末由“本期盈余”科目转入“本年盈余分配”科目的金额填列；如转入时借记“本年盈余分配”科目，则以“-”号填列。

(6)“无偿调拨净资产”行，反映单位本年无偿调入、调出非现金资产事项对净资产的影响。本行“累计盈余”项目应当根据年末由“无偿调拨净资产”科目转入“累计盈余”科目的金额填列；如转入时借记“累计盈余”科目，则以“-”号填列。

(7)“归集调整预算结转结余”行，反映单位本年财政拨款结转结余资金归集调入、归集上缴或调出，以及非财政拨款结转资金缴回对净资产的影响。本行“累计盈余”项目应当根据“累计盈余”科目明细账记录分析填列；如归集调整减少预算结转结余，则以“-”号填列。

(8)“提取或设置专用基金”行，反映单位本年提取或设置专用基金对净资产的影响。本行“累计盈余”项目应当根据“从预算结余中提取”行“累计盈余”项目的金额填列。本行“专用基金”项目应当根据“从预算收入中提取”“从预算结余中提取”“设置的专用基金”行“专用基金”项目金额的合计数填列。

“从预算收入中提取”行，反映单位本年从预算收入中提取专用基金对净资产的影响。本行“专用基金”项目应当通过对“专用基金”科目明细账记录的分析，根据本年按有关规定从预算收入中提取基金的金额填列。

“从预算结余中提取”行，反映单位本年根据有关规定从本年度非财政拨款结余或经营结余中提取专用基金对净资产的影响。本行“累计盈余”“专用基金”项目应当通过对“专用基金”科目明细账记录的分析，根据本年按有关规定从本年度非财政拨款结余或经营结余中提取专用基金的金额填列；本行“累计盈余”项目以“–”号填列。

“设置的专用基金”行，反映单位本年根据有关规定设置的其他专用基金对净资产的影响。本行“专用基金”项目应当通过对“专用基金”科目明细账记录的分析，根据本年按有关规定设置的其他专用基金的金额填列。

(9)“使用专用基金”行，反映单位本年按规定使用专用基金对净资产的影响。本行“累计盈余”“专用基金”项目应当通过对“专用基金”科目明细账记录的分析，根据本年按规定使用专用基金的金额填列；本行“专用基金”项目以“–”号填列。

(10)“权益法调整”行，反映单位本年按照被投资单位除净损益和利润分配以外的所有者权益变动份额而调整长期股权投资账面余额对净资产的影响。本行“权益法调整”项目应当根据“权益法调整”科目本年发生额填列；若本年净发生额为借方时，以“–”号填列。

(11)“本年年末余额”行，反映单位本年各净资产项目的年末余额。本行“累计盈余”“专用基金”“权益法调整”项目应当根据其各自在“本年年初余额”“本年变动金额”行对应项目金额的合计数填列。

(12)净资产变动表各行“净资产合计”项目，应当根据所在行“累计盈余”“专用基金”“权益法调整”项目金额的合计数填列。

四、现金流量表

(一)现金流量表的概念和格式

现金流量表是反映政府会计主体在一定会计期间现金及现金等价物流入和流出情况的报表。本表反映单位在某一会计年度内现金流入和流出的信息。

现金流量表所指的现金，是指单位的库存现金以及其他可以随时用于支付的款项，包括库存现金、可以随时用于支付的银行存款、其他货币资金、零余额账户用款额度、财政应返还额度，以及通过财政直接支付方式支付的款项。

现金流量表应当按照日常活动、投资活动、筹资活动的现金流量分别反映。本表所指的现金流量，是指现金的流入和流出。

现金流量表“本年金额”栏反映各项目的本年实际发生数。本表“上年金额”栏反映各项目的上年实际发生数，应当根据上年现金流量表中“本年金额”栏内所列数字填列。

单位应当采用直接法编制现金流量表，其格式见表 8-4。

表 8-4 现金流量表

编表单位： ________年 单位：元

项目	本年金额	上年金额
一、日常活动产生的现金流量：		
财政基本支出拨款收到的现金		
财政非资本性项目拨款收到的现金		
事业活动收到的除财政拨款以外的现金		
收到的其他与日常活动有关的现金		
日常活动的现金流入小计		
购买商品、接受劳务支付的现金		
支付给职工以及为职工支付的现金		
支付的各项税费		
支付的其他与日常活动有关的现金		
日常活动的现金流出小计		
日常活动产生的现金流量净额		
二、投资活动产生的现金流量：		
收回投资收到的现金		
取得投资收益收到的现金		
处置固定资产、无形资产、公共基础设施等收回的现金净额		
收到的其他与投资活动有关的现金		
投资活动的现金流入小计		
购建固定资产、无形资产、公共基础设施等支付的现金		
对外投资支付的现金		
上缴处置固定资产、无形资产、公共基础设施等净收入支付的现金		
支付的其他与投资活动有关的现金		
投资活动的现金流出小计		
投资活动产生的现金流量净额		
三、筹资活动产生的现金流量：		
财政资本性项目拨款收到的现金		
取得借款收到的现金		
收到的其他与筹资活动有关的现金		
筹资活动的现金流入小计		
偿还借款支付的现金		
偿还利息支付的现金		
支付的其他与筹资活动有关的现金		
筹资活动的现金流出小计		
筹资活动产生的现金流量净额		
四、汇率变动对现金的影响额		
五、现金净增加额		

（二）现金流量表的编制方法

本节重点介绍现金流量表“本年金额”栏各项目的内容和填列方法。

1. 日常活动产生的现金流量

（1）“财政基本支出拨款收到的现金”项目，反映单位本年接受财政基本支出拨款取得的现金。本项目应当根据“零余额账户用款额度”“财政拨款收入”“银行存款”等科目及其所属明细科目的记录分析填列。

（2）“财政非资本性项目拨款收到的现金”项目，反映单位本年接受除用于购建固定资产、无形资产、公共基础设施等资本性项目以外的财政项目拨款取得的现金。本项目应当根据“银行存款”“零余额账户用款额度”“财政拨款收入”等科目及其所属明细科目的记录分析填列。

（3）“事业活动收到的除财政拨款以外的现金”项目，反映事业单位本年开展专业业务活动及其辅助活动取得的除财政拨款以外的现金。本项目应当根据“库存现金”“银行存款”“其他货币资金”“应收账款”“应收票据”“预收账款”“事业收入”等科目及其所属明细科目的记录分析填列。

（4）“收到的其他与日常活动有关的现金”项目，反映单位本年收到的除以上项目之外的与日常活动有关的现金。本项目应当根据“库存现金”“银行存款”“其他货币资金”“上级补助收入”“附属单位上缴收入”“经营收入”“非同级财政拨款收入”“捐赠收入”“利息收入”“租金收入”“其他收入”等科目及其所属明细科目的记录分析填列。

（5）“日常活动的现金流入小计”项目，反映单位本年日常活动产生的现金流入的合计数。本项目应当根据现金流量表中“财政基本支出拨款收到的现金”“财政非资本性项目拨款收到的现金”“事业活动收到的除财政拨款以外的现金”“收到的其他与日常活动有关的现金”项目金额的合计数填列。

（6）“购买商品、接受劳务支付的现金”项目，反映单位本年在日常活动中用于购买商品、接受劳务支付的现金。本项目应当根据“库存现金”“银行存款”“财政拨款收入”“零余额账户用款额度”“预付账款”“在途物品”“库存物品”“应付账款”“应付票据”“业务活动费用”“单位管理费用”“经营费用”等科目及其所属明细科目的记录分析填列。

（7）“支付给职工以及为职工支付的现金”项目，反映单位本年支付给职工以及为职工支付的现金。本项目应当根据“库存现金”“银行存款”“零余额账户用款额度”“财政拨款收入”“应付职工薪酬”“业务活动费用”“单位管理费用”“经营费用”等科目及其所属明细科目的记录分析填列。

（8）“支付的各项税费”项目，反映单位本年用于缴纳日常活动相关税费而支付的现金。本项目应当根据“库存现金”“银行存款”“零余额账户用款额度”“应交增值税”“其他应交税费”“业务活动费用”“单位管理费用”“经营费用”“所得税费用”等科目及其所属明细科目的记录分析填列。

（9）“支付的其他与日常活动有关的现金”项目，反映单位本年支付的除上述项目之外与日常活动有关的现金。本项目应当根据“库存现金”“银行存款”“零余额账户用款额度”“财政拨款收入”“其他应付款”“业务活动费用”“单位管理费用”“经营费用”“其他费用”等科目及其所属明细科目的记录分析填列。

（10）“日常活动的现金流出小计”项目，反映单位本年日常活动产生的现金流出的合计数。本项目应当根据现金流量表中“购买商品、接受劳务支付的现金”“支付给职工以及为职工支付的现金”“支付的各项税费”“支付的其他与日常活动有关的现金”项目金额的合计数填列。

（11）“日常活动产生的现金流量净额”项目，应当按照现金流量表中“日常活动的现金流入小计”项目金额减去“日常活动的现金流出小计”项目金额后的金额填列；如为负数，以“-”号填列。

2. 投资活动产生的现金流量

（1）“收回投资收到的现金”项目，反映单位本年出售、转让或者收回投资收到的现金。本项目应该根据“库存现金”“银行存款”“短期投资”“长期股权投资”“长期债券投资”等科目的记录分析填列。

（2）“取得投资收益收到的现金”项目，反映单位本年因对外投资而收到被投资单位分配的股利或利润，以及收到投资利息而取得的现金。本项目应当根据“库存现金”“银行存款”“应收股利”“应收利息”“投资收益”等科目的记录分析填列。

（3）“处置固定资产、无形资产、公共基础设施等收回的现金净额”项目，反映单位本年处置固定资产、无形资产、公共基础设施等非流动资产所取得的现金，减去为处置这些资产而支付的有关费用之后的净额。由自然灾害所造成的固定资产等长期资产损失而收到的保险赔款收入，也在本项目反映。本项目应当根据“库存现金”“银行存款”“待处理财产损溢”等科目的记录分析填列。

（4）“收到的其他与投资活动有关的现金”项目，反映单位本年收到的除上述项目之外与投资活动有关的现金。对于金额较大的现金流入，应当单列项目反映。本项目应当根据“库存现金”“银行存款”等有关科目的记录分析填列。

（5）“投资活动的现金流入小计”项目，反映单位本年投资活动产生的现金流入的合计数。本项目应当根据现金流量表中“收回投资收到的现金”“取得投资收益收到的现金”“处置固定资产、无形资产、公共基础设施等收回的现金净额”“收到的其他与投资活动有关的现金”项目金额的合计数填列。

（6）“购建固定资产、无形资产、公共基础设施等支付的现金”项目，反映单位本年购买和建造固定资产、无形资产、公共基础设施等非流动资产所支付的现金；融资租入固定资产支付的租赁费不在本项目反映，在筹资活动的现金流量中反映。本项目应当根据“库存现金”“银行存款”“固定资产”“工程物资”“在建工程”“无形资产”“研发支出”“公共基础设施”“保障性住房”等科目的记录分析填列。

（7）“对外投资支付的现金”项目，反映单位本年为取得短期投资、长期股权投资、长期债券投资而支付的现金。本项目应当根据“库存现金”“银行存款”“短期投资”“长期股权投资”“长期债券投资”等科目的记录分析填列。

（8）“上缴处置固定资产、无形资产、公共基础设施等净收入支付的现金”项目，反映本年单位将处置固定资产、无形资产、公共基础设施等非流动资产所收回的现金净额予以上缴财政所支付的现金。本项目应当根据“库存现金”“银行存款”“应缴财政款”等科目的记录分析填列。

（9）“支付的其他与投资活动有关的现金”项目，反映单位本年支付的除上述项目之外与投资活动有关的现金。对于金额较大的现金流出，应当单列项目反映。本项目应当根据“库存现金”“银行存款”等有关科目的记录分析填列。

（10）“投资活动的现金流出小计”项目，反映单位本年投资活动产生的现金流出的合计数。本项目应当根据现金流量表中“购建固定资产、无形资产、公共基础设施等支付的现金”“对外投资支付的现金”“上缴处置固定资产、无形资产、公共基础设施等净收入支付的现金”“支付的其他与投资活动有关的现金”项目金额的合计数填列。

（11）“投资活动产生的现金流量净额”项目，应当按照现金流量表中“投资活动的现金流入小计”项目金额减去“投资活动的现金流出小计”项目金额后的金额填列；如为负数，以“–”号填列。

3. *筹资活动产生的现金流量*

（1）“财政资本性项目拨款收到的现金”项目，反映单位本年接受用于购建固定资产、无形资产、公共基础设施等资本性项目的财政项目拨款取得的现金。本项目应当根据“银行存款”“零余额账户用款额度”“财政拨款收入”等科目及其所属明细科目的记录分析填列。

（2）“取得借款收到的现金”项目，反映事业单位本年举借短期、长期借款所收到的现金。本项目应当根据“库存现金”“银行存款”“短期借款”“长期借款”等科目记录分析填列。

（3）“收到的其他与筹资活动有关的现金”项目，反映单位本年收到的除上述项目之外与筹资活动有关的现金。对于金额较大的现金流入，应当单列项目反映。本项目应当根据“库存现金”“银行存款”等有关科目的记录分析填列。

（4）“筹资活动的现金流入小计”项目，反映单位本年筹资活动产生的现金流入的合计数。本项目应当根据现金流量表中“财政资本性项目拨款收到的现金”“取得借款收到的现金”“收到的其他与筹资活动有关的现金”项目金额的合计数填列。

（5）“偿还借款支付的现金”项目，反映事业单位本年偿还借款本金所支付的现金。本项目应当根据“库存现金”“银行存款”“短期借款”“长期借款”等科目的记录分析填列。

（6）“偿付利息支付的现金”项目，反映事业单位本年支付的借款利息等。本项目应当根据“库存现金”“银行存款”“应付利息”“长期借款”等科目的记录分析填列。

（7）“支付的其他与筹资活动有关的现金”项目，反映单位本年支付的除上述项目之外与筹资活动有关的现金，如融资租入固定资产所支付的租赁费。本项目应当根据“库存现金”“银行存款”“长期应付款”等科目的记录分析填列。

（8）“筹资活动的现金流出小计”项目，反映单位本年筹资活动产生的现金流出的合计数。本项目应当根据现金流量表中“偿还借款支付的现金”“偿付利息支付的现金”“支付的其他与筹资活动有关的现金”项目金额的合计数填列。

（9）“筹资活动产生的现金流量净额”项目，应当按照现金流量表中“筹资活动的现金流入小计”项目金额减去“筹资活动的现金流出小计”金额后的金额填列；如为负数，以“-”号填列。

4. 汇率变动对现金的影响额

“汇率变动对现金的影响额”项目，反映单位本年外币现金流量折算为人民币时，所采用的现金流量发生日的汇率折算的人民币金额与外币现金流量净额按期末汇率折算的人民币金额之间的差额。

5. 现金净增加额

“现金净增加额”项目，反映单位本年现金变动的净额。本项目应当根据现金流量表中“日常活动产生的现金流量净额”“投资活动产生的现金流量净额”“筹资活动产生的现金流量净额”“汇率变动对现金的影响额”项目金额的合计数填列；如为负数，以“-”号填列。

五、附注

附注是对在会计报表中列示的项目所作的进一步说明，以及对未能在会计报表中列示项目的说明。附注是财务报表的重要组成部分。凡对报表使用者的决策有重要影响的会计信息，不论《政府会计制度——行政事业单位会计科目和报表》是否有明确规定，单位均应当充分披露。附注主要包括下列内容。

（1）单位的基本情况。

单位应当简要披露其基本情况，包括单位主要职能、主要业务活动、所在地、预算管理关系等。

（2）会计报表编制基础。

（3）遵循政府会计准则、制度的声明。

（4）重要会计政策和会计估计。

单位应当采用与其业务特点相适应的具体会计政策，并充分披露报告期内采用的重要会计政策和会计估计。主要包括以下内容：①会计期间。②记账本位币，外币折算汇率。③坏账准备的计提方法。④存货类别、发出存货的计价方法、存货的盘存制度，以及低值易耗品和包装物的摊销方法。⑤长期股权投资的核算方法。⑥固定资产分类、折旧方法、折旧年限和年折旧率；融资租入固定资产的计价和折旧方法。⑦无形资产的计价方法；使用寿命有限的无形资产，其使用寿命估计情况；使用寿命不确定的无形资产，其使用寿命不确定的判断依据；单位内部研究开发项目划分研究阶段和开发阶段的具体标准。⑧公共基础设施的分类、折旧（摊销）方法、折旧（摊销）年限，以及其确定依据。⑨政府储备物资分类，以及确定其发出成本所采用的方法。⑩保障性住房的分类、折旧方法、折旧年限。⑪其他重要的会计政策和会计估计。⑫本期发生重要会计政策和会计估计变更的，变更的内容和原因、受其重要影响的报表项目名称和金额、相关审批程序，以及会计估计变更开始适用的时点。

（5）会计报表重要项目说明。

单位应当按照资产负债表和收入费用表项目列示顺序，采用文字和数据描述相结合的方式披露重要项目的明细信息。报表重要项目的明细金额合计，应当与报表项目金额相衔接。报表重要项目说明应包括但不限于下列内容：①货币资金各类项目的期末余额和年初余额。②应收账款债务人类别的期末余额和年初余额。③存货各种类的期末余额和年初余额。④其他流动资产项目的期末余额和年初余额。⑤长期投资中长期债券投资对不同债券发行主体投资的年初余额、本期增减额和期末余额；长期股权投资中对不同被投资单位投资的核算方法的年初余额、本期增减额和期末余额；当期发生的重大投资净损益项目、金额及原因。⑥固定资产各类项目原值、累计折旧、账面价值的年初余额、本期增减额、期末余额；已提足折旧的固定资产名称、数量等情况；出租、出借固定资产以及固定资产对外投资等情况。⑦在建工程各项目年初余额、本期增减额、期末余额。⑧各类无形资产项目原值、累计摊销额、账面价值的年初余额、本期增减额、期末余额；计入当期损益的研发支出金额、确认为无形资产的研发支出金额；无形资产出售、对外投资等处置情况。⑨公共基础设施各类项目原值、累计折旧、账面价值的年初余额、本期增减额、期末余额；确认为公共基础设施的单独计价入账的土地使用权的账面余额、累计摊销额及变动情况。已提取折旧继续使用的公共基础设施的名称、数量等。⑩政府储备物资各项目年初余额、本期增减额、期末余额；应当单独披露其期末账面余额。⑪受托代理资产各项目年初余额、本期增减额、期末余额。⑫应付账款按债权人各类别债务的期末余额和年初余额。有应付票据、预收账款、其他应付款、长期应付款的，可比照应付账款进行披露。⑬其他流动负债各项目期末余额和年初余额。⑭长期借款中各债权人债务的期末余额和年初余额；单位有基建借款的，应当分基建项目披露长期借款年初数、本年变动数、年末数及到期期限。⑮事业收入中不同收入来源的本期发生额和上期发生额。⑯非同级财政拨款收入不同收入来源的本期发生额和上期发生额。⑰其他收入不同收入来源的本期发生额和上期发生额。⑱业务活动费用不同经济分类项目本期发生额和上期发生额；不同支付对象的本期发生额和上期发生额。⑲其他费用不同类别费用类别的本期发生额和上期发生额。⑳本期费用不同经济分类项目的本年数和上年数。

（6）本年盈余与预算结余的差异情况说明。

为了反映单位财务会计和预算会计因核算基础和核算范围不同所产生的本年盈余数与本年预算结余数之间的差异，单位应当按照重要性原则，对本年度发生的各类影响收入（预算收入）和费用（预算支出）的业务进行适度归并和分析，披露将年度预算收入支出表中“本年预算收支差额”调节为年度收入费用表中“本期盈余”的信息。其格式见表 8-5。

表 8-5　本年盈余与预算结余的差异情况说明

项目	金额
一、本年预算结余（本年预算收支差额）	
二、差异调节	
（一）重要事项的差异	
加：1. 当期确认为收入但没有确认为预算收入	

续表

项目	金额
（1）应收款项、预收账款确认的收入	
（2）接受非货币性资产捐赠确认的收入	
2. 当期确认为预算支出但没有确认为费用	
（1）支付应付款项、预付账款的支出	
（2）为取得存货、政府储备物资等计入物资成本的支出	
（3）为购建固定资产等的资本性支出	
（4）偿还借款本息支出	
减：1. 当期确认为预算收入但没有确认为收入	
（1）收到应收款项、预收账款确认的预算收入	
（2）取得借款确认的预算收入	
2. 当期确认为费用但没有确认为预算支出	
（1）发出存货、政府储备物资等确认的费用	
（2）计提的折旧费用和摊销费用	
（3）确认的资产处置费用（处置资产价值）	
（4）应付款项、预付账款确认的费用	
（二）其他事项差异	
三、本年盈余（本年收入与费用的差额）	

（7）其他重要事项说明（略）。

第三节　预算会计报表的编制

政府单位根据预算会计核算资料生成的会计报表为预算会计报表，预算会计报表主表包括预算收入支出表、预算结转结余变动表、财政拨款预算收入支出表。

一、预算收入支出表

预算收入支出表反映单位在某一会计年度内各项预算收入、预算支出和预算收支差额的情况，该表为年报表。预算收入支出表采用的是单步式，其格式见表 8-6。

表 8-6　预算收入支出表

编表单位：　　　　＿＿＿＿＿年　　　　单位：元

项目	本年数	上年数
一、本年预算收入		
（一）财政拨款预算收入		

续表

项目	本年数	上年数
其中：政府性基金收入		
（二）事业预算收入		
（三）上级补助预算收入		
（四）附属单位上缴预算收入		
（五）经营预算收入		
（六）债务预算收入		
（七）非同级财政拨款预算收入		
（八）投资预算收益		
（九）其他预算收入		
其中：利息预算收入		
捐赠预算收入		
租金预算收入		
二、本年预算支出		
（一）行政支出		
（二）事业支出		
（三）经营支出		
（四）上缴上级支出		
（五）对附属单位补助支出		
（六）投资支出		
（七）债务还本支出		
（八）其他支出		
三、本年预算收支差额		

预算收入支出表主体包括预算收入支出各项目及其本年数和上年数。本表“本年数”栏反映各项目的本年实际发生数。本表“上年数”栏反映各项目上年度的实际发生数，应当根据上年度预算收入支出表中“本年数”栏内所列数字填列。

本节重点介绍预算收入支出表中“本年数”栏各项目的内容和填列方法。

1. 本年预算收入

（1）“本年预算收入”项目，反映单位本年预算收入总额。本项目应当根据预算收入支出表中“财政拨款预算收入”“事业预算收入”“上级补助预算收入”“附属单位上缴预算收入”“经营预算收入”“债务预算收入”“非同级财政拨款预算收入”“投资预算收益”“其他预算收入”项目金额的合计数填列。

（2）“财政拨款预算收入”项目应当根据“财政拨款预算收入”科目的本年发生额填列。其中的“政府性基金收入”项目应当根据“财政拨款预算收入”相关明细科目的本年发生额填列。

（3）“事业预算收入”项目、“上级补助预算收入”项目、“附属单位上缴预算收入”项目、“经营预算收入”项目、“债务预算收入”项目、“非同级财政拨款预算收入”项目、“投资预算收益”项目等，应当根据其科目的本年发生额填列。

（4）“其他预算收入”项目应当根据“其他预算收入”科目的本年发生额填列。

其中，“利息预算收入”项目、“捐赠预算收入”项目、“租金预算收入”项目等，应当根据“其他预算收入”科目明细记录分析填列。单位单设上述科目的，应当根据上述科目的本年发生额填列。

2. 本年预算支出

（1）“本年预算支出”项目，反映单位本年预算支出总额。本项目应当根据预算收入支出表中“行政支出”“事业支出”“经营支出”“上缴上级支出”“对附属单位补助支出”“投资支出”“债务还本支出”“其他支出”项目金额的合计数填列。

（2）“行政支出”项目、“事业支出”项目、“经营支出”项目、“上缴上级支出”项目、“对附属单位补助支出”项目、“投资支出”项目、“债务还本支出”项目等，应当根据其科目的本年发生额填列。

（3）“其他支出”项目应当根据“其他支出”科目的本年发生额填列。其中，“利息支出”项目和“捐赠支出”项目，应当根据“其他支出”科目明细账记录分析填列。单位单设上述科目的，应当根据其科目的本年发生额填列。

3. 本年预算收支差额

“本年预算收支差额”项目，反映单位本年各项预算收支相抵后的差额。本项目应当根据预算收入支出表中“本期预算收入”项目金额减去“本期预算支出”项目金额后的金额填列；如相减后金额为负数，以“–”号填列。

二、预算结转结余变动表

预算结转结余变动表反映单位在某一会计年度内预算结转结余的变动情况，该表为年报表。预算结转结余变动表的格式见表 8-7。

预算结转结余变动表主体包括预算结转结余各项目及其本年数和上年数。本表“本年数”栏反映各项目的本年实际发生数。本表“上年数”栏反映各项目的上年实际发生数，应当根据上年度预算结转结余变动表中“本年数”栏内所列数字填列。

表 8-7 预算结转结余变动表

编表单位： ______年 单位：元

项目	本年数	上年数
一、年初预算结转结余		
（一）财政拨款结转结余		

续表

项目	本年数	上年数
（二）其他资金结转结余		
二、年初余额调整（减少以“-”号填列）		
（一）财政拨款结转结余		
（二）其他资金结转结余		
三、本年变动金额（减少以“-”号填列）		
（一）财政拨款结转结余		
1. 本年收支差额		
2. 归集调入		
3. 归集上缴或调出		
（二）其他资金结转结余		
1. 本年收支差额		
2. 缴回资金		
3. 使用专用结余		
4. 支付所得税		
四、年末预算结转结余		
（一）财政拨款结转结余		
1. 财政拨款结转		
2. 财政拨款结余		
（二）其他资金结转结余		
1. 非财政拨款结转		
2. 非财政拨款结余		
3. 专用结余		
4. 经营结余（如有余额，以“-”号填列）		

预算结转结余变动表中“年末预算结转结余”项目金额等于“年初预算结转结余”“年初余额调整”“本年变动金额”三个项目的合计数。

本节重点介绍预算结转结余变动表“本年数”栏各项目的内容和填列方法。

（一）年初预算结转结余

“年初预算结转结余”项目应当根据本项目下“财政拨款结转结余”“其他资金结转结余”项目金额的合计数填列。

（1）“财政拨款结转结余”项目应当根据“财政拨款结转”“财政拨款结余”科目本年年初余额合计数填列。

（2）“其他资金结转结余”项目应当根据“非财政拨款结转”“非财政拨款结余”“专用结余”“经营结余”科目本年年初余额的合计数填列。

（二）年初余额调整

“年初余额调整”项目应当根据本项目下“财政拨款结转结余”“其他资金结转结余”项目金额的合计数填列。

（1）“财政拨款结转结余”项目应当根据“财政拨款结转”“财政拨款结余”科目下“年初余额调整”明细科目的本年发生额的合计数填列；如调整减少年初财政拨款结转结余，以“-”号填列。

（2）“其他资金结转结余”项目应当根据“非财政拨款结转”“非财政拨款结余”科目下“年初余额调整”明细科目的本年发生额的合计数填列；如调整减少年初其他资金结转结余，以“-”号填列。

（三）本年变动金额

“本年变动金额”项目应当根据本项目下“财政拨款结转结余”“其他资金结转结余”项目金额的合计数填列。

（1）“财政拨款结转结余”项目应当根据本项目下“本年收支差额”“归集调入”“归集上缴或调出”项目金额的合计数填列。

（a）“本年收支差额”项目应当根据“财政拨款结转”科目下“本年收支结转”明细科目本年转入的预算收入与预算支出的差额填列；差额为负数的，以“-”号填列。

（b）“归集调入”项目应当根据“财政拨款结转”科目下“归集调入”明细科目的本年发生额填列。

（c）“归集上缴或调出”项目应当根据“财政拨款结转”“财政拨款结余”科目下“归集上缴”明细科目，以及“财政拨款结转”科目下“归集调出”明细科目本年发生额的合计数填列，以“-”号填列。

（2）“其他资金结转结余”项目应当根据本项目下“本年收支差额”“缴回资金”“使用专用结余”“支付所得税”项目金额的合计数填列。

（a）“本年收支差额”项目应当根据“非财政拨款结转”科目下“本年收支结转”明细科目、“其他结余”科目、“经营结余”科目本年转入的预算收入与预算支出的差额的合计数填列；如为负数，以“-”号填列。

（b）“缴回资金”项目应当根据“非财政拨款结转”科目下“缴回资金”明细科目本年发生额的合计数填列，以“-”号填列。

（c）“使用专用结余”项目应当根据“专用结余”科目明细账中本年使用专用结余业务的发生额填列，以“-”号填列。

（d）“支付所得税”项目应当根据“非财政拨款结余”明细账中本年实际缴纳企业所得税业务的发生额填列，以“-”号填列。

（四）年末预算结转结余

“年末预算结转结余”项目应当根据本项目下“财政拨款结转结余”“其他资金结

转结余”项目金额的合计数填列。

（1）“财政拨款结转结余”项目应当根据本项目下“财政拨款结转”“财政拨款结余”项目金额的合计数填列。

本项目下“财政拨款结转”“财政拨款结余”项目，应当分别根据“财政拨款结转”“财政拨款结余”科目的本年年末余额填列。

（2）“其他资金结转结余”项目应当根据本项目下“非财政拨款结转”“非财政拨款结余”“专用结余”“经营结余”项目金额的合计数填列。

本项目下 “非财政拨款结转”“非财政拨款结余”“专用结余”“经营结余”项目，应当分别根据“非财政拨款结转”“非财政拨款结余”“专用结余”“经营结余”科目的本年年末余额填列。

三、财政拨款预算收入支出表

财政拨款预算收入支出表反映单位本年财政拨款预算资金收入、支出及相关变动的具体情况。财政拨款预算收入支出表的格式见表8-8。

表 8-8 财政拨款预算收入支出表

编表单位：　　　　　　　　　　　　　________年　　　　　　　　　　　　单位：元

项目	年初财政拨款结转结余		调整年初财政拨款结转结余	本年归集调入	本年归集上缴或调出	单位内部调剂		本年财政拨款收入	本年财政拨款支出	年末财政拨款结转结余	
	结转	结余				结转	结余			结转	结余
一、一般公共预算财政拨款											
（一）基本支出											
1.人员经费											
2.日常公用经费											
（二）项目支出											
1.××项目											
2.××项目											
⋮											
二、政府性基金预算财政拨款											
（一）基本支出											
1.人员经费											
2.日常公用经费											

续表

项目	年初财政拨款结转结余		调整年初财政拨款结转结余	本年归集调入	本年归集上缴或调出	单位内部调剂		本年财政拨款收入	本年财政拨款支出	年末财政拨款结转结余	
	结转	结余				结转	结余			结转	结余
（二）项目支出											
1.××项目											
2.××项目											
⋮											
总计											

财政拨款预算收入支出表“项目”栏内各项目，应当根据单位取得的财政拨款种类分项设置。其中“项目支出”项目下，根据每个项目设置；单位取得除一般公共预算财政拨款和政府性基金预算拨款以外的其他财政拨款的，应当按照财政拨款种类增加相应的资金项目及其明细项目。

财政拨款预算收入支出表各栏及其对应项目的内容和填列方法如下。

（1）“年初财政拨款结转结余”栏中各项目应当根据“财政拨款结转”“财政拨款结余”及其明细科目的年初余额填列。本栏中各项目的数额应当与上年度财政拨款预算收入支出表中“年末财政拨款结转结余”栏中各项目的数额相等。

（2）“调整年初财政拨款结转结余”栏中各项目应当根据“财政拨款结转”“财政拨款结余”科目下“年初余额调整”明细科目及其所属明细科目的本年发生额填列；如调整减少年初财政拨款结转结余，以“-”号填列。

（3）“本年归集调入”栏中各项目应当根据“财政拨款结转”科目下“归集调入”明细科目及其所属明细科目的本年发生额填列。

（4）“本年归集上缴或调出”栏中各项目应当根据“财政拨款结转”“财政拨款结余”科目下“归集上缴”科目和“财政拨款结转”科目下“归集调出”明细科目及其所属明细科目的本年发生额填列，以“-”号填列。

（5）“单位内部调剂”栏中各项目应当根据“财政拨款结转”和“财政拨款结余”科目下的“单位内部调剂”明细科目及其所属明细科目的本年发生额填列；对单位内部调剂减少的财政拨款结余金额，以“-”号填列。

（6）“本年财政拨款收入”栏中各项目应当根据“财政拨款预算收入”科目及其所属明细科目的本年发生额填列。

（7）“本年财政拨款支出”栏中各项目应当根据“行政支出”“事业支出”等科目及其所属明细科目本年发生额中的财政拨款支出数的合计数填列。

（8）“年末财政拨款结转结余”栏中各项目应当根据“财政拨款结转”“财政拨款结余”科目及其所属明细科目的年末余额填列。

复习思考题

【简答题】

1. 简述政府决算报告和政府财务报告的概念及采用的会计基础。
2. 政府决算报告和政府财务报告编制依据的主要法规有哪些?
3. 预算会计的主表和财务会计的主表有哪些?
4. 简述政府财务报告的主要内容、报送程序、质量审核的内容。
5. 简述资产负债表的编制方法。
6. 简述收入费用表的编制方法。
7. 简述预算收入支出表的编制方法。
8. 简述财政拨款预算收入支出表的编制方法。

第九章

财政总预算会计的核算

本章介绍财政总预算会计核算的基本理论及核算方法。

【重要概念】财政总预算会计　一般公共预算资金　政府性基金预算资金　国库存款与上级往来　与下级往来　应付政府债券　预算稳定调节基金

【会计制度】《财政总预算会计制度》实施时间：2016 年 1 月 1 日

【会计准则】《政府会计准则——基本准则》实施时间：2017 年 1 月 1 日

第一节　财政总预算会计概述

一、财政总预算会计概念

财政总预算会计是各级政府财政部门对财政总预算执行情况和财政资金活动进行核算与监督的专业会计，又称财政会计、总预算会计、总会计。财政总预算会计反映政府财政受托责任履行情况，为政府的管理活动服务。财政总预算会计是我国政府会计体系中的一个重要组成部分。

财政总预算会计的会计主体是各级政府，其执行机构为各级政府的财政机关。我国的政府预算按照“统一领导，分级管理”的管理体制，实行一级政府、一级财政、一级总预算的原则。政府预算分为中央预算和地方预算。地方预算分为省、市、县、乡等四级。每级政府预算设置一级财政总预算会计。

财政总预算会计以财政性资金为核算对象，包括政府财政总预算资金和其他财政资金。政府财政总预算资金是纳入总预算管理的财政资金，主要包括一般公共预算资金、政府性基金预算资金、国有资本经营预算资金和社会保险基金预算资金。其他财政资金是由财政部门管理的总预算资金以外的财政资金，主要包括财政专户管理资金、专用基金和代管资金等。

二、财政总预算会计的特点

（1）通过会计信息，分析预算收支执行情况，有助于年度预算的顺利圆满实现。

（2）通过对预算收支的核算实行会计监督，促进增收节支。

（3）妥善调度资金，保证预算资金按计划及时供应。

（4）财政总预算会计主要以收付实现制为核算基础，个别事项可采用权责发生制。

三、财政总预算会计的工作任务和核算目标

（一）财政总预算会计的工作任务

财政总预算会计的工作任务主要包括以下几个方面。

（1）进行会计核算。办理政府财政各项收支、资产负债的会计核算工作，反映政府财政预算执行情况和财务状况。

（2）严格财政资金收付调度管理。组织办理财政资金的收付、调拨，在确保资金安全性、规范性、流动性前提下，合理调度管理资金，提高资金使用效益。

（3）规范账户管理。加强对国库单一账户、财政专户、零余额账户和预算单位银行账户等的管理。

（4）实行会计监督，参与预算管理。通过会计核算和反映，进行预算执行情况分析，并对总预算、部门预算和单位预算执行实行会计监督。

（5）协调预算收入征收部门、国库、国库集中收付代理银行、财政专户开户银行和其他有关部门之间的业务关系。

（6）组织本地区财政总决算、部门决算编审和汇总工作。

（7）组织和指导下级政府财政总预算会计工作。

（二）财政总预算会计的核算目标

财政总预算会计的核算目标是向会计信息使用者提供政府财政预算执行情况、财务状况等会计信息，反映政府财政受托责任履行情况。

财政总预算会计的会计信息使用者包括人民代表大会、政府及其有关部门、政府财政部门自身和其他会计信息使用者。

四、财政总预算会计要素与会计科目

财政总预算会计应当按照业务或事项的经济特征确定会计要素。会计要素包括资产、负债、净资产、收入和支出。

财政总预算会计科目是按照会计要素进行分类的。具体内容见表 9-1。

表 9-1　财政总预算会计科目表

编号	科目名称	编号	科目名称
	一、资产类	1005	财政零余额账户存款
1001	国库存款	1006	有价证券
1003	国库现金管理存款	1007	在途款
1004	其他财政存款	1011	预拨经费

续表

编号	科目名称	编号	科目名称
1021	借出款项	3081	资产基金
1022	应收股利	3082	待偿债净资产
1031	与下级往来		四、收入类
1036	其他应收款	4001	一般公共预算本级收入
1041	应收地方政府债券转贷款	4002	政府性基金预算本级收入
1045	应收主权外债转贷款	4003	国有资本经营预算本级收入
1071	股权投资	4005	财政专户管理资金收入
1081	待发国债	4007	专用基金收入
	二、负债类	4011	补助收入
2001	应付短期政府债券	4012	上解收入
2011	应付国库集中支付结余	4013	地区间援助收入
2012	与上级往来	4021	调入资金
2015	其他应付款	4031	动用预算稳定调节基金
2017	应付代管资金	4041	债务收入
2021	应付长期政府债券	4042	债务转贷收入
2022	借入款项		五、支出类
2026	应付地方政府债券转贷款	5001	一般公共预算本级支出
2027	应付主权外债转贷款	5002	政府性基金预算本级支出
2045	其他负债	5003	国有资本经营预算本级支出
2091	已结报支出	5005	财政专户管理资金支出
	三、净资产	5007	专用基金支出
3001	一般公共预算结转结余	5011	补助支出
3002	政府性基金预算结转结余	5012	上解支出
3003	国有资本经营预算结转结余	5013	地区间援助支出
3005	财政专户管理资金结余	5021	调出资金
3007	专用基金结余	5031	安排预算稳定调节基金
3031	预算稳定调节基金	5041	债务还本支出
3033	预算周转金	5042	债务转贷支出

第二节　财政总预算会计主要业务的核算

一、财政性存款的核算

财政性存款是政府财政部门代表政府所管理的财政资金，包括国库存款、国库现金管理存款、其他财政存款和财政零余额账户存款。国家的财政收入经过各级国库按规定收纳、划分、报解和上下级财政之间的调拨，形成各级财政部门的财政性存款。财政性存款的支配权属于同级财政部门，并由政府财政会计负责管理，通过国库单一账户统一收付，统一在国库或选定的银行开立存款账户，统一收付，不得透支，不得提取现金。

（一）国库存款的核算

国库存款是指各级政府财政会计在国库的预算资金（含一般预算存款和基金预算）的存款。核算时，财政部门应设置“国库存款”科目。

国库存款是资产类科目。收到预算收入时借记本科目，当日收入数为负数时，以红字记入（采用计算机记账的，用负数反映）；国库库款减少时，按照实际支付的金额，贷记本科目。本科目期末借方余额反映政府财政国库存款的结存数。

【例 9-1】某市财政局收到国库报来“预算收入日报表”，表中注明当日“一般公共预算本级收入”为 500 亿元，款项已存入国库。同日，财政局发生“一般公共预算本级支出”490 亿元，现已开出拨款单，款项已从国库转出。编制会计分录如下。

（1）收到款项时，会计分录如下。

借：国库存款　　50 000 000 000

　贷：一般公共预算本级收入　　50 000 000 000

（2）拨出款项时，会计分录如下。

借：一般公共预算本级支出　　49 000 000 000

　贷：国库存款　　49 000 000 000

（二）国库现金管理存款的核算

国库现金管理存款是指政府财政实行国库现金管理业务存放在商业银行的款项。国库现金管理的操作方式包括商业银行定期存款、买回国债等。财政总预算会计设置“国库现金管理存款”科目对上述款项收付进行核算。将库款转存商业银行时，按照存入商业银行的金额，借记“国库现金管理存款”科目，贷记“国库存款”科目。国库现金管理存款收回国库时，按照实际收回的金额，借记“国库存款”科目，按照原存入商业银行的存款本金金额，贷记“国库现金管理存款”科目，按照两者的差额，贷记“一般公共预算本级收入”科目。本科目期末借方余额反映政府财政实行国库现金管理业务持有的存款。

（三）其他财政存款的核算

“其他财政存款”科目属于资产类科目，用来核算各级政府财政会计未列入“国库存款”科目的各项财政性存款，包括未设国库的乡（镇）财政在专业银行的预算资金存款以及部分由财政部指定存入专业银行的专用基金存款和未纳入预算并实行财政专户管理的资金存款等。该科目借方登记其他财政存款增加数，贷方登记其他财政存款减少数。该科目借方余额反映其他财政存款的实际结存数，其年终余额结转下年。政府财政会计核算其他财政存款收入时，应根据经办银行报来的收入日报表或银行收款通知入账；核算其他财政存款支付时，应根据有关支付凭证的回单入账。为了便于分类管理，“其他财政存款”科目应按交存地点和资金性质分设明细科目。

二、财政总预算会计主要收支和净资产的核算

财政总预算会计的资金主要包括本级预算资金、转移支付资金、债务性资金和其他财政资金。其中，本级预算资金包括一般公共预算资金、政府性基金预算资金、国有资本经营预算；转移支付资金包括转移性收支及结余；债务性资金包括债务收支余、债务转贷收支余；其他财政资金包括财政专户管理资金、专用基金。下面介绍财政总预算会计主要资金的核算。

（一）一般公共预算本级收支余的核算

1. 一般公共预算本级收入的核算

一般公共预算本级收入是指政府财政筹集的纳入本级一般公共预算管理的收入。一般公共预算是对以税收为主体的财政收入，安排用于保障和改善民生、推动经济社会发展、维护国家安全、维持国家机构正常运转等方面的收支预算。根据《政府收支分类科目》，一般公共预算本级收入包括纳入本级一般公共预算管理的税收收入和非税收入。

（1）税收收入是政府以征税方式取得的收入，主要包括增值税收入、消费税收入、企业所得税收入、个人所得税收入、资源税收入、城市维护建设税收入、房产税收入、关税收入等。

（2）非税收入是政府以征税以外的方式取得的收入，包括以收费、罚没、专项征收等方式取得的收入。并非所有的非税收入都属于一般公共预算收入，纳入一般公共预算管理的非税收入主要包括专项收入、行政事业性收费收入、罚没收入、国有资源（资产）有偿使用收入和其他收入等。

财政总预算会计设置“一般公共预算本级收入”科目，核算政府财政筹集的纳入本级一般公共预算管理的税收收入和非税收入。收到款项时，根据当日预算收入日报表所列一般公共预算本级收入数，借记“国库存款”等科目，贷记本科目。年终转账时，本科目贷方余额全数转入“一般公共预算结转结余”科目，借记本科目，贷记“一般公共预算结转结余”科目。结转后，本科目无余额。本科目平时贷方余额反映一般公共预算本级收入的累计数。

本科目应当根据《政府收支分类科目》中一般公共预算收入科目规定进行明细核算。

【例 9-2】某财政局收到国库报送的预算收入日报表，列示纳入一般公共预算本级收入的国有企业增值税收入为 500 000 元。编制会计分录如下。

借：国库存款　　　　　　　　　　　　　　　　　　500 000
　　贷：一般公共预算本级收入——税收收入　　　　　　500 000

【例 9-3】某财政局收到国库报送的预算收入日报表，列示纳入一般公共预算本级收入的行政事业性收费收入为 3 000 000 元。编制会计分录如下。

借：国库存款　　　　　　　　　　　　　　　　　　3 000 000
　　贷：一般公共预算本级收入——非税收入　　　　　　3 000 000

【例 9-4】某县财政局收到国库报来的分成收入计算日报表，列报总收入金额为 1 000 000 元，县级财政分成 40%，收入金额为 400 000 元；市级财政分成 60%，收入金额为 600 000 元。根据县支库报来的分成收入计算日报表等原始凭证编制会计分录如下。

借：国库存款　　　　　　　　　　400 000
　　贷：一般公共预算本级收入　　　　400 000

2. 一般公共预算本级支出的核算

一般公共预算本级支出是指列入各级政府财政预算，用预算收入安排的支出。它是国家对集中的预算收入有计划地分配和使用而安排的支出，主要用于发展经济、提高人民物质和文化生活水平、加强国家行政管理、巩固国防等方面的开支。

为了核算一般公共预算本级支出，政府财政会计应设置“一般公共预算本级支出”科目，该科目属于支出类科目，用来核算各级政府财政会计办理的应由预算资金支付的各项支出。该科目借方登记支出发生数，贷方登记支出收回或年终转出数。本科目平时借方余额反映一般公共预算本级支出的累计数。

年度终了，对纳入国库集中支付管理的、当年未支而需结转下一年度支付的款项（国库集中支付结余），采用权责发生制确认支出时，借记本科目，贷记“应付国库集中支付结余”科目。年终转账时，本科目借方余额应全数转入“一般公共预算结转结余”科目，借记“一般公共预算结转结余”科目，贷记本科目。结转后，本科目无余额。

本科目应当根据《政府收支分类科目》中支出功能分类科目设置明细科目。同时，根据管理需要，按照支出经济分类科目、部门等进行明细核算。

【例 9-5】某市财政局按预算拨付给市民政局本月经费 500 000 元。编制会计分录如下。

借：一般公共预算本级支出　　　　500 000
　　贷：国库存款　　　　　　　　　　500 000

3. 一般公共预算结转结余核算

一般公共预算结转结余是政府财政一般公共预算管理收支的执行结果，每月月末结算一次。政府财政会计设置“一般公共预算结转结余”科目核算一般公共预算管理收支相抵形成的结转结余。年终转账时，将一般公共预算的有关收入科目贷方余额转入本科目的贷方，借记“一般公共预算本级收入”“补助收入——一般公共预算补助收入”“上解收入——一般公共预算上解收入”“地区间援助收入”“调入资金——一般公共预算调入资金”“债务收入（一般债务收入）”“债务转贷收入（地方政府一般债务转贷收入）”“动用预算稳定调节基金”等科目，贷记本科目；将一般公共预算的有关支出科目借方余额转入本科目的借方，借记本科目，贷记“一般公共预算本级支出”“上解支出——一般公共预算上解支出”“补助支出——一般公共预算补助支出”“地区间援助支出”“调出资金——一般公共预算调出资金”“安排预算稳定调节基金”“债务转贷支出（地方政府一般债务转贷支出）”“债务还本支出（一般债务还本支出）”等科目。

设置和补充预算周转金时，借记本科目，贷记“预算周转金”科目。

本科目年终贷方余额反映一般公共预算收支相抵后的滚存结转结余。

【例 9-6】年末，某财政局下列科目有余额：“一般公共预算本级收入”科目5 000 000元，“一般公共预算本级支出”科目4 600 000元。予以转账。编制会计分录如下。

结转收入时：	借：一般公共预算本级收入	5 000 000	
	贷：一般公共预算结转结余		5 000 000
结转支出时：	借：一般公共预算结转结余	4 600 000	
	贷：一般公共预算本级支出		4 600 000

（二）政府性基金预算本级收支余的核算

1. 政府性基金预算本级收入的核算

政府性基金预算本级收入是指政府财政筹集的纳入本级政府性基金预算管理的收入。政府性基金预算是对依照法律、行政法规的规定在一定期限内向特定对象征收、收取或者以其他方式筹集的资金，专项用于特定公共事业发展的收支预算。政府性基金预算本级收入要求专项核算，按规定用途使用，是一种限定性的财务资源。

根据《政府收支分类科目》，政府性基金预算本级收入主要是纳入本级政府性基金预算管理的非税收入，包括铁路建设基金收入、民航发展基金收入、旅游发展基金收入、文化事业建设费收入、地方教育费附加收入、港口建设费收入、国有土地收益基金收入等几十项内容。

财政总预算会计设置“政府性基金预算本级收入”科目，核算政府财政筹集的纳入本级政府性基金预算管理的非税收入。收到款项时，根据当日预算收入日报表所列政府性基金预算本级收入数，借记“国库存款”等科目，贷记“政府性基金预算本级收入”科目。年终转账时，本科目贷方余额全数转入“政府性基金预算结转结余”科目，借记本科目，贷记“政府性基金预算结转结余”科目。结转后，本科目无余额。本科目平时贷方余额反映政府性基金预算本级收入的累计数。

本科目应当根据《政府收支分类科目》中政府性基金预算本级收入科目的规定进行明细核算。

【例 9-7】某财政局收到国库报送的预算收入日报表，列示纳入政府性基金预算本级收入的文化事业建设费收入为2 000 000元。编制会计分录如下。

借：国库存款	2 000 000	
贷：政府性基金预算本级收入——文化事业建设费		2 000 000

2. 政府性基金预算本级支出的核算

政府性基金预算本级支出是指政府财政管理的由本级政府使用的列入政府性基金

预算的支出。政府性基金预算是用于特定公共事业发展的支出，应当根据基金项目收入情况和实际需要安排支出，做到以收定支。根据《政府收支分类科目》，政府性基金预算本级支出需要进行功能分类与经济分类。

根据会计制度的要求，政府性基金预算本级支出应当设置“政府性基金预算本级支出”核算。在支付实际发生政府性基金预算本级支出时，借记“政府性基金预算本级支出”科目，贷记“国库存款”科目。本科目平时借方余额反映政府性基金预算本级支出的累计数。

年度终了，对纳入国库集中支付管理的、当年未支而需结转下一年度支付的款项（国库集中支付结余），采用权责发生制确认支出时，借记本科目，贷记“应付国库集中支付结余”科目。年终转账时，本科目借方余额应全数转入“政府性基金预算结转结余”科目，借记“政府性基金预算结转结余”科目，贷记本科目。结转后，本科目无余额。

本科目应当按照《政府收支分类科目》中支出功能分类科目设置明细科目。同时，根据管理需要，按照支出经济分类科目、部门等进行明细核算。

【例 9-8】某财政局开出政府性基金预算拨款凭证，拨付铁路建设基金支出 100 000 元。编制会计分录如下。

借：政府性基金预算本级支出 100 000

　贷：国库存款 100 000

3. *政府性基金预算结转结余的核算*

政府性基金预算结转结余是指政府财政纳入政府性基金预算管理的收入与支出相抵后形成的资金余额，反映政府性基金预算收支的执行结果。纳入政府性基金预算管理的收支包括本级基金预算收支、转移性基金预算收支和债务性基金预算收支。

财政总预算会计设置“政府性基金预算结转结余”科目，核算政府财政纳入政府性基金预算管理的收支相抵形成的结转结余。年终转账时，应将政府性基金预算的有关收入科目贷方余额按照政府性基金种类分别转入本科目下相应明细科目的贷方，借记“政府性基金预算本级收入”“补助收入——政府性基金预算补助收入”“上解收入——政府性基金预算上解收入”“调入资金——政府性基金预算调入资金”“债务收入——专项债务收入”“债务转贷收入——地方政府专项债务转贷收入”等科目，贷记本科目；将政府性基金预算的有关支出科目借方余额按照政府性基金种类分别转入本科目下相应明细科目的借方，借记本科目，贷记“政府性基金预算本级支出”“上解支出——政府性基金预算上解支出”“补助支出——政府性基金预算补助支出”“调出资金——政府性基金预算调出资金”“债务还本支出——专项债务还本支出”“债务转贷支出——地方政府专项债务转贷支出”等科目。

本科目年终贷方余额反映政府性基金预算收支相抵后的滚存结转结余。

本科目应当根据管理需要，按照政府性基金的种类进行明细核算。

【例 9-9】年末，某财政局下列科目有余额：“政府性基金预算本级收入”科目 8 000 000 元，“政府性基金预算本级支出”科目 7 600 000 元。予以转账。编制会计分录如下。

结转收入时：　　借：政府性基金预算本级收入 8 000 000

贷：政府性基金预算结转结余 8 000 000

结转支出时： 借：政府性基金预算结转结余 7 600 000

贷：政府性基金预算本级支出 7 600 000

（三）国有资本经营预算本级收支余的核算

1. 国有资本经营预算本级收入的核算

国有资本经营预算本级收入是指政府财政筹集的纳入本级国有资本经营预算管理的收入。国有资本经营预算是政府以所有者身份依法取得国有资本收益，并对所得收益进行分配而发生的各项收支预算。

根据《政府收支分类科目》，国有资本经营预算本级收入主要是纳入本级国有资本经营预算管理的非税收入，内容如下：①利润收入，是指国有企业、国有独资公司依法上缴的税后净利润形成的收入；②股利、股息收入，是指国有控股、参股企业国有股权分配的股利、股息收入；③产权转让收入，是指转让或出售国有资产股权形成的收入；④清算收入，是指通过国有独资企业或国有控股、参股企业清算取得的清算净收入；⑤其他国有资本经营预算收入，是指除以上内容之外的其他事项取得的国有资本经营预算收入。

财政总预算会计设置“国有资本经营预算本级收入”科目，核算政府财政筹集的纳入本级国有资本经营预算管理的非税收入。收到款项时，根据当日预算收入日报表所列国有资本经营预算本级收入数，借记“国库存款”等科目，贷记本科目。年终转账时，本科目贷方余额全数转入“国有资本经营预算结转结余”科目，借记本科目，贷记“国有资本经营预算结转结余”科目。结转后，本科目无余额。本科目平时贷方余额反映国有资本经营预算本级收入的累计数。

本科目应当根据《政府收支分类科目》中国有资本经营预算收入科目进行明细核算。

【例 9-10】某财政局收到国库报送的预算收入日报表，列示纳入国有资本经营预算本级收入共计 800 000 元。编制会计分录如下。

借：国库存款 800 000

贷：国有资本经营预算本级收入 800 000

2. 国有资本经营预算本级支出的核算

国有资本经营预算本级支出是指政府财政管理的由本级政府使用的列入国有资本经营预算的支出。根据《政府收支分类科目》，国有资本经营预算本级支出需要进行功能分类与经济分类。

财政总预算会计设置“国有资本经营预算本级支出”科目，核算政府财政管理的由本级政府使用的列入国有资本经营预算的支出。在支付实际发生国有资本经营预算本级支出时，借记“国有资本经营预算本级支出”科目，贷记“国库存款”科目。年度终了，对纳入国库集中支付管理的、当年未支而需结转下一年度支付的款项（国库集中支付结余），采用权责发生制确认支出时，借记本科目，贷记“应付国库集中支付结余”科目。年终转账时，本科目借方余额应全数转入“国有资本经营预算结转结余”科目，借记“国有资本经营预算结转结余”科目，贷记本科目。结转后，本科目无余额。本科目平时借方余额反映国有资本经营预算本级支出的累计数。

本科目应当按照《政府收支分类科目》中支出功能分类科目设置相应明细科目。同时，根据管理需要，按照支出经济分类科目、部门等进行明细核算。

【例 9-11】某财政局根据国有资本经营预算安排，向某国有商场拨付国有资本经营预算资金 700 000 元，以平抑粮油零售价格。编制会计分录如下。

借：国有资本经营预算本级支出　　700 000
　　贷：国库存款　　700 000

3. 国有资本经营预算结转结余的核算

国有资本经营预算结转结余是指政府财政纳入国有资本经营预算管理的收入与支出相抵后形成的资金余额，反映国有资本经营预算收支的执行结果。纳入国有资本经营预算管理的收入主要是国有资本经营预算本级收入，纳入国有资本经营预算管理的支出包括国有资本经营预算本级支出和国有资本经营预算调出资金。

财政总预算会计设置“国有资本经营预算结转结余”科目，核算政府财政纳入国有资本经营预算管理的收支相抵形成的结转结余。年终转账时，应将国有资本经营预算的有关收入科目贷方余额转入本科目贷方，借记“国有资本经营预算本级收入”等科目，贷记本科目；将国有资本经营预算的有关支出科目借方余额转入本科目借方，借记本科目，贷记“国有资本经营预算本级支出”“调出资金——国有资本经营预算调出资金”等科目。本科目年终贷方余额反映国有资本经营预算收支相抵后的滚存结转结余。

本科目无规定的明细科目。

【例 9-12】某市财政局发生国有资本经营预算本级收入 450 亿元，款项已存入国库。当日，国有资本经营预算本级支出 410 亿元，款项已从国库转出。年末，假如该财政局无其他业务，将上述科目余额转入“国有资本经营预算结转结余”科目。编制会计分录如下。

确认收入时：　借：国库存款　　45 000 000 000
　　　　　　　　　贷：国有资本经营预算本级收入　　45 000 000 000
确认支出时：　借：国有资本经营预算本级支出　　41 000 000 000
　　　　　　　　　贷：国库存款　　41 000 000 000
年末转账时：
（1）结转收入时：　借：国有资本经营预算本级收入　　45 000 000 000
　　　　　　　　　　　贷：国有资本经营预算结转结余　　45 000 000 000
（2）结转支出时：　借：国有资本经营预算结转结余　　41 000 000 000
　　　　　　　　　　　贷：国有资本经营预算本级支出　　41 000 000 000

（四）转移支付资金的核算

转移支付资金业务主要包括转移性收支余的核算。

转移性收入是指在各级政府财政之间进行资金调拨以及在本级政府财政不同类型资金之间调剂所形成的收入。与本级预算收入不同，转移性收入并非由政府财政直接从社会筹集，而是来源于上级政府财政的补助、下级政府财政的上解、地区间政府财政的援助，以及本级政府财政不同类型资金的调剂。财政总预算会计核算的转移性收入包括补助收入、上解收入、地区间援助收入、调入资金和动用预算稳定调节基金。转移性收入应设置“补助收入”“上解收入”“地区间援助收入”“调入资金”“动用预算稳定调节基金”等科目进行核算。

转移性支出是指在各级政府财政之间进行资金调拨以及在本级政府财政不同类型资金之间调剂所形成的支出。与本级预算支出不同，转移性支出并非由本级政府直接使用，而是用于对下级政府财政的补助、对上级政府财政的上解、对其他地区政府财政的援助，以及本级政府财政不同类型资金的调剂。财政总预算会计核算的转移性支出包括补助支出、上解支出、地区间援助支出、调出资金和安排预算稳定调节基金。转移性支出应设置“补助支出”“上解支出”“地区间援助支出”“调出资金”“安排预算稳定调节基金”等科目进行核算。

年终时，财政部门应将转移性收入和转移性支出各科目余额，按照其资金的预算类别，将其分别转入“一般公共预算结转结余”“政府性基金预算结转结余”等科目中，结转后，转移性收入和转移性支出各科目皆无余额。

（五）债务性收支的核算

债务性收入是指政府财政根据法律法规等的规定，通过举借债务的方式筹集资金所取得的收入。政府财政举借债务的方式包括发行债券、向外国政府和国际金融组织借款等。中央政府可以通过发行国债、从外国政府和国际金融组织借款等方式筹集一般公共预算资金；省级政府可以通过发行地方政府债券筹集建设投资资金；省级以下政府不允许直接举借债务，但可以通过上级政府财政转贷的形式取得债务资金。财政总预算会计核算的债务性收入包括债务收入和债务转贷收入。债务性收入应设置“债务收入”“债务转贷收入”等科目进行核算。

债务性支出是指政府财政偿还本级政府承担的债务本金，以及向下级政府财政转贷形成的支出。财政总预算会计核算的债务性支出包括债务还本支出和债务转贷支出。债务性支出应设置“债务还本支出”“债务转贷支出”等科目进行核算。

年终时，财政部门应将债务性收入和债务性支出各科目余额，按照其资金的预算类别，将其分别转入“待偿债净资产”“政府性基金预算结转结余”“一般公共预算结转结余”等科目中，结转后，债务性收入和债务性支出各科目皆无余额。

（六）其他财政资金收支余的核算

其他财政资金收入是指在财政预算资金以外，由政府财政部门管理的其他财政性资金所取得的收入。根据职能安排，部分财政资金由各级政府财政部门设置和使用，纳入财政专项或专户管理。财政总预算会计核算的其他财政资金收入包括财政专户管理资金收入和专用基金收入。其他财政资金收入应设置“财政专户管理资金收入”“专用基金收入”等科目进行核算。

其他财政资金支出是指在政府财政预算资金以外，用财政部门管理的其他财政性资金安排的支出。这部分财政资金由各级政府财政部门使用，纳入财政专项或专户管理。财政总预算会计核算的其他财政资金支出包括财政专户管理资金支出和专用基金支出。其他财政资金支出应设置“财政专户管理资金支出”“专用基金支出”等科目进行核算。

年终时，财政部门应将其他财政资金收入和其他财政资金支出各科目余额，按照其资金的不同类别，转入“财政专户管理资金结余”“专用基金结余”等科目中，结转后，其他财政资金收入和其他财政资金支出各科目皆无余额。

三、财政部门与下级（上级）往来的核算

（一）与下级往来的核算

与下级往来是指本级政府财政与下级政府财政的待结算往来款项。与下级往来反映本级政府财政与下级政府财政之间的债权债务关系，既核算本级政府财政与下级政府财政之间的债权，也核算本级政府财政与下级政府财政之间的债务。

上下级政府财政之间的债权、债务关系，主要有两种情况。①上下级政府财政之间的资金借贷关系。下级政府财政如果在一定期间出现了收支不平衡，可以向上级政府财政申请短期借款；上级政府财政也可以向有结余的下级政府财政借入款项。②上下级政府财政由于体制补助、上解产生的结算关系。根据财政体制的安排，下级政府财政取得的税收收入需要按一定比例上缴上级政府财政；上级政府财政需要对下级政府财政进行税收返还，或对下级政府财政进行专项补助。

财政总预算会计设置“与下级往来”科目，核算本级政府财政与下级政府财政的待结算往来款项。本科目应当按照下级政府财政、资金性质等进行明细核算。与下级往来属于双重性质账户，借方记录债权的增加或债务的减少；贷方记录债权的减少或债务的增加。期末借方余额反映下级政府财政欠本级政府财政的款项（债权），期末贷方余额反映本级政府财政欠下级政府财政的款项（债务）。由于在实际工作当中，多为下级政府财政欠本级政府财政款项而形成债权，所以本科目多为资产而列示在资产负债表的左侧（资产一列），如果存在贷方余额则以负数列示。

【例 9-13】年终，某市财政局与所属县财政局进行体制结算。

（1）按照财政体制的规定计算，本级政府财政尚未拨付下级政府财政的一般公共预算补助款的金额为 600 000 元。编制会计分录如下。

借：补助支出——一般公共预算补助支出　　600 000

　　贷：与下级往来——某县财政局（一般公共预算资金结算）　　600 000

（2）按照财政体制的规定计算，本级政府财政尚未收到下级政府财政的一般公共预算上解款的金额为 700 000 元。编制会计分录如下。

借：与下级往来——某县财政局（一般公共预算资金结算） 700 000

贷：上解收入——一般公共预算上解收入 700 000

（3）经过年终体制结算，“与下级往来——某县财政局”科目存在借方余额（债权）。收到下级政府财政上解的一般公共预算结算款项 100 000 元。编制会计分录如下。

借：国库存款 100 000

贷：与下级往来——某县财政局（一般公共预算资金结算） 100 000

（二）与上级往来的核算

与上级往来是指本级政府财政与上级政府财政的待结算往来款项。与上级往来反映本级政府财政与上级政府财政之间的债权、债务关系，既核算本级政府财政与上级政府财政之间的债务，也核算本级政府财政与上级政府财政之间的债权。

本级政府财政的“与上级往来”和上级政府财政的“与下级往来”相对应，主要有两种情况：①上下级政府财政之间的资金借贷关系；②上下级政府财政由于补助、上解产生的体制结算关系。

财政总预算会计设置“与上级往来”科目，核算本级政府财政与上级政府财政的待结算往来款项。本科目应当按照往来款项的类别和项目等进行明细核算。与上级往来属于双重性质账户，借方记录债权的增加或债务的减少，贷方记录债权的减少或债务的增加。本科目期末贷方余额反映本级政府财政欠上级政府财政的款项（债务）；期末借方余额反映上级政府财政欠本级政府财政的款项（债权）。由于在实际工作当中，多为本级政府财政欠上级政府财政款项而形成债务，所以本科目多为负债而列示在资产负债表的右侧（负债一列），如果存在借方余额则以负数列示。

【例 9-14】年终，某县财政与上级财政进行体制结算。

（1）按照财政体制的规定计算，本级政府财政尚未支付的一般公共预算上解款的金额为 700 000 元。编制会计分录如下。

借：上解支出——一般公共预算上解支出 700 000

贷：与上级往来——一般公共预算资金结算 700 000

（2）按照财政体制的规定计算，本级政府财政尚未收到的一般公共预算补助款的金额为 600 000 元。编制会计分录如下。

借：与上级往来——一般公共预算资金结算 600 000

贷：补助收入——一般公共预算补助收入 600 000

（3）经过年终体制结算，“与上级往来——一般公共预算资金结算”科目存在贷方余额（债务），本级政府财政支付上级政府财政一般公共预算结算款 100 000 元。编制会计分录如下。

借：与上级往来——一般公共预算资金结算 100 000

贷：国库存款 100 000

第三节　年终清理结算和财政总预算会计报表

一、年终清理结算

财政总预算会计应当按月进行会计结账，并应当及时进行年终清理结算。

（一）年终清理结算的主要事项

（1）核对年度预算。本年预算调整和对下转移支付一般截止到11月底；各项预算拨款一般截止到12月25日。

（2）清理本年预算收支。应在本年预算支领列报的款项，非特殊原因，应在年终前办理完毕。

（3）组织征收部门和国库进行年度对账。

（4）清理核对当年拨款支出。

（5）核实股权、债权和债务。

（6）清理往来款项。各种往来款项在年度终了前予以收回或归还。应转作收入或支出的各项款项，要及时转入本年有关收支账。

（7）进行年终财政结算。

财政预算管理部门要在年终清理的基础上，于次年元月底前结清上下级政府财政的转移支付收支和往来款项。经过年终清理和结算，把各项结算收支入账后，即可办理年终结账。

（二）年终结转工作

年终结账工作一般分为年终转账、结清旧账和记入新账三个步骤，依次做账。

（1）年终转账。计算出各科目12月合计数和全年累计数，结出12月末余额，编制结账前的资产负债表，再根据收支余额填制记账凭证，将收支分别转入“一般公共预算结转结余”“政府性基金预算结转结余”“国有资本经营预算结转结余”“专用基金结余”“财政专户管理资金结余”等科目冲销。

（2）结清旧账。将各个收入和支出科目的借方、贷方结出全年总计数。对年终有余额的科目，在“摘要”栏内注明“结转下年”字样，表示转入新账。

（3）记入新账。根据年终转账后的总账和明细账余额编制年终“资产负债表”和有关明细表（不需填制记账凭证），将表列各科目余额直接记入新年度有关总账和明细账年初余额栏内，并在“摘要”栏注明“上年结转”字样，以区别新年度发生数。

决算经本级人民代表大会常务委员会（或人民代表大会）审查批准后，如需更正原报决算草案收入、支出时，则要相应调整有关账目，重新办理结账事项。

二、财政总预算会计报表

财政总预算会计报表又称总会计报表，是反映政府财政预算执行结果和财务状况的书面文件。

财政总预算会计报表包括资产负债表、收入支出表、一般公共预算执行情况表、政府性基金预算执行情况表、国有资本经营预算执行情况表、财政专户管理资金收支情况表、专用基金收支情况表等会计报表和附注。

（一）资产负债表

资产负债表是反映政府财政在某一特定日期财务状况的报表。资产负债表应当按照资产、负债和净资产分类、分项列示，具体格式见表 9-2。

表 9-2 资产负债表

会财政 01 表

编制单位：　　　　______年_____月______日　　　　单位：元

资产	年初余额	期末余额	负债和净资产	年初余额	期末余额
流动资产：			流动负债：		
国库存款			应付短期政府债券		
国库现金管理存款			应付利息		
其他财政存款			应付国库集中支付结余		
有价证券			与上级往来		
在途款			其他应付款		
预拨经费			应付代管资金		
借出款项			一年内到期的非流动负债		
应收股利			流动负债合计		
应收利息			非流动负债：		
与下级往来			应付长期政府债券		
其他应收款			借入款项		
流动资产合计			应付地方政府债券转贷款		
非流动资产：			应付主权外债转贷款		
应收地方政府债券转贷款			其他负债		
应收主权外债转贷款			非流动负债合计		
股权投资			负债合计		
待发国债			一般公共预算结转结余		
非流动资产合计			政府性基金预算结转结余		
			国有资本经营预算结转结余		
			财政专户管理资金结余		
			专用基金结余		

续表

资产	年初余额	期末余额	负债和净资产	年初余额	期末余额
			预算稳定调节基金		
			预算周转金		
			资产基金		
			减：待偿债净资产		
			净资产合计		
资产总计			负债和净资产总计		

（二）收入支出表

收入支出表是反映政府财政在某一会计期间各类财政资金收支余情况的报表。收入支出表根据资金性质按照收入、支出、结转结余的构成分类、分项列示，具体格式见表 9-3。

表 9-3　收入支出表

会财政 02 表

编制单位：　　　　　　　　　　______年______月　　　　　　　　　　单位：元

项目	一般公共预算		政府性基金预算		国有资本经营预算		财政专户管理资金		专用基金	
	本月数	本年累计数	本月数	本年累计数	本月数	本年累计数	本月数	本年累计数	本月数	本年累计数
年初结转结余										
收入合计										
本级收入										
其中：来自预算安排的收入	—	—	—	—	—	—	—	—		
补助收入					—	—	—	—	—	—
上解收入					—	—	—	—	—	—
地区间援助收入			—	—	—	—	—	—	—	—
债务收入					—	—	—	—	—	—
债务转贷收入					—	—	—	—	—	—
动用预算稳定调节基金				—	—	—	—	—	—	—
调入资金					—	—	—	—	—	—
支出合计										
本级支出										
其中：权责发生制列支							—	—	—	—
预算安排专用基金的支出			—	—	—	—	—	—	—	—

续表

项目	一般公共预算		政府性基金预算		国有资本经营预算		财政专户管理资金		专用基金	
	本月数	本年累计数	本月数	本年累计数	本月数	本年累计数	本月数	本年累计数	本月数	本年累计数
补助支出					—	—	—	—	—	—
上解支出					—	—	—	—	—	—
地区间援助支出			—	—	—	—	—	—	—	—
债务还本支出					—	—	—	—	—	—
债务转贷支出					—	—	—	—	—	—
安排预算稳定调节基金			—	—	—	—	—	—	—	—
调出资金							—	—	—	—
结余转出			—	—	—	—	—	—	—	—
其中：增设预算周转金			—	—	—	—	—	—	—	—
年末结转结余										

注：表中有“—”的部分不必填列

（三）预算执行情况表

预算执行情况表是反映政府财政在某一会计期间预算执行结果的报表，具体包括以下几个表。

1）一般公共预算执行情况表。一般公共预算执行情况表是反映政府财政在某一会计期间一般公共预算收支执行结果的报表，按照《政府收支分类科目》中一般公共预算收支科目列示。具体格式见表 9-4。

表 9-4 一般公共预算执行情况表

会财政 03-1 表

编制单位： ______年______月______旬 单位：元

项目	本月（旬）数	本年（月）累计数
一般公共预算本级收入		
101 税收收入		
10101 增值税		
1010101 国内增值税		
⋮		
一般公共预算本级支出		
201 一般公共服务支出		
20101 人大事务		
2010101 行政运行		
⋮		

2）政府性基金预算执行情况表。政府性基金预算执行情况表是反映政府财政在某一会计期间政府性基金预算收支执行结果的报表，按照《政府收支分类科目》中政府性基金预算收支科目列示。具体格式见表 9-5。

表 9-5 政府性基金预算执行情况表

会财政 03-2 表

编制单位： ____年____月____旬 单位：元

项目	本月（旬）数	本年（月）累计数
政府性基金预算本级收入		
10301 政府性基金收入		
1030102 农网还贷资金收入		
103010201 中央农网还贷资金收入		
⋮		
政府性基金预算本级支出		
206 科学技术支出		
20610 核电站乏燃料处理处置基金支出		
2061001 乏燃料运输		
⋮		

3）国有资本经营预算执行情况表。国有资本经营预算执行情况表是反映政府财政在某一会计期间国有资本经营预算收支执行结果的报表，按照《政府收支分类科目》中国有资本经营预算收支科目列示。具体格式见表 9-6。

表 9-6 国有资本经营预算执行情况表

会财政 03-3 表

编制单位： ____年____月____旬 单位：元

项目	本月（旬）数	本年（月）累计数
国有资本经营预算本级收入		
10306 国有资本经营收入		
1030601 利润收入		
103060103 烟草企业利润收入		
⋮		
国有资本经营预算本级支出		
208 社会保障和就业支出		
20804 补充全国社会保障基金		
2080451 国有资本经营预算补充社保基金支出		
⋮		

（四）财政专户管理资金收支情况表

财政专户管理资金收支情况表是反映政府财政在某一会计期间纳入财政专户管理的财政专户管理资金全部收支情况的报表，按照相关政府收支分类科目列示。具体格式见表9-7。

表9-7　财政专户管理资金收支情况表

会财政04表

编制单位：　　　　　　　　　　　　_____年_____月　　　　　　　　　　　　单位：元

项　目	本月数	本年累计数
财政专户管理资金收入		
⋮		
财政专户管理资金支出		
⋮		

（五）专用基金收支情况表

专用基金收支情况表是反映政府财政在某一会计期间专用基金全部收支情况的报表，按照不同类型的专用基金分别列示。具体格式见表9-8。

表9-8　专用基金收支情况表

会财政05表

编制单位：　　　　　　　　　　　　_____年_____月　　　　　　　　　　　　单位：元

项目	本月数	本年累计数
专用基金收入		
粮食风险基金		
⋮		
专用基金支出		
粮食风险基金		
⋮		

（六）附注

附注是指对在会计报表中列示项目的文字描述或明细资料，以及对未能在会计报表中列示项目的说明。

复习思考题

【简答题】

1. 什么是财政总预算会计？其特点有哪些？
2. 简述财政性存款的种类。
3. 简述转移性收入和转移性支出的具体内容。
4. 简述政府财政上下级之间的债权、债务包括的具体内容。
5. 简述财政总预算会计年终清理结算的主要事项。
6. 简述财政总预算会计年终结转工作三个步骤。
7. 简述财政总预算会计报表的种类。

【业务题】根据以下业务编制会计分录。

1. 某市财政局收到国库报来预算收入日报表，表中注明当日“一般公共预算本级收入”科目为 300 亿元，款项已存入国库。同日，财政局发生“一般公共预算本级支出”科目 120 亿元，现已开出拨款单，款项已从国库转出。

2. 年末，某财政局下列科目有余额：“一般公共预算本级收入”科目 20 000 000 元，“一般公共预算本级支出”科目 16 000 000 元。予以转账。

3. 某财政局收到国库报送的预算收入日报表，列示纳入政府性基金预算本级收入的文化事业建设费收入为 700 000 元。当日，拨付文化事业部门基金预算支出 300 000 元。

4. 年末，某财政局下列科目有余额：“政府性基金预算本级收入”科目 85 000 000 元，“政府性基金预算本级支出”科目 81 000 000 元。予以转账。

5. 某财政局收到国库报送的预算收入日报表，列示纳入国有资本经营预算本级收入共计 400 000 元。当日，拨付国有资本经营预算资金支出 100 000 元。年末，假如该财政局无其他业务，将上述科目余额转入“国有资本经营预算结转结余”科目。

第十章

民间非营利组织会计的核算

本章介绍民间非营利组织会计的基本理论及核算方法。

【重要概念】民间非营利组织　权责发生制　会费收入　捐赠收入　业务活动成本　限定性净资产　非限定性净资产　资产负债表　业务活动表　现金流量表

【会计制度】《民间非营利组织会计制度》实施时间：2005 年 1 月 1 日

【其他规章】《〈民间非营利组织会计制度〉若干问题的解释》实施时间：2020 年 6 月 15 日

第一节　民间非营利组织会计概述

一、民间非营利组织的界定

一般意义上的民间非营利组织是指以公共利益为目的，在法律所规范的权利、义务下，运用大众捐款与政府补助款、自我生产所得等独立运作，向社会提供组织成立宗旨所标明的服务的民间组织。

目前，我国的民间非营利组织主要是在文化与休闲、教育与研究、卫生、社会服务、宗教活动和组织、商会、专业协会等领域开展工作的机构，主要包括社会团体、基金会、民办非企业、寺院、宫观、清真寺、教堂。

民间非营利组织应当同时具备以下特征：①该组织不以营利为宗旨和目的；②资源提供者向该组织投入资源不取得经济回报；③资源提供者不享有该组织的所有权。

符合《民间非营利组织会计制度》规定，同时具备该制度规定特征的非营利性民办学校、医疗机构等社会服务机构，境外非政府组织在中国境内依法登记设立的代表机构应当按照《民间非营利组织会计制度》进行会计核算。

二、民间非营利组织会计特点

民间非营利组织会计是以货币为主要计量单位，对依法设立的非营利性民办学校、医疗机构等社会服务机构，境外非政府组织在中国境内依法登记设立的代表机构的经济业务进行核算和监督的专业会计。民间非营利组织会计的特点主要体现在以下方面。

（一）民间非营利组织的资金具有民间性

民间非营利组织的资金主要来自社会各界的捐赠、会员缴纳的会费、接受服务对象缴纳的服务费等，具有显著的民间性。

（二）以权责发生制原则为会计核算基础

民间非营利组织会计采用权责发生制原则作为会计核算基础来确认收支，从而要求民间非营利组织计提固定资产折旧、进行成本核算等，有助于民间非营利组织加强资产负债管理和成本管理，提高运营绩效，有效弥补收付实现制会计的不足。

（三）设置了资产、负债、净资产、收入和费用五个会计要素

民间非营利组织会计设置了资产、负债、净资产、收入和费用五个会计要素。由于民间非营利组织资源提供者既不享有组织的所有权，也不从组织中取得回报，所以民间非营利组织不存在核算“所有者权益”和“利润”的问题。但是，民间非营利组织在权责发生制会计核算基础下，需要适当地进行成本核算，要进行收支配比，因此需要设置费用作为会计要素。

（四）计量基础包括历史成本和公允价值

民间非营利组织会计在坚持以历史成本为计量基础的同时，对于一些特殊的交易事项，如捐赠、政府补助等，引入了公允价值等其他计量基础。这主要是由民间非营利组织的业务特征决定的，其许多资产的取得并没有实际成本，如捐赠资产、政府补助资产等都是无偿取得的，如果严格按照实际成本原则将难以进行确认和计量，从而难以实现真实、完整反映的目的。

（五）净资产分为限定性净资产和非限定性净资产两类进行核算和列报

民间非营利组织的净资产分为限定性净资产和非限定性净资产两类进行核算和列报，其中，限定性净资产是指其使用存在时间和（或）用途限制的净资产，除此之外的其他净资产即为非限定性净资产。限定性资产和非限定性资产的划分可以更加如实地反映民间非营利组织净资产的构成和性质等情况。

（六）收入的确认标准具有特殊性

由于民间非营利组织收入来源的特殊性，民间非营利组织的收入区分为交换交易形成的收入和非交换交易形成的收入，分别界定其确认标准。对于按照等价交换原则所进行的交易，按照交换交易收入的确认原则进行确认和计量；对于按照非等价交换原则进行的交易，如政府补助、捐赠等，按照非交换交易收入的确认原则进行确认和计量。

三、民间非营利组织会计的核算对象

从一般意义上讲，民间非营利组织会计对象为民间非营利组织的业务资金及其运动。民间非营利组织会计对象具体表现为会计要素。民间非营利组织会计要素为资产、负债、净资产、收入、费用。

民间非营利组织的资产是指过去的交易或者事项形成并由民间非营利组织拥有或者控制的资源，是民间非营利组织资金的占用形态；负债是指过去的交易或者事项形成的现时义务，净资产是指资产减去负债后的余额，负债和净资产是民间非营利组织资源的来源渠道。资产、负债、净资产是反映民间非营利组织财务状况的会计要素，也是民间非营利组织资产负债表的报表要素。

民间非营利组织的收入是指民间非营利组织开展业务活动取得的、导致本期净资产增加的经济利益或者服务潜力的流入。费用是指民间非营利组织为开展业务活动所发生的、导致本期净资产减少的经济利益或者服务潜力的流出。民间非营利组织收入和费用是资金运动的结果，是反映民间非营利组织业务活动情况的会计要素，也是民间非营利组织业务活动表的报表要素。

四、民间非营利组织会计的核算方法

民间非营利组织会计的核算方法，是对民间非营利组织会计对象进行连续、系统、完整的核算和监督所采用的方法，具体包括设置会计科目、确定记账方法、填制和审核会计凭证、登记账簿、成本计算、财产清查、编制财务报告等。这些方法互相联系，互相补充，构成一个完整的会计核算的方法体系。本节主要介绍民间非营利组织会计科目的设置。

民间非营利组织会计科目分为资产、负债、净资产和收入费用四大类。其具体内容如表 10-1 所示。

表 10-1　会计科目名称和编号

编号	科目名称	编号	科目名称
一、资产类		1131	坏账准备
1001	现金	1141	预付账款
1002	银行存款	1201	存货
1009	其他货币资金	1202	存货跌价准备
1101	短期投资	1301	待摊费用
1102	短期投资跌价准备	1401	长期股权投资
1111	应收票据	1402	长期债权投资
1121	应收账款	1421	长期投资减值准备
1122	其他应收款	1501	固定资产

续表

编号	科目名称	编号	科目名称
1502	累计折旧	2502	长期应付款
1505	在建工程	2601	受托代理负债
1506	文物文化资产	三、净资产	
1509	固定资产清理	3101	非限定性净资产
1601	无形资产	3102	限定性净资产
1701	受托代理资产	四、收入费用类	
二、负债类		4101	捐赠收入
2101	短期借款	4201	会费收入
2201	应付票据	4301	提供服务收入
2202	应付账款	4401	政府补助收入
2203	预收账款	4501	商品销售收入
2204	应付工资	4601	投资收益
2206	应交税金	4901	其他收入
2209	其他应付款	5101	业务活动成本
2301	预提费用	5201	管理费用
2401	预计负债	5301	筹资费用
2501	长期借款	5401	其他费用

第二节　民间非营利组织主要业务的核算

一、受托代理资产和受托代理负债的核算

（一）受托代理资产和受托代理负债的确认和计量

1. 受托代理资产的确认和计量

受托代理资产是指民间非营利组织因从事受托代理交易而从委托方取得的资产。在受托代理交易过程中，民间非营利组织通常只是从委托方收到受托资产，并按照委托人的意愿将资产转赠给指定的其他组织或者个人，或者按照有关规定将资产转交给指定的其他组织或者个人，民间非营利组织本身并不拥有受托资产的所有权和使用权，它只是在交易过程中起中介作用，无权改变受托代理资产的用途或者变更受益人。

民间非营利组织应当对受托代理资产进行确认和计量。受托代理资产的确认和计量原则依照民间非营利组织接受捐赠资产的确认和计量原则。

2. 受托代理负债的确认和计量

受托代理负债是指民间非营利组织因从事受托代理业务、接受受托代理资产而产生的负债。

受托代理负债应当按照相对应的受托代理资产的金额予以确认和计量。当民间非营利组织在确认一项受托代理资产时，应当同时确认一项受托代理负债。如民间非营利组织可能为某个具体的个人或单位举办一场慈善活动，声明在此次活动中收到的款项将由组织转交给该个人或单位，那么这些款项就应当被确认为该组织的受托代理资产，并同时确认相应的受托代理负债。

（二）受托代理业务和捐赠活动的区别

民间非营利组织的受托代理业务与其通常从事的捐赠活动存在本质上的差异。因此需要将两者区分开来，按照不同的原则进行会计处理。在区分受托代理业务与捐赠活动时，应当注意以下几点。

（1）受益程度有实质性差异。在受托代理业务中，民间非营利组织并不是受托代理资产的最终受益人，只是代受益人保管这些资产。而对于接受捐赠的资产，民间非营利组织对于资产以及资产带来的收益具有控制权。

（2）当事人的职责不同。在受托代理业务中，受托代理资产的受益人是由委托人具体指定的，民间非营利组织只是起到中介人的作用，帮助委托人将资产转赠或转交给指定的受益人，并没有权力改变受益人和受托代理资产的用途。在限定性捐赠中，民间非营利组织在按照资产提供者要求使用这些受赠资产的前提下，具有一定的自主权，可以在资产提供者的限定范围内选择具体的受益人。

（3）签订协议不同。受托代理业务通常应当签订明确的书面协议，而且通常是委托方、受托方和受益人三方共同签订的。捐赠活动一般需要捐赠方和受赠方签订捐赠协议。

（三）受托代理资产和受托代理负债的核算

为了对民间非营利组织的受托代理资产进行核算，应设置“受托代理资产”账户，核算民间非营利组织接受委托方委托从事委托代理业务而收到的资产。该账户属于资产类账户，其借方登记受托代理资产的增加，贷方登记受托代理资产的减少。其期末借方余额，反映民间非营利组织期末尚未转出的受托代理资产价值。

在核算民间非营利组织受托代理资产时对因此产生的负债，应设置“受托代理负债”账户进行核算。

民间非营利组织在收到受托代理资产时，按照应确认的入账金额，借记“受托代理资产”账户，贷记“受托代理负债”账户。

民间非营利组织收到的受托代理资产如果为现金、银行存款或其他货币资金，可以不通过“受托代理资产”账户核算，而在“现金”“银行存款”“其他货币资金”账户下设置“受托代理资产”明细账户进行核算，即在取得这些受托代理资产时，借记

“现金——受托代理资产”“银行存款——受托代理资产”“其他货币资金——受托代理资产”账户，贷记“受托代理负债”账户。

转赠或者转出受托代理资产，按照转出受托代理资产的账面余额，借记“受托代理负债”账户，贷记“受托代理资产”账户。

在转赠或者转出受托代理资产时，借记“受托代理负债”科目，贷记“现金——受托代理资产”“银行存款——受托代理资产”“其他货币资金——受托代理资产”账户。

【例 10-1】某儿童基金会收到外商委托代管图书一批，价值 500 000 元。根据代管协议，该批财产于次年用于西部扶贫项目。根据有关凭证编制会计分录。

借：受托代理资产　　500 000
　贷：受托代理负债　　500 000

次年，该基金会转出受托代理资产时，编制会计分录。

借：受托代理负债　　500 000
　贷：受托代理资产　　500 000

【例 10-2】某民办医院收到甲公司委托代理接受货币捐赠 300 000 元，准备用于革命老区流行病防治专款。根据有关凭证编制会计分录。

借：银行存款——受托代理资产　　300 000
　贷：受托代理负债　　300 000

转出受托代理资产时编制会计分录。

借：受托代理负债　　300 000
　贷：银行存款——受托代理资产　　300 000

二、收入的核算

收入是指民间非营利组织开展业务活动取得的、导致本期净资产增加的经济利益或者服务潜力的流入。

民间非营利组织的收入可按不同标准进行分类。

民间非营利组织的收入按收入的来源，可分为捐赠收入、会费收入、提供服务收入、政府补助收入、投资收益、商品销售收入等主要业务活动收入和其他收入等。其中，捐赠收入是指民间非营利组织接受其他单位或个人捐赠所取得的收入；会费收入是指民间非营利组织根据章程等的规定向会员收取的会费；提供服务收入是指民间非营利组织根据章程等的规定向服务对象提供服务取得的收入，包括学费收入、医疗费收入、培训收入等；政府补贴收入是指民间非营利组织接受政府拨款或者政府机构给予的补助而取得的收入；投资收益是指民间非营利组织因对外投资取得的投资净损益；商品销售收入是指民间非营利组织销售商品（如出版物、药品等）等所形成的收入；其他收入是指除上述主要业务活动收入以外的其他收入，如固定资产处置净收入、无形资产处置净收入等。

民间非营利组织的收入按交易过程是否有实物或权利的交割分类，可分为交换交易收入和非交换交易收入。其中，交换交易收入是指民间非营利组织按照等价交换原则所从事的交易取得的收入，如销售商品、提供劳务等属于交换交易；非交换交易收入是指除交换交易之外的交易取得的收入，如捐赠、政府补助等属于非交换交易。

民间非营利组织的收入按是否存在限定条件分类，可分为非限定性收入和限定性收入。其中，如果资产提供者对资产的使用设置了时间限制或者用途限制，则所确认的相关收入为限定性收入；除此之外的其他收入，为非限定性收入。

（一）捐赠收入的核算

1. 捐赠的概念

捐赠通常是指某个单位或个人（捐赠人）自愿地将现金或其他资产无偿地转让给另一单位或个人（受赠人），或者无偿地清偿或取消该单位或个人（受赠人）的负债。这里的其他资产包括债券、股票、产品、材料、设备、房屋、无形资产和劳务等。在实务中，民间非营利组织既可能作为受赠人，接受其他单位或个人的捐赠；也可能作为捐赠人，对其他单位或个人做出捐赠。

捐赠一般具有以下三个基本特征：①捐赠是无偿地转让资产或者清偿或取消负债，属于非交换交易；②捐赠是自愿地转让资产或者清偿或取消负债，从而将捐赠与纳税、征收罚款等其他非交换交易区别开来；③捐赠交易中资产或劳务的转让不属于所有者的投入或向所有者的分配。

2. 捐赠收入的概念

捐赠收入是指民间非营利组织接受其他单位或者个人捐赠所取得的收入，应当根据相关资产提供者对资产的使用是否设置了限制划分为限定性收入和非限定性收入。如果捐赠人对捐赠资产的使用设置了时间限制或者（和）用途限制，则确认的相关捐赠收入为限定性收入；如果捐赠方对捐赠的使用没有设置时间限制或用途限制，则确认的相关捐赠收入为非限定性收入。

民间非营利组织应当区分捐赠与捐赠承诺。捐赠承诺是指捐赠现金或其他资产的书面协议或口头约定等。由于捐赠承诺不满足非交换交易收入的确认条件，民间非营利组织对于捐赠承诺，不应予以确认，但可以在会计报表附注中作相关披露。

对于民间非营利组织接受捐赠的现金资产，应当按照实际收到的金额入账。对于民间非营利组织接受捐赠的非现金资产，如接受捐赠的短期投资、存货、长期投资、固定资产和无形资产等，应当按照以下方法确定其入账价值：①如果捐赠方提供了有关凭据（如发票、报关单、有关协议等）的，应当按照凭据上标明的金额作为入账价值。如果凭据上标明的金额与受赠资产公允价值相差较大，受赠资产应当以其公允价值作为其入账价值。②如果捐赠方没有提供有关凭据的，受赠资产应当以其公允价值作为入账价值。

对于民间非营利组织接受的劳务捐赠，不予确认，但应当在会计报表附注中作相关披露。

3. 捐赠收入的核算

民间非营利组织对接受其他单位或者个人捐赠所取得的收入进行核算时，应设置

“捐赠收入”账户。该账户属于收入费用类账户，其贷方登记取得的捐赠收入；借方登记期末转入净资产的捐赠收入，期末结转后无余额。该账户应当按照非限定性收入和限定性收入设置明细科目，进行明细核算。

民间非营利组织接受的捐赠，按照应确认的金额，借记“现金”“银行存款”“短期投资”“存货”“长期股权投资”“长期债权投资”“固定资产”“无形资产”等科目，贷记本科目“限定性收入”或“非限定性收入”明细科目。

对于民间非营利组织接受的附条件捐赠，如果存在需要偿还全部或部分捐赠资产或者相应金额的现时义务时（如因无法满足捐赠所附条件而必须将部分捐赠款退还给捐赠人时），按照需要偿还的金额，借记“管理费用”科目，贷记“其他应付款”等科目。

如果限定性收入的限制在确认收入的当期得以解除，应当将其转为非限定性收入，借记本科目“限定性收入”明细科目，贷记本科目“非限定性收入”明细科目。

期末，将本科目各明细科目的余额分别转入限定性净资产和非限定性净资产，借记本科目“限定性收入”明细科目，贷记“限定性净资产”科目，借记本科目“非限定性收入”明细科目，贷记“非限定性净资产”科目。

【例 10-3】某民间非营利医院收到光大集团捐款 400 000 元，专门用于某种传染病的防治研究，并要求取得一定成果。该医院收到转账支票，存入银行。编制如下会计分录。

借：银行存款　　400 000
　　贷：捐赠收入——限定性收入　　400 000

【例 10-4】某基金会接受光明公司捐赠新设备一台，该公司提供的发票等凭证标明该设备的原价是 160 000 元，该基金会为使设备达到预计可使用状态所发生的运输费、安装费等为 5 000 元，全部以银行存款支付。编制如下会计分录。

借：固定资产——专用设备　　165 000
　　贷：捐赠收入——非限定性收入　　160 000
　　　　银行存款　　5 000

【例 10-5】年末，某民间非营利基金会将限定性收入 400 000 元和非限定性收入 200 000 元，分别转入限定性净资产和非限定性净资产。编制如下会计分录。

借：捐赠收入——限定性收入　　400 000
　　贷：限定性净资产　　400 000
借：捐赠收入——非限定性收入　　200 000
　　贷：非限定性净资产　　200 000

（二）会费收入的核算

会费收入是指民间非营利组织根据章程等的规定向会员收取的会费。一般情况下，民间非营利组织的会费收入为非限定性收入，除非相关资产提供者对资产的使用设置了限制。

民间非营利组织的会费收入通常属于非交换交易收入。民间非营利组织对根据章程等的规定向会员收取的会费收入进行核算时，应设置“会费收入”账户。该账户属于收入费用类账户，其贷方登记取得的会费收入；借方登记期末转入净资产的会费收入，期末结转后无余额。该账户应当按照会费种类（如团体会费、个人会费等）设置明细账，进行明细核算。

民间非营利组织向会员收取会费，在满足收入确认条件时，借记“现金”“银行存款”“应收账款”等科目，贷记本科目“非限定性收入”明细科目，如果存在限定性会费收入，应当贷记本科目“限定性收入”明细科目；期末，将本科目的余额转入非限定性净资产，借记本科目“非限定性收入”明细科目，贷记“非限定性净资产”科目。如果存在限定性会费收入，则将其金额转入限定性净资产，借记本科目“限定性收入”明细科目，贷记“限定性净资产”科目。

【例 10-6】 某民间非营利研究会的会费收入采用按年收取，按月确认的方式。2004 年 1 月收到本年度会员缴纳会费 36 000 元，款项全部通过银行收讫。每月将会费收入进行确认。2004 年末会计部门将会费收入账户余额转入非限定性净资产。编制如下会计分录。

（1）收到会费时，会计分录如下。

借：银行存款　　36 000

　贷：应收账款——非限定性收入　　36 000

（2）每月确认会费收入时，会计分录如下。

借：应收账款　　3 000

　贷：会费收入　　3 000

（3）年终将会费收入转入净资产时，会计分录如下。

借：会费收入——非限定性收入　　36 000

　贷：非限定性净资产　　36 000

（三）政府补助收入的核算

民间非营利组织对接受政府拨款或者政府机构给予的补助而取得的收入进行核算时，应设置“政府补助收入”账户。该账户属于收入费用类账户，其贷方登记取得的政府补助收入；借方登记期末转入净资产的政府补助收入，期末结转后无余额。该账户应当按照非限定性收入和限定性收入设置明细科目，进行明细核算。

民间非营利组织接受的政府补助，按照应确认的金额，借记“现金”“银行存款”等科目，贷记本科目“限定性收入”或“非限定性收入”明细科目；对于接受的附条件政府补助，如果民间非营利组织存在需要偿还全部或部分政府补助资产或者相应金额的现时义务时（如因无法满足政府补助所附条件而必须退还部分政府补助时），按照需要偿还的金额，借记“管理费用”科目，贷记“其他应付款”等科目；如果限定性政府补助收入的限制在确认收入的当期得以解除，应当将其转为非限定性收入，借记本科目“限定性收入”明细科目，贷记本科目“非限定性收入”明细科目；期末，将本科目各明细科目的余额分别转入限定性净资产和非限定性净资产，借记本科目“限定性收入”明细科目，贷记“限定性净资产”科目，借记本科目“非限定性收入”明细科目，贷记“非限定性净资产”科目。

【例 10-7】6 月 5 日某民间非营利扶贫基金会宣布成立，当日收到政府补助款项 500 000 元，且补助协议规定该资金只能用于特殊的教育项目。收到款项时，编制如下会计分录。

借：银行存款　　500 000

　贷：政府补助收入——限定性收入　　500 000

【例 10-8】12 月 31 日某民间非营利组织将限定性政府补助收入科目余额 450 000 元和非限定性政府补助收入科目余额 550 000 元，分别转入限定性净资产和非限定性净资产。编制如下会计分录。

借：政府补助收入——限定性收入　　450 000

　贷：限定性净资产　　450 000

借：政府补助收入——非限定性收入　　550 000

　贷：非限定性净资产　　550 000

（四）提供服务收入的核算

民间非营利组织对根据章程等的规定向其服务对象提供服务取得的收入进行核算时，应设置“提供服务收入”账户。该账户属于收入费用类账户，其贷方登记取得的提供服务收入；借方登记期末转入净资产的提供服务收入，期末结转后无余额。该账户应当按照提供服务的种类设置明细账，进行明细核算。一般情况下，民间非营利组织的提供服务收入为非限定性收入，除非相关资产提供者对资产的使用设置了限制。

民间非营利组织提供服务取得收入（如学杂费收入、医疗费收入、培训收入）时，按照实际收到或应当收取的价款，借记“现金”“银行存款”“应收账款”等科目，按照应当确认的提供服务收入金额，贷记本科目，按照预收的价款，贷记“预收账款”科目；在以后期间确认提供服务收入时，借记“预收账款”科目，贷记本科目“非限定性收入”明细科目，如果存在限定性提供服务收入，应当贷记本科目“限定性收入”明细科目；期末，将本科目的余额转入非限定性净资产，借记本科目“非限定性收入”明细科目，贷记“非限定性净资产”科目。如果存在限定性提供服务收入，则将其金额转入限定性净资产，借记本科目“限定性收入”明细科目，贷记“限定性净资产”科目。

【例 10-9】3 月 1 日某民间非营利医院挂号处报来当日挂号诊费收入汇总日报表，同时交来现金 20 000 元，编制如下会计分录。

借：现金　　20 000

　贷：提供服务收入　　20 000

【例 10-10】某民办学校本年度招收新生，实收学费 300 000 元，其中，当年度学费 50 000 元，第二年度、第三年度学费均为 100 000 元，第四年度学费为 50 000 元。

（1）收款时，会计分录如下。

借：现金　　300 000

　贷：提供服务收入——非限定性收入　　50 000

　　　预收账款　　250 000

（2）第二年度和第三年度结转收入的账务处理相同，会计分录如下。

借：预收账款　　100 000

　贷：提供服务收入——非限定性收入　　100 000

（3）第四年度结转收入时，会计分录如下。

借：预收账款　　50 000

　贷：提供服务收入——非限定性收入　　50 000

【例 10-11】期末，某民间非营利组织“提供服务收入——非限定性收入”账户贷方余额 1 000 000 元，会计分录如下。

借：提供服务收入——非限定性收入　　1 000 000

　贷：非限定性净资产　　1 000 000

（五）商品销售收入的核算

民间非营利组织对销售商品（如出版物、药品）等所形成的收入进行核算时，应设置“商品销售收入”账户。该账户属于收入费用类账户，其贷方登记取得的商品销售收入；借方登记期末转入净资产的商品销售收入，期末结转后无余额。该账户应当按照商品的种类设置明细账，进行明细核算。一般情况下，民间非营利组织的商品销售收入为非限定性收入，除非相关资产提供者对资产的使用设置了限制。

销售商品取得收入时，按照实际收到或应当收取的价款，借记“现金”“银行存款”“应收票据”“应收账款”等科目，按照应当确认的商品销售收入金额，贷记本科目“非限定性收入”明细科目，按照预收的价款，贷记“预收账款”科目。在以后期间确认商品销售收入时，借记“预收账款”科目，贷记本科目“非限定性收入”明细科目，如果存在限定性商品销售收入，应当贷记本科目“限定性收入”明细科目。期末，将本科目的余额转入非限定性净资产，借记本科目，贷记“非限定性净资产”科目。

【例 10-12】3 月 1 日某民间非营利医院门诊收费处报来“门诊药品收入汇总日报表”，西药收入现金 58 000 元，银行支票 2 000 元。编制如下会计分录。

借：现金　　58 000

　　银行存款　　2 000

　贷：商品销售收入——西药　　60 000

【例 10-13】期末，某民间非营利组织“商品销售收入——非限定性收入”账户的累计贷方余额为 2 000 000 元，则根据本期收入结转计算表，会计分录如下。

借：商品销售收入——非限定性收入　　2 000 000

　贷：非限定性净资产　　2 000 000

（六）投资收益的核算

民间非营利组织对对外投资取得的投资净损益进行核算时，应设置“投资收益”账户。该账户属于收入费用类账户，其贷方登记取得的投资收益；借方登记发生的投资损失、冲减的投资收益和期末转入净资产的投资收益，期末结转后无余额。一般情况下，民间非营利组织的投资收益为非限定性收入，除非相关资产提供者对资产的使用设置了限制。

【例 10-14】12 月，某民间非营利科技开发组织发生的投资业务及编制的会计分录如下。

（1）12 月 10 日将购入成本为 15 000 元的短期股票投资进行转让，收取价款 13 500 元，存入银行。

借：银行存款　　　　13 500

　　投资收益　　　　1 500

　贷：短期投资　　　　15 000

（2）12 月 31 日将“投资收益”账户余额转入非限定性净资产，会计分录如下。

借：投资收益　　　　81 000

　贷：非限定性净资产　　　　81 000

（七）其他收入的核算

民间非营利组织的其他收入是指民间非营利组织在主要业务活动收入以外的其他方面取得的收入，如固定资产处置净收入、无形资产处置净收入、无法支付的应付款项、资产出租收入等。一般情况下，民间非营利组织的其他收入为非限定性收入，除非相关资产提供者对资产的使用设置了限制。

为了核算和监督民间非营利组织除了捐赠收入、会费收入、提供服务收入、政府补贴收入、商品销售收入和投资收益等主要业务活动收入之外的各种收入的实际情况，应设置“其他收入”账户。该账户属于收入费用类账户，贷方登记本期实现的其他收入额，借方登记期末结转本年净资产的其他收入额，平时余额在贷方反映民间非营利组织当期实现其他收入的累积金额，期末结转本年净资产后该账户应无余额。该账户应按照其他收入种类设置明细账户，进行明细核算。

民间非营利组织现金、存货、固定资产等盘盈的，根据管理权限报经批准后，借记“现金”“存货”“固定资产”“文物文化资产”等科目，贷记本科目“非限定性收入”明细科目，如果存在限定性其他收入，应当贷记本科目“限定性收入”明细科目；对于固定资产处置净收入，借记“固定资产清理”科目，贷记本科目；对于无形资产处置净收入，按照实际取得的价款，借记“银行存款”等科目，按照该项无形资产的账面余额，贷记“无形资产”科目，按照其差额，贷记本科目；确认无法支付的应付款项，借记“应付账款”等科目，贷记本科目；在非货币性交易中收到补价情况下应确认的损益，借记有关科目，贷记“其他收入”科目；期末，将本科目的余额转入非限定性净资产，借记本科目，贷记“非限定性净资产”科目。如果存在限定性的其他收入，则将其金额转入限定性净资产，借记本科目，贷记“限定性净资产”科目。

【例 10-15】民间非营利组织将一笔确实无法支付的应付账款 6 500 元，予以转销。账务处理如下。

借：应付账款——ET 公司　　　　6 500

　　贷：其他收入　　　　6 500

【例 10-16】12 月 31 日，民间非营利组织将“其他收入——非限定性收入”账户余额转入“非限定性净资产”，会计分录如下。

借：其他收入——非限定性收入　　　　5 500

　　贷：非限定性净资产　　　　5 500

三、费用的核算

费用是指民间非营利组织为开展业务活动所发生的、导致本期净资产减少的经济利益或者服务潜力的流出。民间非营利组织的费用应当按照其功能分为业务活动成本、管理费用、筹资费用和其他费用等。

民间非营利组织发生的业务活动成本、管理费用、筹资费用和其他费用，应当在发生时按其发生额计入当期费用。

（一）业务活动成本的核算

业务活动成本是指民间非营利组织为了实现其业务活动目标、开展其项目活动或者提供服务所发生的费用。

民间非营利组织应设置“业务活动成本”账户，核算为了实现其业务活动目标、开展其项目活动或者提供服务所发生的费用。该账户属于收入费用类账户，其借方登记发生的业务成本；贷方登记期末转入非限定性净资产的数额。结转后该账户无余额。

如果民间非营利组织从事的项目、提供的服务或者开展的业务比较单一，可以将相关费用全部归集在“业务活动成本”项目下进行核算和列报；如果民间非营利组织从事的项目、提供的服务或者开展的业务种类较多，民间非营利组织应当在“业务活动成本”项目下分别项目、服务或者业务大类进行核算和列报。

民间非营利组织发生的业务活动成本，借记本科目，贷记“现金”“银行存款”“存货”“应付账款”等科目；期末，将本科目的余额转入非限定性净资产，借记“非限定性净资产”科目，贷记本科目。

【例 10-17】某民间非营利医院手术室领用纱布 2 000 元，乙醇 500 元，手术器械 1 800 元。

财会部门根据“材料出库单”，编制会计分录如下。

借：业务活动成本——医疗成本　　　　4 300

　　贷：存货——医疗材料　　　　4 300

【例 10-18】月末，某民间非营利组织将“业务活动成本”账户余额 350 000 元转入“非限定性净资产”账户。

借：非限定性净资产　　　　350 000

　贷：业务活动成本　　　　　350 000

（二）管理费用的核算

管理费用是指民间非营利组织为组织和管理其业务活动所发生的各项费用，包括民间非营利组织董事会（或者理事会或者类似权力机构）经费和行政管理人员的工资、奖金、福利费、住房公积金、住房补贴、社会保障费、离退休人员工资及补助，以及办公费、水电费、邮电费、物业管理费、差旅费、折旧费、修理费、租赁费、无形资产摊销费、资产盘亏损失、资产减值损失、因预计负债所产生的损失、聘请中介机构费和应偿还的受赠资产等。

民间非营利组织对管理费用进行核算时，应设置“管理费用”账户。该账户属于收入费用类账户，其借方登记发生的管理费用；贷方登记期末转入净资产的管理费用，期末结转后无余额。该账户应当按照管理费用的种类设置明细账，进行明细核算。期末，将本科目的余额转入非限定性净资产，借记本科目，贷记“非限定性净资产”科目。

【例 10-19】某民间非营利组织发生管理费用 380 元。期末，将“管理费用”科目余额 10 380 元转入“非限定性净资产”。根据以下业务编制会计分录。

（1）发生管理费用时，会计分录如下。

借：管理费用　　　　380

　贷：预提费用　　　　380

（2）期末，结转管理费用。

借：非限定性净资产　　　　10 380

　贷：管理费用　　　　　　10 380

（三）筹资费用的核算

筹资费用是指民间非营利组织为筹集业务活动所需资金而发生的费用，它包括民间非营利组织为了获得捐赠资产而发生的费用（如举办募款活动费、准备、印刷和发放募款宣传资料费以及其他与募款或者争取捐赠资产有关的费用）、应当计入当期费用的借款费用、汇兑损失（减汇兑收益）等。

民间非营利组织对为筹集业务活动所需资金而发生的费用进行核算时，应设置“筹资费用”账户。该账户属于收入费用类账户，其借方登记发生的筹资费用；贷方登记期末转入净资产的筹资费用，期末结转后无余额。该账户应当按照费用种类设置明细账，进行明细核算。

民间非营利组织发生的筹资费用，借记本科目，贷记“预提费用”“银行存款”“长期借款”等科目。发生的应冲减筹资费用的利息收入、汇兑收益，借记“银行存款”“长期借款”等科目，贷记本科目；期末，将本科目的余额转入非限定性净资产，借记“非限定性净资产”科目，贷记本科目。

【例 10-20】某基金会为举办募款活动发生以下费用：以转账支票支付印刷宣传资料费 30 000 元；以现金支付劳务费 500 元、误餐费 120 元。编制如下会计分录。

借：筹资费用——获得捐赠资产费用　　30 620
　贷：现金　　620
　　银行存款　　30 000

【例 10-21】某民间非营利组织期末将筹资费用 16 000 元转入非限定性净资产。编制如下会计分录。

借：非限定性净资产　　16 000
　贷：筹资费用　　16 000

（四）其他费用的核算

其他费用是指民间非营利组织发生的、无法归属到上述业务活动成本、管理费用或者筹资费用中的费用，包括固定资产处置净损失、无形资产处置净损失等。

民间非营利组织对发生的、无法确定归属的费用进行核算时，应设置“其他费用”账户。该账户属于收入费用类账户，其借方登记发生的其他费用；贷方登记期末转入净资产的其他费用，期末结转后无余额。该账户应当按照费用种类设置明细账，进行明细核算。

【例 10-22】某民间非营利组织发生其他费用 1 000 元，转账付讫。期末，将本期发生的其他费用 12 300 元转入非限定性净资产。编制如下会计分录。

（1）发生费用时，会计分录如下。

借：其他费用　　1 000
　贷：银行存款　　1 000

（2）期末结转时，会计分录如下。

借：非限定性净资产　　12 300
　贷：其他费用　　12 300

四、净资产的核算

（一）净资产的概念

民间非营利组织的净资产，是指资产减去负债后的余额，它表明民间非营利组织的资产总额在抵偿了一切现存义务后的差额部分，显示了该组织的规模和经济实力。

1. 净资产的分类

民间非营利组织的净资产按其使用是否受到限制，可以分为限定性净资产和非限定性净资产。

如果资产或者资产所产生的经济利益（如资产的投资收益和利息等）的使用受到

资产提供者或者国家有关法律法规所设置的时间限制或（和）用途限制，则由此形成的净资产即为限定性净资产。这里的时间限制，是指资产提供者或者国家有关法律法规要求民间非营利组织在收到资产后的某一时期或某一特定日期之后才能使用该项资产；用途限制是指资产提供者或者国家有关法律法规要求民间非营利组织将收到的资产用于某一特定的用途。

2. 限定性净资产转为非限定性净资产限制解除条件

区分以下限制解除的不同情况，确定将限定性净资产转为非限定性净资产的金额。

（1）对于因资产提供者或者国家有关法律、行政法规要求在收到资产后的特定时期之内使用该项资产而形成的限定性净资产，应当在相应期间之内按照实际使用的相关资产金额转为非限定性净资产。

（2）对于因资产提供者或者国家有关法律、行政法规要求在收到资产后的特定日期之后使用该项资产而形成的限定性净资产，应当在该特定日期全额转为非限定性净资产。

（3）对于因资产提供者或者国家有关法律、行政法规设置用途限制而形成的限定性净资产，应当在使用时按照实际用于规定用途的相关资产金额转为非限定性净资产。其中，对固定资产、无形资产仅设置用途限制的，应当自取得该资产开始，按照计提折旧或计提摊销的金额，分期将相关限定性净资产转为非限定性净资产。在处置固定资产、无形资产时，应当将尚未重分类的相关限定性净资产全额转为非限定性净资产。

（4）如果资产提供者或者国家有关法律、行政法规要求民间非营利组织在特定时期之内或特定日期之后将限定性净资产用于特定用途，应当在相应期间之内或相应日期之后按照实际用于规定用途的相关资产金额转为非限定性净资产。其中，要求在收到固定资产、无形资产后的某个特定时期之内将该项资产用于特定用途的，应当在该规定时期内，对相关限定性净资产金额按期平均分摊，转为非限定性净资产。要求在收到固定资产、无形资产后的某个特定日期之后将该项资产用于特定用途的，应当在特定日期之后，自资产用于规定用途开始，在资产预计剩余使用年限内，对相关限定性净资产金额按期平均分摊，转为非限定性净资产。

（5）对于资产提供者或者国家有关法律、行政法规撤销对限定性净资产所设置限制的，应当在撤销时全额转为非限定性净资产。

（二）净资产的核算

为了反映和监督净资产的增减变动情况，民间非营利组织应设置“限定性净资产”和“非限定性净资产”账户。该账户为净资产类账户，其贷方登记期末从各收入类账户所属的“限定性收入”和“非限定性收入”明细账户转来的当期实际发生额；借方登记当限定性资产的限制已经解除时将其转入“非限定性净资产”账户的数额；期末余额在贷方，分别反映民间非营利组织历年积存的限定性净资产和非限定性净资产的金额。

如果限定性净资产的限制已经解除，应当对净资产进行重新分类，将限定性净资

二、财务会计报告的构成

财务会计报告是由会计报表、会计报表附注和财务情况说明书构成的。

（一）会计报表

会计报表是指以会计账簿记录和有关资料为依据，按照规定的报表格式，全面、系统地反映民间非营利组织财务状况、业务成果和现金流量的一种报告文件。

会计报表是财务会计报告的主体，民间非营利组织向外界传递的相关和重要的会计信息主要是通过会计报表来反映的。财务会计报告至少应当包括资产负债表、业务活动表、现金流量表。

（二）会计报表附注

会计报表附注是指为了帮助会计信息使用者理解会计报表的内容而对报表有关项目等所作的解释。

会计报表附注至少应当包括下列内容：重要会计政策及其变更情况的说明；董事会（或者理事会或者类似权力机构）成员和员工的数量、变动情况以及获得的薪金等报酬情况的说明；会计报表重要项目及其增减变动情况的说明；资产提供者设置了时间或用途限制的相关资产情况的说明；受托代理交易情况的说明，包括受托代理资产的构成、计价基础和依据、用途等；重大资产减值情况的说明；公允价值无法可靠取得的受赠资产和其他资产的名称、数量、来源和用途等情况的说明；对外承诺和或有事项情况的说明；接受劳务捐赠情况的说明；资产负债表日后非调整事项的说明；有助于理解和分析会计报表需要说明的其他事项。

（三）财务情况说明书

财务情况说明书是指对民间非营利组织一定期间经济活动进行分析总结的文字报告。它是在会计报表的基础上，对民间非营利组织财务状况、业务成果、资金周转情况及其发展前景等所做的总括说明。

财务情况说明书至少应当对下列情况作出说明：民间非营利组织的宗旨、组织结构以及人员配备等情况；民间非营利组织业务活动基本情况，年度计划和预算完成情况，产生差异的原因分析，下一会计期间业务活动计划和预算等；对民间非营利组织业务活动有重大影响的其他事项。

财务会计报告分为年度财务会计报告和中期财务会计报告。以短于一个完整的会计年度的期间（如半年度、季度和月度）编制的财务会计报告称为中期财务会计报告。年度财务会计报告则是以整个会计年度为基础编制的财务会计报告。

民间非营利组织的年度财务会计报告至少应当于年度终了后 4 个月内对外提供。如果民间非营利组织被要求对外提供中期财务会计报告的，应当在规定的时间内对外提供。

民间非营利组织的年度和中期财务会计报告，至少应当反映两个或两个相关会计期间的比较数据。

民间非营利组织编制财务会计报告要做到数字真实、计算准确、内容完整、报送及时。

三、财务会计报告的内容

（一）资产负债表

资产负债表是反映民间非营利组织某一特定日期财务状况的报表，它是民间非营利组织特定日期所拥有或控制的资产、承担的债务责任以及净资产的静态反映。

资产负债表项目栏包括资产、负债、净资产三个会计要素的各组成项目；数字栏包括年初数和期末数。

本表“年初数”栏内各项数字，应当根据上年年末资产负债表“期末数”栏内数字填列。

本表“期末数”应当根据部分科目的期末余额、部分科目期末余额分析或计算后填列。

资产负债表的结构采用账户式，其格式见表 10-2。

表 10-2　资产负债表

会民非 01 表

编制单位：　　　　　　　　＿＿年＿＿月＿＿日　　　　　　　　单位：元

资产	行次	年初数	期末数	负债和净资产	行次	年初数	期末数
流动资产：				流动负债：			
货币资金				短期借款			
短期投资				应付款项			
应收款项				应付工资			
预付账款				应交税金			
存货				预收账款			
待摊费用				预提费用			
一年内到期的长期债权投资				预计负债			
其他流动资产				一年内到期的长期负债			
流动资产合计				其他流动负债			
				流动负债合计			
长期投资：							

续表

资产	行次	年初数	期末数	负债和净资产	行次	年初数	期末数
长期股权投资				长期负债：			
长期债权投资				长期借款			
长期投资合计				长期应付款			
				其他长期负债			
固定资产：				长期负债合计			
固定资产原值							
减：累计折旧				受托代理负债：			
固定资产净值				受托代理负债			
在建工程							
文物文化资产				负债合计			
固定资产清理							
固定资产合计							
无形资产：				净资产：			
无形资产				非限定性净资产			
				限定性净资产			
受托代理资产：				净资产合计			
受托代理资产							
				负债和净资产合计			
资产合计							

（二）业务活动表

业务活动表是反映民间非营利组织在某一会计期间内开展业务活动的实际情况，是民间非营利组织基本报表之一，它能够反映民间非营利组织业务活动成果。业务活动表报告式结构。

业务活动表项目栏包括收入、费用、净资产三个会计要素的各组成项目；数字栏按照非限定性和限定性分别设置“本月数”和“本年累计数”。

本表“本月数”栏反映各项目的本月实际发生数；在编制季度、半年度等中期财务会计报告时，应当将本栏改为“本季度数”“本半年度数”等本中期数栏，反映各项目本中期的实际发生数。在提供上年度比较报表时，应当增设可比期间栏目，反映可比期间各项目的实际发生数。

本表“本年累计数”栏反映各项目自年初起至报告期末止的累计实际发生数。

本表“非限定性”栏反映本期非限定性收入的实际发生数、本期费用的实际发生数和本期由限定性净资产转为非限定性净资产的金额；本表“限定性”栏反映本期限定性收入的实际发生数和本期由限定性净资产转为非限定性净资产的金额（以“–”号填列）。在提供上年度比较报表项目金额时，“限定性”和“非限定性”栏目的金额可以合并填列。

业务活动表格式见表 10-3。

表 10-3　业务活动表

会民非 02 表

编制单位：　　　　　　　　　______年____月　　　　　　　　　单位：元

项目	本月数			本年累计数		
	非限定性	限定性	合计数	非限定性	限定性	合计
一、收入						
其中：捐赠收入						
会费收入						
提供服务收入						
销售商品收入						
政府补助收入						
投资收益						
其他收入						
收入合计						
二、费用						
（一）业务活动成本						
其中：提供服务成本						
商品销售成本						
（二）管理费用						
（三）筹资费用						
（四）其他费用						
费用合计						
三、限定性净资产转为非限定性净资产						
四、净资产变动额（若为净资产减少额，以“–”填列）						

（三）现金流量表

现金流量表是反映民间非营利组织在某一会计期间内现金和现金等价物流入与流出信息的会计报表。

按照民间非营利组织业务活动的不同性质，民间非营利组织一定期间内的现金流

3. 某社会团体按照会员代表大会通过的会费收缴办法的规定，该社会团体的单位会员应当按照上年度主营业务收入的 1‰缴纳当年度会费，个人会员应当每年缴纳 400 元会费。当年 1 月至 12 月，该社会团体每月分别收到单位会员会费 300 000 元（均以银行转账支付），个人会员会费 10 000 元（均以邮局汇款支付）。

4. 期末，将“商品销售收入”账户余额 600 000 元、“提供服务收入”账户余额 600 000 元、“投资收益”账户余额 5 000 元、“其他收入”账户余额 3 000 元转入非限定性净资产。

5. 某民间非营利组织本期业务活动成本账户余额 500 000 元，管理费用余额为 100 000 元，筹资费用账户余额 50 000 元，其他费用账户余额 10 000 元，期末予以结转。

6. 2020 年 2 月 4 日，某基金会取得一项捐款 600 000 元，捐赠人限定将该款项用于购置新冠肺炎治疗设备。2020 年 3 月 12 日，某基金会购入设备，价值 550 000 元。2020 年 4 月 19 日，经与捐赠人协商，捐赠人同意将剩余的款项 50 000 元留归该基金会自主使用。

参考文献

财政部. 2004. 民间非营利组织会计制度. 北京：经济科学出版社.

财政部. 2015. 政府会计准则——基本准则.

财政部. 2016. 政府会计准则第 1 号——存货.

财政部. 2016. 政府会计准则第 2 号——投资.

财政部. 2016. 政府会计准则第 3 号——固定资产.

财政部. 2016. 政府会计准则第 4 号——无形资产.

财政部. 2017. 政府会计制度——行政事业单位会计科目和报表.

财政部. 2017. 政府会计准则第 5 号——公共基础设施.

财政部. 2017. 政府会计准则第 6 号——政府储备物资.

财政部. 2017.《政府会计准则第 3 号——固定资产》应用指南.

财政部. 2018. 政府会计准则第 8 号——负债.

财政部. 2018. 政府会计准则第 9 号——财务报表编制和列报.

财政部. 2019. 政府部门财务报告编制操作指南（试行）.

财政部. 2019. 政府财务报告编制办法（试行）.

财政部. 2019. 政府会计准则第 7 号——会计调整.

财政部. 2019. 政府综合财务报告编制操作指南（试行）.

财政部. 2020. 《政府会计准则制度解释第 3 号》的通知. 财会〔2020〕15 号.

财政部. 2020. 关于修订 2020 年政府收支分类科目的通知. 财预〔2020〕61 号.

财政部. 2020. 关于印发《〈民间非营利组织会计制度〉若干问题的解释》的通知. 财会〔2020〕9 号.

财政部会计资格评价中心. 2020. 中级会计实务. 北京：经济科学出版社：344-345，378-387.

财政部会计资格评价中心. 2021. 初级会计实务. 北京：经济科学出版社：263.

常丽，何东平. 2016. 政府与非营利组织会计. 4 版. 大连：东北财经大学出版社：56-69.

孙长江，卢凤娟. 2012. 政府与非营利组织会计. 2 版. 北京：科学出版社：4-11.

王彦，王建英，赵西卜. 2019. 政府与非营利组织会计. 6 版. 北京：中国人民大学出版社：118-123.

杨明，晋晓琴，卢凤娟. 2020. 政府与非营利组织会计. 2 版. 北京：中国财政经济出版社：8-18.

赵建勇. 2018. 政府与非营利组织会计. 4 版. 北京：中国人民大学出版社：435.

中国注册会计师协会. 2020. 会计. 北京：中国财政经济出版社：680-681，717.